财政部规划教材
全国中等职业学校财经类教材

现代物流企业员工职业规范

周岐保 主 编
周爱国 副主编

中国财政经济出版社

图书在版编目（CIP）数据

现代物流企业员工职业规范/周岐保主编. —北京：中国财政经济出版社，2007.2
财政部规划教材. 全国中等职业学校财经类教材
ISBN 978-7-5005-9624-0

Ⅰ.现…　Ⅱ.周…　Ⅲ.物资企业-职工-职业道德-专业学校-教材　Ⅳ.F253

中国版本图书馆 CIP 数据核字（2007）第 003575 号

中国财政经济出版社 出版

URL：http://www.cfeph.cn

E-mail：cfeph@cfeph.cn

社址：北京市海淀区阜成路甲 28 号　邮政编码：100036

发行处电话：88190406　　财经书店电话：64033436

清华大学印刷厂印刷　各地新华书店经销

787×1092 毫米　16 开　11 印张　222 000 字

2007 年 2 月第 1 版　2007 年 2 月北京第 1 次印刷

印数：1—4 060　定价：18.00 元

ISBN 978-7-5005-9624-0/F·8359

（图书出现印装问题，本社负责调换）

编写说明

本书是财政部规划教材，由财政部教材编审委员会组织编写并审定，作为全国中等职业学校财经类教材。

随着现代物流业在我国的发展，对具有现代物流职业意识、懂得现代物流职业规范要求的基层作业人员的需求量越来越大。如何培养现代物流企业所需人才是目前各职业学校急待解决的问题。培养出既有一定物流理论知识，又能适应物流企业各作业岗位需求的人才，是市场对中职学校的期待。

第一章现代物流企业及其管理，介绍了现代物流企业的概念、分类、管理原理和企业文化的特点。第二章现代物流企业经营常识，对现代物流企业经营思想、经营战略、物流市场营销的基本理论及其运用进行了详细分析。第三章现代物流企业管理制度，阐述了现代物流企业管理制度的有关知识，特别对现代物流企业员工岗位管理制度和财务管理制度进行了详细的介绍。第四章现代物流企业服务规范，对现代物流企业各种服务规范进行了归纳整理。第五章现代物流法律法规常识，较系统地分析了目前物流方面的法律法规、国际公约和国际惯例。为便于案例教学，全书每章均用案例导入，通过对案例的讨论引出教学内容，每章后除配有基本训练外，对每章涉及的名词概念进行了归纳，方便学习者查询。同时，根据教学需要还配有实训习题，对学有余力的同学给出了自学进阶的方向，旨在提高学习者自学能力。

本课程的建议学时为54学时，其中授课42学时、实训12学时。

序　号	内　容	课　时
1	第一章　现代物流企业及其管理	8
2	第二章　现代物流企业经营常识	8
3	第三章　现代物流企业管理制度	10
4	第四章　现代物流企业服务规范	8
5	第五章　现代物流法律法规常识	8
6	实　训	12
总　计		54

本书由武汉市财政学校高级讲师周岐保任主编，周爱国任副主编。参加教材编写的人员有：周爱国（第一、二章）、四川省财政学校尹正年（第三章）、周岐保（第四章）、山东省广播电视大学文法学院薛晨皓（第五章），周岐保负责全书的总纂和定稿，由武汉市财政学

校冯业骏高级讲师对全书进行了审稿。

本书在编写的过程中参考或引用了国内外有关方面的论著和资料，吸收了部分专家、学者的观点或成果，作者已尽可能地在参考文献中列出，谨在此一并深表谢忱。有些资料的出处恐有疏漏，若有发生，深表歉意。由于时间仓促，加上理论水平有限，书中难免有不妥之处，敬请读者指正。

本书可以作为现代物流专业、电子商务专业、市场营销专业及会展等相关专业职业学校的教材或参考用书。

为了方便教师教学，本书每章按课时配有参考教案及习题解答（电子版），需要的教师请以电子邮件形式向中国财政经济出版社索取，E-mail：chenbing@cfeph.cn。

编　者

2007年1月于武汉

目录

现代物流企业：就是融现代储运技术和现代信息技术于一体，为用户提供多功能、一体化的综合性物流服务的经济组织。

学习导航

第一节　现代物流企业概述

第二节　现代物流企业管理原理

学习目标

□了解物流企业和现代物流企业的概念

□熟悉现代物流企业的分类和特征

□明确现代物流企业组织结构设计原则和形式

□基本掌握现代物流企业管理原理

□掌握现代物流企业文化的特点和建设要点

第一章

现代物流企业及其管理

案例导读

UPS：管理的实质就是提高效率

美国联合包裹运送服务公司（United Parcel Service）是一家大型国际快递公司，除自身拥有几百架货物运输飞机之外，还租用了几百架货物运输飞机，有15万名员工，平均每天将1000多万个包裹发送到美国各地和世界200多个国家和地区。为了实现他们的宗旨——"在邮运业办理最快捷的运送"，UPS管理当局系统地培训他们的员工，使他们以尽可能高的效率从事工作。这里我们以送货司机的工作为例，介绍一下他们的管理风格。

UPS工程师们对每一位司机的行驶路线都进行了时间研究，并对每种送货、暂停和取货活动都设立了标准。这些工程师们记录了红灯、通行、按门铃、穿过院子、上楼梯、中间休息喝咖啡的时间，甚至上厕所的时间，将这些数据输入计算机中，从而给出每一位司机每天工作的详细时间标准。

为了完成每天送130件包裹的目标，司机们必须严格遵循工程师设定的程序。当他们接近发送站时，松开安全带，按喇叭，关发动机，拉起紧急制动，把变速器推到一档上，为送货完毕的启动离开做好准备，这一系列动作严丝合缝。然后，司机从驾驶室出溜到地面上，右臂夹着文件夹，左手拿着包裹，右手拿着车钥匙。他们看一眼包裹上的地址把它记在脑子里，然后快速走到顾客的门前，先敲一下门以免费时间找门铃。送货完毕后，他们在回到卡车上的路途中准备完成下一步工作。

这种刻板的时间安排是不是看起来有点繁琐？也许是，它真能带来高效率吗？毫无疑问！生产效率专家公认，UPS是世界上效率最高的公司之一。举例一说，联邦快递公司（Federal Express）每人每天不过取送80件包裹，而UPS却是130件。在提高效率方面的不懈努力对UPS的净利润产生了积极的影响。虽然这是一家未上市的公司，但人们普遍认为它是一家获利丰厚的公司。

案例思考

1. 管理的实质是什么？

2. 任何管理手段都能带来高效率吗？

什么是现代物流企业？与传统物流企业有什么区别？现代物流企业有哪些分类和特征？现代物流企业管理原理等等，将是本章所要讨论的问题。

第一节 现代物流企业概述

一、现代物流企业的概念

（一）物流企业的定义

物流作为与商品实体空间位移直接相联系的概念，离不开运输和储存活动，因此在谈论物流企业的时候不可能撇开传统意义上的运输业和仓储业。事实上，物流企业经营的主体包括运输业和仓储业，它们是构成物流业的主要组成部分，但是，运输业和仓储业又不能简单地等同于物流业，物流业是以贯穿于伴随供给和需求而发生的商品流通过程中的合理化物流活动为对象，作为商品流通的有机构成而发挥作用。物流业并不只是提供运输或储存等单一功能的服务，而是通过向用户提供合理化的综合物流服务而发挥其作用的。运输业和仓储业之所以称为物流业，反映了这一行业对用户的高度重视以及站在用户的立场上，促进物流活动合理化的革新意识。

2005 年 5 月 1 日《物流企业分类与评估指标》推荐性国家标准正式实施，它首次从国家标准层面上对我国物流企业作了界定：

至少从事运输（含运输代理、货运快递）或仓储一种经营业务，并能够按照客户物流要求对运输、储存、装卸包装、流通加工、配送等基本功能进行组织和管理，具有与自身业务相适应的信息管理系统，实行独立核算、独立承担民事责任的经济组织。

简言之，物流企业是指专门提供物流服务的经济组织。

小资料

第三方物流是指由物流劳务的供方、需方之外的第三方去完成物流服务的物流运作方式。第三方就是指提供物流交易双方的部分或全部物流功能的外部服务提供者。在某种意义上，可以说它是物流专业化的一种形式。第三方物流随着物流业发展而发展，是物流专业化的重要形式，而且第三方物流的占有率与物流产业的水平之间有着非常紧密的相关性。西方国家的物流业实证分析证明，独立的第三方物流至少占社会的 50% 时，物流产业才能形成。所以，第三方物流的发展程度反映和体现一个国家物流业发展的整体水平。

（二）现代物流企业的概念

目前业界普遍的认识是把运输企业或仓储企业看做是传统物流企业，而把提供综合物流服务、第三方物流服务、建立在现代物流理念基础上开展物流经营的企业称为现代物流企业。由此可见，现代物流企业是在与传统物流企业比较的基础上，与现代物流相伴而生的。

小资料

现代物流（Modern logistics）是相对于传统物流而言的。它是在传统物流的基础上，引入高科技手段，即运用计算机进行信息联网，并对物流信息进行科学管理，从而使物流速度加快、准确率提高、库存减少、成本降低，以此延伸和放大传统物流的功能。在中国许多专家学者认为："现代物流是根据客户的需要，以最经济的费用，将物资从供给地向需求地转移的过程。它主要包括运输、储存、加工、包装、装卸、配送和信息等活动。"中国六部委（国家经贸委、铁道部、交通部、信息产业部、外经贸部、民航总局）于2001年3月在《加快物流发展若干意见》的通知中，对现代物流的定义是这样表述的："原材料、产成品从起点至终点及相关信息有效流动的全过程。它将运输、仓储、装卸、加工、整理、配送、信息等方面有机结合，形成完整的供应链，为用户提供多功能、一体化的综合性服务。"

现代物流与传统物流相辅相成，但又区别明显，其主要体现于四个方面：

1. 控制点不同。传统物流的控制点在于物流全过程中某个环节的成本影响因素，是通过局部过程的成本降低、效率提高来实现控制目标。

现代物流的控制点在于整个物流过程总体的成本影响因素，是通过协调局部与整体的成本、绩效关系达到总体成本降低、效率提高来实现控制目标。

2. 管理对象不同。传统物流服务的管理对象只是整个物流管理过程中的一个环节或某些环节，无法对整个物流过程实施有效的整合和改造。

现代物流服务的管理对象是针对物流管理的全部环节，并且其主要管理手段是通过对物流全过程的有效整合和改造来实现的。

3. 运用手段不同。传统物流在实施物流服务中所采用的设施、设备及技术手段是建立在手工和半机械化水平上。劳动效率较为低下，对物流过程的改造重点集中在对工具、设备的更新，而无法实现整体服务水平质的提高。

现代物流把新技术、新工艺的推广应用作为实现物流流程再造的重点，通过对物流全过程中设施、设备、工具、信息手段的技术提升实现物流服务水平的整体提高。

4. 基本目标不同。传统物流的基本目标是通过物流管理活动实现某项或某个局部的成本降低、效率提高。

现代物流的基本目标是通过对物流全过程的整合、改造、实现一体化、综合式的管理，从而达到最优化服务的目的。

了解现代物流这一基本概念后，再要去界定现代物流企业的概念就较容易了。**现代物流企业就是融现代储运技术和现代信息技术于一体，为用户提供多功能、一体化的综合性物流服务的经济组织。**

二、现代物流企业的分类

现代物流企业是一个复合性概念，按不同的标准或从不同的角度划分，有多种多样的分类。现代物流企业大致有下面几种分类：

(一) 从物流功能的角度划分

从物流功能的角度划分，现代物流企业可分为运输型物流企业、仓储型物流企业和综合型物流企业。

1. 运输型物流企业。运输型物流企业的特点如下：(1) 以从事货物运输业务为主，包括货物快递服务或运输代理服务，具备一定规模；(2) 可以提供门到门运输、门到站运输、站到门运输、站到站运输服务和其他物流服务；(3) 企业自有一定数量的运输设备；(4) 具备网络化信息服务功能，应用信息系统可对运输货物进行状态查询、监控。

2. 仓储型物流企业。仓储型物流企业的特点如下：(1) 以从事仓储业务为主，为客户提供货物储存、保管、中转等仓储服务，具备一定规模；(2) 企业能为客户提供配送服务以及商品经销、流通加工等其他服务；(3) 企业自有一定规模的仓储设施、设备，自有或租用必要的货运车辆；(4) 具备网络化信息服务功能，应用信息系统可对货物进行状态查询、监控，如中储总公司等。

3. 综合服务型物流企业。综合服务型物流企业的特点如下：(1) 从事多种物流服务业务，可以为客户提供运输、货运代理、仓储、配送等多种物流服务，具备一定规模；(2) 根据客户的需求，为客户制定整合物流资源的运作方案，为客户提供契约性的综合物流服务；(3) 按照业务要求，企业自有或租用必要的运输设备、仓储设施及设备；(4) 企业具有一定运营范围的货物集散、分拨网络；(5) 企业配置专门的机构和人员，建立完备的客户服务体系，能及时、有效地提供客户服务；(6) 具备网络化信息服务功能，应用信息系统可对物流服务全过程进行状态查询和监控。

这类企业基于自身的实力往往能对客户实现一站式全程式服务，如中远集团 (COSCO)、中外运集团 (SINOTRANS) 等。

(二) 从行业的角度划分

从行业的角度划分，现代物流企业可分为汽车运输企业、铁路运输企业、内河航运企业、沿海航运企业、远洋运输企业、航空物流企业、快递企业、仓储企业、集装箱联运企业、物流代理企业等。

1. 汽车运输企业，即以从事道路运输业为主的物流企业。如华中物流有限公司等。

2. 铁路运输企业，即以从事铁路运输业为主的物流企业。其业务范围有整车运输业务、集装箱运输业务、零担货运业务和行李货运业务四类。

3. 内河航运企业，即以从事内河运输业为主的物流企业。如长江航运集团。

4. 沿海航运企业，即以从事沿海、近海的海运业为主的物流企业。

5. 远洋运输企业，即以从事远洋运输业为主的物流企业。如中国远洋运输集团总公司、中国海洋运输总公司。

6. 航空物流企业，即以从事航空运输业为主的物流企业。

7. 快递企业，即以承接并组织且承担送货到门快运为主体的企业。如日本宅急便、中国宅急送等。

8. 仓储企业，即以从事仓储业为主的物流企业。如中国储运总公司等。

9. 集装箱联运企业，即专门办理集装箱“一票到底”联运的集装箱运输企业，可受货主委托完成各种运输方式的联合运输，并组织集装箱“门到门”运输、集装箱回运等业务。

10. 物流代理企业，即以从事货物承运代理、通关、报关、运输为主的物流企业。

（三）按现代物流活动的空间范围划分

按现代物流活动的空间范围划分，现代物流企业可分为区域性物流企业和跨区域物流企业。

1. 区域性物流企业，即物流业务受一定地方、区域限定的物流企业，通常是指省内或者省际之间的物流企业。区域性物流的资源需求与供给只能在一定的区域范围内进行，这类物流企业应当拥有仓储资源、运输能力和地缘优势。通过资源最优化、功能最大化、服务专业化、功能多样化、优化用户结构以及利用外部资源等方式，实现经营规模化。由于物流服务需要业务网络支持，区域性物流企业没有分布在各地的公司网络，因此，不具备发展跨区域物流的优势。地方物流企业的发展方向应当是区域性的物流，首要任务是做好本地的物流业务。

2. 跨区域物流企业，即物流业务打破区域界限的物流企业，包括省际之间、行政区之间、国际的物流企业等。跨区域物流企业在国内外等各地建有公司网络或者分支机构。发展跨区域物流企业要做好资源整合，要选择业务区域，要明确服务功能，要调整用户结构，集中力量开发重点行业和重点用户，要建立业务网络。跨区域物流企业有着自己的专业化或行业优势，对所处的行业市场比较熟悉，拥有行业经验，面向一个特定行业的网络。

三、现代物流企业的特征

与传统的物流企业相比，现代物流企业有如下特征：

（一）业务多功能化

传统的物流企业只是提供保管和运输服务，购买、仓储、运输三者相对独立。1978年以后，美国运输业开放，国外制造商、零售业大批进入美国，竞争的加剧促使运输成本降低，也迫使人们寻找更新的物流方式。这就从客观上促成了运输同仓储的有机结合，也促进了物流业的多功能化。物流业在制造商和消费者之间架起一道桥梁，承担了其间的储存、运输、加工、包装、配送、咨询等全部业务。在美国的国民收入中，储运收入占32%（其中货运10%，客运10%），一个产品中30%的费用是储运费用。

（二）技术现代化

物流企业不再是搬运的代名词，而是应用高技术的产业。20世纪70年代之前，购货、运输、制单均由人工完成。货物流转周期长，库存量也就随之增大。由于市场变化快，商品不断更新换代，使大批货物在仓库积压，造成资金固化，成本增高。20世纪70年代以来，随着科学技术的发展，尤其是计算机技术、条形码技术、卫星定位系统的应用，储运作业流程大大加快。

目前，现代物流企业已形成了以系统技术为核心，以信息技术、运输技术、配送技术、装卸搬运技术、自动化仓储技术、库存控制技术、包装技术等专业技术为支撑的现代化物流装备技术格局。今后进一步的发展方向为：(1) 信息化——采用互联网技术、卫星定位技术、地理信息系统、射频标识技术等；(2) 自动化——自动导引小车、搬运机器人技术等；(3) 智能化——电子识别和电子跟踪技术、智能运输系统；(4) 集成化——信息化、机械化、自动化、智能化于一体。

(三) 管理一体化

现代物流企业服务范围是从供应商开始到最终顾客整个流通阶段所发生的商品运动，对管理提出了相当高的要求。伴随着商品实体的运动，必然会出现“场所移动”和“时间推移”这两种物流现象，其中“时间推移”在当今产销紧密联系，流通整体化、网络化的过程中，已成为一种重要的经营资源。

现代物流经营的发展，不仅要求物流活动能实现经济效率化和顾客服务化，而且还必须及时了解和反映市场的需求，并将之反馈到供应链的各个环节，以保证生产经营决策的正确和再生产的顺利进行，所以说缩短物流时间不仅决定了流通全过程的商品成本和顾客满意度，同时通过有效的商品运动为生产提供全面、准确的市场信息，只有这样才能创造出流通网络或供应链价值，并保证商流能持续不断地进行。显然，这要求物流活动的管理应超越部门和局部的层次，实现高度的统一管理。现代物流企业所强调的就是有效地实现一体化管理服务，真正把供应链思想和企业整体观念贯彻到管理行为中。

现代物流管理一体化一个最显著特点就是**供应链**（**supply chain**）概念的出现。供应链把物流系统从采购开始、经过生产过程和货物配送到达用户的整个过程看成是一个环环相扣的“链”，物流管理以整个供应链为基本单位，而不再是单个的功能部门。在采用供应链管理时，世界级大公司力图通过增加整个供应链提供给用户的价值、减少整个供应链的成本的方法来增强整个供应链的竞争力，其竞争不仅仅是单个企业之间的竞争，而是上升为供应链与供应链的竞争。

小资料

所谓供应链，就是“在生产及流通过程中，涉及将产品或服务提供给最终用户活动的上游与下游企业所形成的网链结构。”(见我国国家标准〈GB/T18354－2001〉《物流术语》)。在这个网链结构中，围绕核心企业，通过对商流、物流、资金流、信息流的控制，将产品生产和流通中涉及的原材料供应商、制造商、分销商、零售商以及最终消费者连成一个成功的网链，结成相互密切联系的供应链网络。在这个网络中，每个贸易伙伴既是客户的供应商，又是其供应商的客户，他们既向上游的贸易伙伴订购商品，又向其下游的贸易伙伴供应产品。

(四) 规模扩大化

随着工商企业业务覆盖范围的扩大，为之提供一条龙物流服务的现代物流企业的规模和物流活动的范围必须进一步扩大，形成规模效益。规模的扩大可以是企业合并，也可以是企业间的合作与联盟，其主要表现在两个方面：

一是物流园区的建设。**物流园区是多种物流设施和不同类型的物流企业在空间上集中布局的场所，是具有一定规模和综合服务功能的物流的集结点。**物流园区的建设，有利于实现物流企业的专业化和规模化，发挥整体优势和互补优势。

二是物流企业的兼并与合作。随着国际贸易的发展，美国和欧洲的一些大型物流企业跨越国境，展开连横合纵式的并购，大力拓展国际物流市场，以争取更大的市场份额。

（五）发展全球化

目前，许多大型制造企业普遍采取全球战略，在全球范围内选择原材料、零配件的来源，同时也选择产品或服务的销售市场。因此，与之相伴而生的物流企业也会超出国界，着眼于全球大市场。发展跨国物流是世界经济一体化的必然选择。

四、现代物流企业的组织结构

现代物流企业为了正常进行物流服务活动，实现其经营目标，必须建立科学合理的组织结构。**所谓企业组织结构，是指现代物流企业内部组织结构按分工协作关系和领导隶属关系有序结合的总体。简而言之，就是指现代物流企业的组织架构或运营模式。**其基本内容包括明确企业组织结构的部门划分和层次划分，以及各机构的职责、权限和相互关系，由此形成一个有机整体。不同部门及其责权的划分反映了组织结构之间的分工协作关系，称为部门结构；不同层次及其责权的划分反映了组织结构之间的上下级或领导隶属关系，称为层次结构。

（一）现代物流企业组织结构设计原则

由于不同物流企业组织有不同的目标和特点，所以设计的组织结构也就不同。但是，在进行现代物流企业组织结构设计时，有些基本原则是相同的，是必须遵循的。

1. 精简原则。精简，是指物流企业经营管理的各类机构的组建应同企业的经营规模和经营任务相适应，它要求机构设置精简的管理层次，压缩管理人员的编制。因此，物流企业要在服从经营需要的前提下，因事设机构、设职，尽量减少不必要的机构和人员，力求精兵简政，以达到组织结构设置的合理化，提高工作效率。同时还要求物流企业各级组织机构具有明确的职责范围、权限以及相互间的协作关系；具有健全和完善的信息沟通渠道；制定合理的奖惩制度；还应有利于发挥职工的主动性和积极性，全力投身工作。

2. 统一原则。统一，是指现代物流企业各部门、各环节的组织机构必须是一个有机结合的统一的组织体系。统一原则可以说是企业组织结构设计中最古老的设计原则。在这个组织体系中，各层次的机构形成一条职责、权限分明的等级链，不得越级指挥与管理。实行这种指挥的优点是：谁命令和谁执行都很清楚，执行者负执行者的责任，指挥者负指挥者的责任，自上而下地逐级负责、层层负责，保证经营任务的顺利进行。

3. 自主原则。自主，是指现代物流企业等级链上的各部门、环节机构都在各自的职责和权限范围内，独立自主地履行职能，充分发挥各级组织机构的主动性和积极性，提高管理工作效率。上级对下级在其职权范围内作出的决定不能随意否定。可见，自主的原则是统一领导和分级管理、原则性与灵活性相结合的要求。

4. 高效原则。高效，是现代物流企业建立的组织机构都必须遵循的根本原则，它是衡量组织机构合理与否的准绳。现代物流企业组织机构的设计必须在保证完成企业经营目标和任务外，还必须能保证管理工作的高效率和经营的高效益。

（二）现代物流企业的组织结构层次划分

现代物流企业的组织结构，从横向看可划分为业务经营、职能管理和行政事务等若干不同的部门；从竖向看可划分为若干管理层次。所谓管理层次，就是指从企业经理到基层工作人员之间体现领导隶属关系的管理环节。企业组织管理层次往往受到管理幅度的制约。

小资料

所谓管理幅度，是指一个领导者或管理者能够有效地管理下属人员的可能数量。它同管理层次成反比例的关系，即管理幅度增大，意味着领导下属人员的增加，那么管理层次就减少；反之，管理幅度减少，管理层级便会增多。

现代物流企业组织结构的管理层次一般分为三个层级，组成“金字塔”的层次结构。大中型的物流企业为三级管理，即三个层级；小型物流企业适宜两级管理，即两个层次。

1. 最高管理层，即以总经理为首的领导班子，统一领导各个层次的经营管理活动。其主要职能是制定经营目标、方针、战略；制定利润的使用、分配方案；重大规章制订、修改和废止；指挥和协调各组织结构的工作和相互关系，确定它们的职责和权限。

2. 中间管理层，即指据经营管理工作的需要设置的承上启下的中间层次的机构，主要是经营业务、职能管理和行政办事机构。它们的主要任务和职责权限是依据最高层次下达的指令和任务、制定本部门的执行目标，直接从事商品流通的经营活动或管理活动，保证实现企业的经营和管理目标，向决策层提出建议，直接领导最基层机构的各项具体的经营管理工作。

3. 基层管理层，即经营管理工作的执行操作机构，是直接领导基层工作人员的管理层次，是企业中的最低管理层。例如，直接从事商品购销活动的采购部，从事商品储存保管的仓储部等。它们的主要任务和职责权限是依据上一层机构下达的任务，优化组织实施的具体方案，采取多种经营方式，实施优质服务，保证完成各自的经营目标，以及向上层领导机构报告工作或提出建议。

不论是三级管理还是两级管理，只要是设置两个以上层次，就有个授权问题。应根据集权和分权、统一领导和分级管理相结合的组织原则，方能保证集中统一指挥，充分调动和发挥中层和基层的主动性和积极性，增强物流企业经营的向心力和创造力，达到既有经营的高效益，又有管理的高效率目标。

（三）现代物流企业的组织结构形式

现代物流企业组织结构设计的优劣直接影响到现代物流企业的经营业绩。根据现代物流企业经营的地点分布与运作方式不同，分为点式经营组织结构与网式经营组织结构。在网式经营组织结构的设置中，根据管理权限的设置不同，分为集权型组织结构和分权型组织结构。将项目管理的思想引进到点式经营的组织结构，可创新出矩阵型点式经营组织结构；将集权和分权型网式组织结构进行融合，可创新出混合型网式经营组织结构。

1. 点式经营组织结构。**物流企业的点式经营，即企业经营集中在一个区域的物流企业运营模式。**尽管现代物流企业讲究网络化运作，但从我国物流企业的发展实践看，仍然存在着大量的点式经营企业，尤其是我国的物流企业还处于发展的初级阶段，很多物流企业还没有网络化经营的能力。

点式经营组织结构如图 1－1 所示，主要有如下部门：

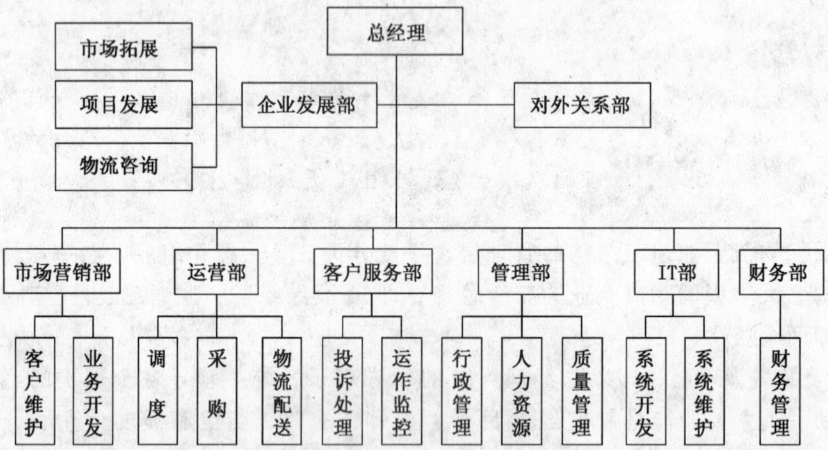

图 1－1　点式经营组织结构图

（1）企业发展部，承担市场开发、方案策划、项目实施、技术开发等工作。

（2）市场营销部，主要功能包含客户关系维系和市场开发。

（3）运营部，包括调度、运营跟踪、现场管理、采购和物流配送等职能。在该组织结构设计中，运营部的设置将采购放在运营部中，违反了第三方物流中公认的使用者和采购者分离的原则，容易造成灰色交易，不利于对供应商的管理。但其运营跟踪功能的设置，却显示了设计者对现代物流客户服务的理解，他们通过运营跟踪部门对客户订单进行跟踪，保证信息的及时性和透明化。

（4）客户服务部，包含投诉处理、业务协助和运作监控三个主要的功能。投诉处理反映了物流业务中对正常业务和突发事件采用不同的沟通渠道的原则；业务协助主要在公司内部的运营部和客户之间形成一种协调机制，便于双方的协作；运作监控功能使客户服务部具备对内部运作进行监督的职能，形成内部的自我纠错能力。

（5）管理部，将行政、人事和质量管理放在管理部，这种设置对于比较小的公司是适用的，规模较大的公司还可以对以上功能进行细分。

(6) 对外关系部，主要的功能不是处理同公众的关系，而是处理同政府相关部门和重要客户的关系。在我国目前的发展阶段，同政府相关部门建立关系既可以避免不必要的麻烦，还可以为企业赢得政府的支持。

(7) IT 部，负责系统的维护和开发。

(8) 财务部，具有成本会计和财务管理两个功能。

2. 网式经营组织结构。网式经营组织结构设计主要有集权型网式经营组织结构设计和分权型网式经营组织结构设计两种。

(1) 集权型网式经营组织结构设计。**集权型的网式经营，是指物流公司的总部掌握物流管理和运作的大部分权力，各个分公司或子公司构成的网络节点只负责业务运作和管理。**

采用集权型的网式经营，子公司或分公司一般采用成本中心模式，实行收支两条线，客户直接同总部结算，总部根据各个点的运作情况，下发运作经费。集权型网式经营组织结构图如图 1-2 所示。

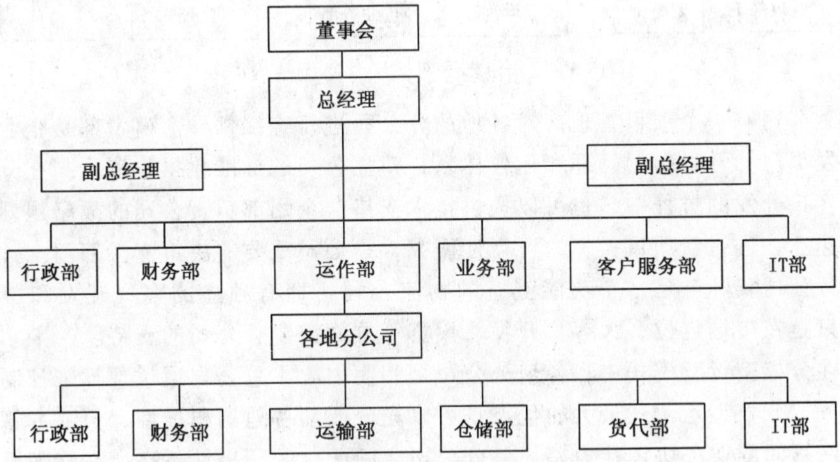

图 1-2　集权型网式经营组织结构图

该公司的总部部门设置比较健全，包括行政、财务、运作、业务、客户服务和 IT 等六个部门。其中的业务部实际上应该是市场和营销功能的结合，负责客户的开发，开发的客户是面向整个物流网络的；客户服务部对网络上的所有客户进行服务；而运作部实际上是运作管理部，它本身一般不具备直接的运作功能，而是通过它直接领导的分公司和子公司完成物流的运作。

分公司是在总公司运作部的直接领导下工作，其核心职能是完成物流业务的运作，本身不承担市场开发工作。集权型组织结构设置的优点是网络的协同效应比较好，便于控制。但这种设置也有很多弊端，如分公司不对经营利润负责，工作积极性会受影响。同时，由于各地分公司没有自主的客户开发权限，也限制了市场的拓展能力。目前，新型的第三方物流企业大多采用这种集权型的组织结构。

(2) 分权型网式经营组织结构设计。**分权型的网式经营组织结构中，分公司是独立自主经营的实体，每个分公司的组织机构都相当于一个点式经营的组织机**

构，但这并不意味着总公司就无所作为。总公司尽管不从事具体的市场开拓和客户服务等工作，但在整个网络的发展规划、市场开发指导、技术支持等方面发挥重要作用。分权型网式经营组织结构如图 1－3 所示。

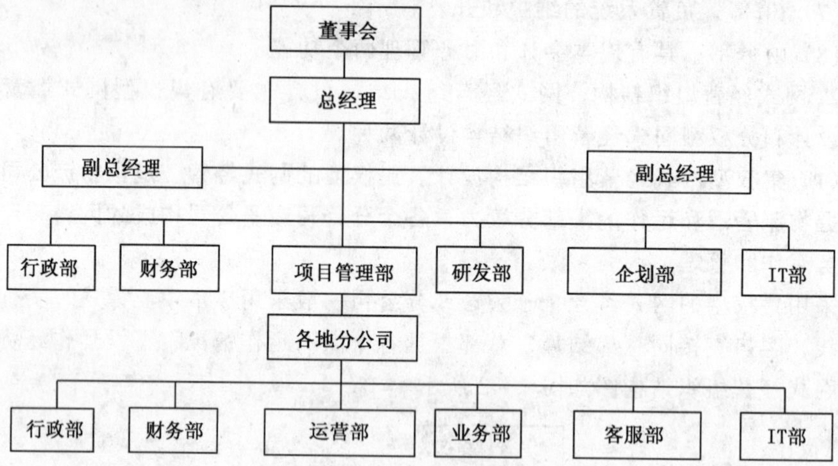

图 1－3　分权型网式经营组织结构图

总公司有一个项目管理部对各地的分公司进行直接领导。研发部是企业的技术开发部门，开发新的管理和运作体系，建立公司的标准化操作流程；在分公司进行客户开发的过程中，也可以提供技术支持。企划部负责公司的战略规划和网点的建立，进行新项目投资的可行性研究，是公司重要的决策支持部门。

分公司实际上是一个功能健全的物流公司，拥有独立的客户开发和服务体系，只是在市场定位、大客户开发、投资等方面需要总公司的支持。

在分权型运营模式中，各地分公司是利润中心，总公司通过预算来控制各地的财务。分权型运营式最大的优点是可以充分调动各地的积极性，但财务管理困难，网络间的业务协调能力差，各分公司之间配合的积极性不高，在管理不力的情况下，会形成诸侯割据的局面。目前，这种管理模式在由传统的物流企业转型过来的第三方物流公司中有一定程度的应用。

3. 新型的第三方物流组织结构。新型的第三方物流组织结构主要有矩阵型点式经营组织结构和混合型网式经营组织结构两种形式。

（1）矩阵型点式经营组织结构。**所谓矩阵型点式经营组织结构设计，是将项目管理的思想引入到点式经营的组织结构中去。**客户物流需求具有个性化特点，所以特别适合项目管理的运营模式。图 1－4 为矩阵型点式经营组织结构图。

（2）混合型网式经营组织结构设计。**混合型网式经营组织结构综合了集权型和分权型网式经营组织结构的优点，在组织结构的设计时，同时具备集权和分权的功能。**

混合型网式经营组织结构是在集权型网式结构的基础上，健全各分公司的职能，使各分公司具备一定的独立运作和管理体系，具有开发客户的能力。其特点是各分公司的客户分成两部分：一部分是来自总部的客户，按照成本中心的模式进行管理；另一部分是自己开发的客户，按照利润中心的模式来运营。混合型网式结构可以通过总部和各分公司的联合营销，大大提高整个公司的市场营销水平。混合型网式经营组织结构图如图 1－5 所示。

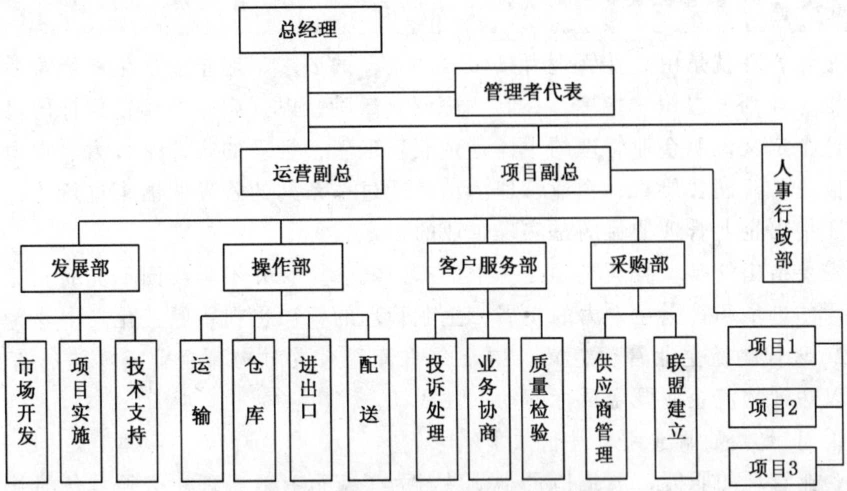

图 1－4　矩阵型点式经营组织结构图

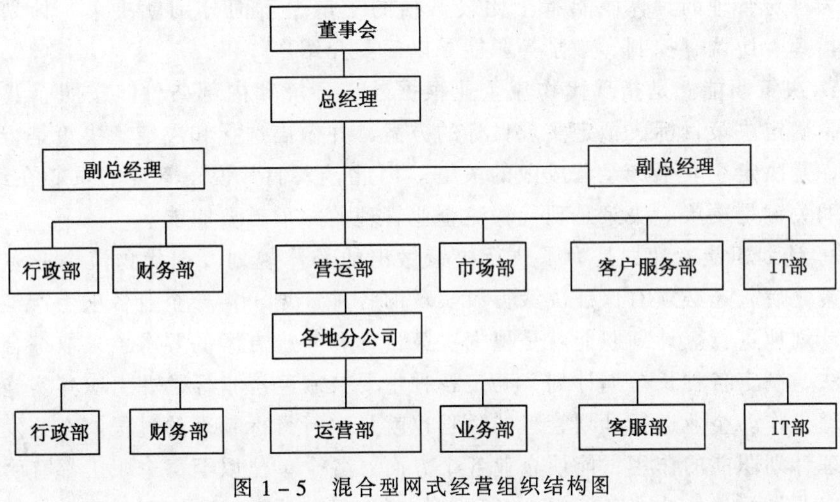

图 1－5　混合型网式经营组织结构图

第二节　现代物流企业管理原理

一、现代物流企业管理概述

（一）现代物流企业管理的概念

1. 企业管理的含义。我们认为，管理是管理者按照客观规律的要求，对所组织的活动进行决策、计划、组织、指挥、控制和协调，以达到组织的预定目标的一种行为。

小资料

《管理百年》："管理只有恒久的问题，没有终结的答案。"

企业管理就是由企业管理者按照客观规律的要求，对企业的生产经营活动进行决策、计划、组织、指挥、控制、协调、激励，以达到企业预定目标的科学行为。这个定义说明企业管理的主体是企业管理者，管理的客体是人力、物力、财力、信息、时间各要素；企业管理活动是通过一系列的管理职能来进行的，这个定义还指出企业管理的目的是实现企业的预定目标。

需要指出的是，企业管理是一个动态的概念，它并不是凝固不变的。随着科学技术的进步和社会生产力的发展，企业管理的概念也在不断变化之中。

2. 现代物流企业管理定义。物流企业管理人员对物流企业资源进行有效配置，以达到物流企业既定目标的动态性活动。

（二）现代物流企业管理的职能

企业管理的职能，就是指企业领导者为了实行有效管理所必须具备的基本职能。

为了对管理的具体职能有个比较概括的了解，下面分别就决策、计划、组织、指挥、协调、控制、激励等职能予以简要介绍。

1. 决策职能。是指现代物流企业根据外部环境和内部条件，按照企业总的任务，确定决策目标、拟定实现目标的方案，并做出选择和决定。决策是行动的基础，是决定企业生产经营成败的关键。因此，人们常说，管理的重心在经营，经营的关键是决策。决策是现代物流企业管理的一项首要职能。

2. 计划职能。计划是为了执行决策做出的具体规划。现代物流企业有了正确决策之后，还必须有保证决策得以实现的各种计划，指导企业各项生产经营活动有计划地进行。计划职能就是根据决策目标和实施方案的要求，采取综合平衡的方法，制定各种长短期计划，确定各种主要技术经济指标，并组织其实施的系列管理工作。企业进行计划管理的过程也就是实行目标管理的过程。充分发挥企业管理计划职能的作用，能使企业各个方面、各个单位以至每个职工都有明确具体的奋斗目标，使企业各部门、各环节的工作很好地衔接和协调，建立良好的生产和工作秩序。

3. 组织职能。现代物流企业要实现物流生产经营的目标和计划，必须把物流生产经营活动的各个环节、各个部门和各要素从劳动分工与协作上、从上下左右关系上、以及从空间与时间的相互结合上合理地组织起来，形成一个有机整体，这就是企业管理组织职能所要解决的问题。这项工作水平的高低，将直接关系到能否更好地调动职工的积极性，充分发挥企业各种物质技术条件的作用，在一定程度上决定着企业效率的高低和生产经营活动成果的大小。

4. 指挥职能，是指为了有效地组织物流企业生产经营活动，企业要建立一个有权威的、高效率的生产经营统一指挥系统，上级有权对下级单位和人员的活动实施统一领导和指挥，下级必须服从执行上级的命令、指挥。实施企业管理的指挥职能，必须坚持集中统一的原则，避免多头领导；要强调权威和服从，克服软弱散状态。

5. 控制职能，是指物流企业在实现经营目标、执行各种计划和进行生产经营过程中，经常地把实际情况同原订的目标、计划、标准和制度等进行对照，以便及时发现偏差，查明原因，采取措施，加以调整，保证原订目标、计划得以实现的一系列管理活动。它包括对运输、储存、装卸、包装、流通加工、配送等各项物流作业活动的控制。

6. 协调职能，就是协调企业内外部各种关系，使其建立起良好的配合关系，以便更有效地实现企业的任务。对内协调，是指企业内部所进行的协调活动。它又可以分为纵向协调和横向协调。前一种是指上下级领导人员和职能部门之间活动的协调；后一种则是指同级各单位、各职能部门之间活动的协调，它是更重要也是更困难的一种协调。对外协调，是指企业在生产经营活动中与外部各单位及用户之间的协调。企业只有同时搞好内外协调，生产经营活动才能顺利进行，企业经营目标才能更好地实现。

7. 激励职能。激励是激发人的行为动机，鼓励人充分发挥其内在动力，使之向组织特定目标采取行动的过程。激发人的内在潜心，开发人力资源，让每一个员工切实感到力有所用，才有所展，劳有所得，功有所奖，从而自觉的行动是一项重要工作。激励是行为的钥匙。因而，现代物流企业的每个员工都需要自我激励，需要来自同事、领导和企业等方面的激励和相互之间的激励。

二、现代物流企业管理原理

1. 系统原理，是指将现代物流企业作为一个系统，运用系统理论对企业实施管理，以实现企业管理的整体优化和企业系统的总体目的。

现代物流企业是一个由一定要素所构成的、开放的、人造转换系统，同其他任何系统一样，具有目的性、整体性、层次性和适应性等特征。现代物流企业管理必须服从和服务于企业系统的特定目的和功能，应当把企业作为一个由多要素和多层次组合起来有机整体，从企业全局及其内部各层次、各要素之间的相互联系中研究和解决生产经营活动中的各种问题，达到企业管理的整体优化和企业总体目标的实现。同时，还应注意从物流企业与外界的相互联系和相互作用中，力争使企业活动能同外部环境协调起来，以适应外部环境的变化和要求。

2. 动态原理，是指现代物流企业作为一个动态系统，应对其实施动态管理，以实现有效管理。

现代物流企业是一个受制于外界环境并连续不断地通过输入、转换到输出的动态系统，在转换过程中伴随着“物流”、“商流”、“人流”、“资金流”和“信息流”等。与此同时，还同外界环境不断进行着物质、能量和信息的交换。由于外界环境，尤其是市场环境的多变性影响着现代物流企业系统的内部运动。这就需要通过动态管理，使企业系统内部各种生产要素之间、各个环节之间、各个时期之间，以及企业系统与外部环境之间，求得动态的平衡，要注意处理好相对稳定性与变动性之间的关系，使现代物流企业系统在相对稳定中求得自身的生存，在动态平衡中得到发展和完善。

根据动态原理，现代物流管理者在管理活动中必须重视两点：第一，必须重视信息，并经常注意信息的反馈；第二，随时进行调节，保持充分的弹性。这两点构成了动态原理的基本精髓。

3. 人本原理，是指现代物流企业管理应以人为中心，以调动人的积极性、做好人的工作为根本。

人在生产力诸要素中不仅是最活跃的因素，而且也是决定性的因素。现代物流企业管理必须以人为本，把人的因素放在第一位，重视处理人与人之间的关系，强调调动人的主动性，尽量发挥人的自觉性和自我实现精神，把做好人的工作视为管理的根本，并依靠全体职工来搞好管理工作，让大家在自觉的基础上，积极主动地、创造性地为实现企业整体目标而奋斗。因此，在现代物流企业管理工作中，应该通过思想政治工作和贯彻按劳分配，通过职工的民主管理和目标管理、自主管理等，来激励职工的积极性；通过基础教育和专业技术培训，不断开发人的智力，提高人的素质，提高广大职工的创造力，使他们能够更好地进行创造性劳动。同时，在民主管理和自主管理的基础上，在充分调动广大职工积极性的基础上，加强和严格科学管理。

4. 能级原理，即现代物流企业管理要求建立合理的能级，使管理的内部能够动态地处于相应的能级之中，形成有序的运动状态，以获得最佳的管理效率和效益，这就是现代物流企业管理的能级原理。它要求现代物流企业管理应做到：根据企业实际将企业内部管理分设为若干层次（即管理的“级”），形成宝塔型的管理结构；不同管理层次的岗位和人员应赋予不同职责、权力和享有不同的利益；各类管理人员必须动态地与各类能级相对应，做到人尽其才，各尽所能。

5. 控制原理，是指在现代物流企业管理中，以信息反馈为依据，按照预定的目标，通过自觉地调节，使企业物流运营状态趋于和达到原定的目标。因为实施控制必须以信息反馈为依据，故又可称为反馈控制原理。

现代物流企业生产经营活动状况与生产经营目标之间经常存在着偏离。企业管理活动实际上就是通过不同途径，采用不同方式，对企业生产经营活动进行控制的行为，即通过各种信息反馈控制作用，主动地对生产经营过程进行调节，使企业活动始终处于正常发展和稳定状态，使之不偏离管理目标。实施现代企业管理控制，首先需要建立起包括对信息的搜集、处理、存贮和传递在内的企业管理信息系统，为有效控制提供准确完整的资料依据；同时需要建立各类控制标准，包括各类计划指标、定额、标准、规章制度等，作为控制的目标；此外，还应根据控制具体对象的不同特点和要求，选择各种不同的控制类型（包括事前控制、事中控制、事后控制、程序控制、跟踪控制、自适应控制、最佳控制等），并实行多种控制方法（包括模型控制、统计控制、会计控制、预算控制等），以保证和提高控制的有效性。

6. 效益原理，即现代物流企业管理工作要讲求经济效益，把提高经济效益作为一切管理活动的出发点和落脚点。就是要以尽量少的劳动消耗和占用，为客户提供更多的适销对路、价廉物美的物流服务或产品，为国家提供更多的税利，为企业发展提供更多资金，这是衡量一个物流企业经营管理水平高低、决定物流企业是否有生命力的一个重要的问题。

7. **动力管理。管理必须有强大的动力，并正确地运用动力，使管理持续有效地进行下去，这就是动力原理。**人的能动性的发挥程度与管理效应成正比。人的能动性发挥程度越高，管理效应越大；反之亦然。这就是现代物流企业管理把人的因素放在第一位，摆在核心位置的根本原因。除人以外，还应注意对物、财、时间、信息的管理。根据现代物流企业管理对象和管理效率原则，综合起来有三种动力：物质动力、精神动力和信息动力。

三、现代物流企业文化

(一) 企业文化的概念

企业文化是现代管理理论的新发展。在20世纪80年代，由美国哈佛大学教授特伦斯·狄尔和管理顾问艾伦·肯尼迪合著的《公司文化——企业生存的习俗和礼仪》一书的出版标志着企业文化理论的正式诞生。

企业文化通常由三个层次构成：(1) 物质文化；(2) 制度文化；(3) 精神文化。

根据国内外学者的研究和企业实践，我们认为，对企业文化的定义可作如下表述：企业文化是指在一定的历史条件下，企业及员工在生产经营和变革的实践中逐渐形成的共同思想、作风、道德观念和行为准则的总称。它包括价值观念、行为规范、伦理道德、风俗习性、规章制度、精神风貌等主要内容。

企业文化通常是由以下三个不同层次组成：

第一个层次是物质文化。**物质文化，是指企业在生产经营活动中创造出来的适应社会物质需要的那部分产品，包括生产经营的场地、机器设备、原材料和运输工具、产品以及文化体育设施等。**它是企业文化的最表层，称之为外层文化。

第二个层次是制度文化。**制度文化，是指企业处理个体与群体、群体与组织、个体与个体之间关系所形成的一套规章制度，以及实行这些制度的各种具有物质载体的机构设施等。**包括司歌、司徽、司服、组织制度、规章条例、奖惩措施、管理方式、人际关系形式等等。它是企业文化的中介层，称之为中层文化。

第三个层次是精神文化。**精神文化，是指企业人的文化心态及其在观念形态上的对象化，即企业职工各种意识形态的总和，包括企业的生产经营哲学、企业的观念、职工的道德规范、文化素质等等。**它是企业文化的最深层，是企业文化的源泉，又称为核心文化。

企业的物质文化、制度文化和精神文化既相互独立又紧密相联，它们互为影响、相互作用，共同构成企业文化的完整体系。

(二) 现代物流企业文化的特点

为了进一步揭示企业文化的内涵，以便于更好地为现代物流企业经营管理服务，有必要弄清企业文化的基本特征。

1. 人本性。企业文化的人本性，即以人为中心或者说以人为本的特征。企业文化非常重视职工的主体性，要求职工意识到自己是企业的主人。它强调人的理想、道德、价值观、行为规范等在企业管理中起核心作用；在生产经营管理过程中，关心人、尊重人、信任人，使全体职工互相尊重，团结奋进，积极参与企业管理，推动企业发展。以人为中心本身是行为科学的理论，但行为科学所研究的人，主要是单个的人，虽然它也涉及群众意识，但其出发点是群体中的各个成员，即不是群体的整体性。企业文化也是以人为中心的管理理论，但它研究的却是群体价值观，群体精神、群体信念等，而且把企业精神和企业价值观念作为企业文化的核心，这是企业文化区别于行为科学的重要特征。

2. 综合性。企业文化是以企业作为一个整体，阐明企业多维、立体和有机的辩证关系，并对其进行整体的综合研究。在研究的过程中，它广泛吸收了历史上管理科学中一切优秀的科学成果加以综合。它不仅研究企业价值观、企业目标、企业精神、企业制度、企业经营科学以及企业道德等方面，而且还研究企业环境、文化仪式、文化网络、英雄人物等方面的内容。企业文化是多层次、综合性的管理科学。

3. 时代性。企业文化是时代精神的体现，从内容到形式都带有时代性的特点。尽管企业个性不同，但企业文化仍然会打上时代的烙印。例如，在我国传统的计划经济条件下，必然造就带有高度集中统一的企业文化，而在今天的社会主义市场经济条件下，企业文化必然要发生变化，体现一种开放搞活、生气勃勃的企业精神和企业形象。企业文化的时代性有以下几种含义：一是它的客观性，尽管不排除人的主观努力，但任何人想完全摆脱时代的束缚是不可能的；二是它的发展性，即随着时代的发展，客观环境的变化，企业文化也将不断发展、创新。

4. 特殊性。企业文化要反映一个企业独特的风格和价值观，体现一个企业的特点，具有鲜明的企业个性。企业文化的特殊性不仅表现在不同的时代有不同时代的企业文化、不同地域的企业文化、不同民族的企业文化，而且同一时代、同一地域、同一民族的不同企业也有着企业文化的差异性。

企业文化的特殊性告诉我们：现代物流企业文化的建设不能搞一个模式、一刀切，不能生搬硬套别人企业的经验，而要走自己的路，要不断创新开拓，才能创建出具有自己企业特色的企业文化。

（三）现代物流企业文化建设要点

建设有中国特色的现代物流企业文化是一项复杂的系统工程，必须进行全面构思、总体设计和长期艰苦细致的工作。

1. 必须加强组织领导。现代物流企业文化建设是企业一项长期的带有战略性的任务。首先，企业领导必须给予高度重视和支持，尽早把企业文化列入企业工作的议事日程，并积极创造条件，扎扎实实地组织实施；其次，企业领导人要身先士卒，身体力行。因为企业领导个人的价值观、信念和行为趋向对企业和企业成员都有很大的影响，所以在建设企业文化的过程中，企业领导人要积极发挥倡导和示范作用；最后，企业领导还要善于引导“动之以情”、“晓之以理”，以交流、协商等形式说服职工，把企业文化建设转化为企业全体成员共同的自觉行动。

2. 坚持以人为本的主体原则。企业文化建设必须重视职工的主体作用。正确处理人与企业之间的关系，使职工对企业产生一种归宿感和一体感，逐渐使自身行为靠拢企业价值观，使企业文化具体化为个人文化，使个人文化体现企业文化，从而形成企业“人本文化”，这是企业文化建设的根本。同时，企业文化以企业融洽的人际关系为基础。只有企业中的人与人彼此信任、理解、尊重，在企业中形成平等、民主团结的气氛，才能造就出企业的“整体文化”。总之，只有真正确立了以人为本这一基本原则，才能抓住企业文化建设的核心和本质。

3. 发挥舆论宣传导向作用。企业文化建设的具体方法是多种多样的。其中最主要的是要通过各种宣传工具制造舆论，以强化企业职工的文化意识；使得企业的新文化、新观念人人皆知，深入人心，并化为职工的自觉行为，积极参与。例如，很多企业把企业宗旨、企业精神等用醒目的字写在企业最显眼的地方，让全体职工看在眼里、记在心里，化为行为准则。还有的通过唱司歌、穿司服、举办演讲比赛、开展劳动竞赛等活动，来培养职工对企业的荣誉感和责任感，树立奋发进取的团结精神，同时，还可以通过报刊杂志、广播电视等媒体公开宣传报道本企业文化的基本内容，以取得社会的支持和认识，提高企业知名度，树立良好的企业形象。

4. 吸取国内外企业文化建设的经验。西方企业文化建设的有益经验对我国企业文化建设有参考借鉴价值，我们应该认真研究吸收。首先，我们虽然不能全盘照搬、照抄西方已有的文化建设模式，但在方法、原则、经验、内容等方面还是可以为我所用。其次，我们可以借鉴他们在培育、发展企业文化过程中所走过的道路，寻找我们自己的企业文化建设的途径，并处理好古代文化与现代文化、外来文化与本国文化的关系。同任何一种文化一样，企业文化建设也是开放型的，必须兼容并蓄，充分吸收国内外优秀文化建设的经验，继承和发扬传统文化的优秀遗产，这是我国企业文化建设的一条重要途径。

5. 企业文化建设与企业改革同步进行。企业文化建设必须与当前的企业改革及社会经济发展紧密结合起来，同步进行。首先，发展市场经济和以建立现代企业制度为主要内容的企业改革，其中心目的是增强企业活力，而企业活力最主要的是调动全体职工的积极性，从这一点来说，它与企业文化建设是一致的。其次，将二者结合起来同步进行是非常必要，也是非常现实的。因为调动人的积极性，最根本的是要加强以人为中心的管理，理解人、关心人、爱护人，全面实现人的价值，强调职工的主体地位，这样才能使企业活起来。企业文化建设与企业管理改革是相互促进的。在实际工作中，应将企业文化建设列入企业改革规划，作为企业改革的大事来抓，在改革中建设企业文化，这不失为一个好途径。

本章小结

本章主要介绍现代物流企业的概念、分类、特征和组织结构，阐述了现代物流企业管理的定义、职能和基本原理，分析了现代物流企业文化的特点和建设要点。

专业术语

物流企业是指至少从事运输（含运输代理、货运快递）或仓储一种经营业务，并能够按照客户物流要求，对运输、储存、装卸包装、流通加工、配送等基本功能进行组织和管理，具有与自身业务相适应的信息管理系统，实行独立核算、独立承担民事责任的经济组织。简言之，物流企业是指专门提供物流服务的经济组织。

现代物流企业就是融现代储运技术和现代信息技术于一体，为用户提供多功能、一体化的综合性物流服务的经济组织。

现代物流企业组织结构是指现代物流企业内部组织结构按分工协作关系和领导隶属关系有序结合的总体。简而言之，就是指现代物流企业的组织架构或运营模式。

企业文化是指在一定的历史条件下，企业及员工在生产经营和变革的实践中逐渐形成的共同思想、作风、道德观念和行为准则的总称。它包括价值观念、行为规范、伦理道德、风俗习性、规章制度、精神风貌等主要内容。

案例阅读

感悟联邦快递（FedEx）十二条管理原则

联邦快递档案：1971 年，联邦快递公司（FedEx）成立。2001 年，经过近 30 年的持续发展，联邦快递终于跻身于世界 500 强之列。1995 年，联邦快递获得直飞中国的货机经营权。1998 年，联邦快递向中国注入巨资，拥有了自己直飞中国的 MD-11s 航班，并在中国建立了自己的基础设施；同年，联邦快递高瞻远瞩，力排众议，斥巨资收购了世界上最大的飞虎航空公司，从而获得了来往于日本和中国之间航线的经营权。2001 年 10 月，联邦快递位于上海浦东国际机场的快件处理中心（中国国内最大规模的快件处理中心）正式投入运营。2002 年 6 月 3 日，联邦快递（中国）公司宣布：未来 5 年内，联邦快递将在中国国内 202 个城市网点的基础上再增加 100 个网点。2002 年 6 月底，联邦快递公司宣布：公司财政年度第四季度的营业额为 51.2 亿美元，较 2001 年同期增长 5.5%。

近几年来，每月两次，总有许多来自世界各地的商业人士愿意支付 250 美元（约合人民币 2000 元）、花上几个小时去参观联邦快递公司的营业中心——超级中心（Super Hub）。这些来自世界各地的人士有着一个共同的目的：实地探索这个快递巨人在 30 年间成长为行业领袖的秘密。

成功的企业大体雷同，不幸的企业却各有各的不幸。优秀的企业往往表现为整体性优秀，并且在某些方面还有着鲜明的、与众不同的个性！

仅仅 30 年的时间，联邦快递便发展成为行业领袖并成功跻身于世界 500 强之列，这实在是一个奇迹。人们努力从不同的角度来分析、解读联邦快递成功的真谛。

1. 建立开放式平台。公司创始人、主席兼行政总监弗雷德·史密斯（Fred Smith）创建的扁平式管理结构不仅得以向员工授权赋能，而且扩大了员工的职责范围；与很多公司不同，联邦快递的员工敢于向管理层提出质疑，例如，员工可以根据公司的“公平待遇保证程序”（Guaranteed Fair Treatment Procedure）来处理与经理人员之间的争执；公司还耗资数百万美元建立了一个“联邦快递电视网络”（FXTV），这使世界各地的管理人员和员工之间可随时进行联系，这充分体现了公司快速、坦诚、全面、互动的交流方式。

2. 良好的培训和职业生涯设计。联邦快递的员工都有良好的职业生涯设计。公司坚持认为：要使员工有良好的发展机会，就必须为其提供升迁机会，同时还要不断提升其素质。对于每一个进入公司的新员工，公司都会为他们提供很多培训。以中国为例，一位递送员在正式投入工作之前会得到40个小时的课堂培训，主要目的是让他们了解整个服务的过程，怎样满足客户的需求。

公司为每位员工每年提供约2500美元的培训经费。以联邦快递（中国）公司为例，公司制定了一个详细的经理培训计划，每年大概有15名一线员工会获得为期15个月的培训。在这15个月内，他们需要在不同的岗位上开展工作，以此来全面了解整个公司的业务流程。同时，公司还为他们提供很多课堂培训，使他们不仅具备实际工作经验，还具备一定的理论基础。此外，公司还把员工送到不同的地方进行培训，比如美国、新加坡等，使他们具备一定的国际视野。

3. 注重团队协作。在20世纪90年代初期，联邦快递打算建立一个服务于亚洲的超级中心站，负责亚太地区的副总裁琼·麦卡提（Joe McCarty）在苏比克（Subic）选中了一块很好的地皮。当时，日本担心联邦快递在亚洲的存在会影响到它自己的运输业，因而试图阻挠联邦快递通过苏比克进入日本快递市场。在此情况下，联邦快递的美国主要法律顾问肯·马斯特逊（Ken Masterson）和政府事务副总裁多约尔·克罗帝（Doyle Cloud）联手行动，争取到了美国政府的支持；与此同时，在琼·麦卡提的带领下，联邦快递在日本发起了一场大胆而又广泛的公关活动，这次公关行动使联邦快递获得了巨大的成功，日本人终于接受了联邦快递连接苏比克湾与日本的业务拓展计划。

4. 奖励至关重要。联邦快递经常让员工和客户对工作作评估，以便恰当地表彰员工的卓越业绩。其中几种比较主要的奖励有：祖鲁奖（Bravo Zulu），用来奖励超出标准的卓越员工表现；开拓奖（Finders Keepers），给每日与客户接触、给公司带来新客户的员工提供额外奖金；最佳业绩奖（Best Practice Pays），对贡献超出目标的团队提供一笔奖励现金；金鹰奖（Golden Falcon Awards），奖给那些由客户或公司管理层提名表扬的优秀员工；明星/超级明星奖（The Star/Superstar Awards），这实际上是“最佳工作表现奖”，获奖者可获得相当于自身薪水2%~3%的一张支票。

5. 融合多元文化。联邦快递拥有自己的大文化，同时也有各种局域文化（子文化）。在超级中心站，子文化主要表现为时间观念；在软件开发实验室和后勤服务部门，子文化主要表现为创新和创意；而在一线，子文化主要强调顾客满意。负责美国和加拿大业务的高级副总裁马丽琼·爱丽斯琼·泰勒（Mary Alice Taylor）指出："我们的文化之所以有效，是因为它与我们的宗旨紧密相连，即提供优秀品质来服务于我们的顾客。"

6. 激励胜于控制。联邦快递的经理会领导属下按工作要求做出相应的调整，以创造一流业绩。马丽在她的一份报告中曾经这样说过："我们需要加强地面运作。我想，如果让每个员工专注于单一目标，我们就能在整体上达到一定的水平。正因为如此，我们才引入最佳业绩奖。它使我们能把 50000 名员工专注于'提高生产效率'和'服务于客户'。我们达到了以前无法想象的一个又一个高峰——工作绩效接近 100%，而成本却降到最低水平。"公司设计了考核程序和培训计划，以确保经理知道如何做出正确的榜样，公司的高级经理就是下级经理的榜样。

7. 首要规则是改变规则。联邦快递曾因采用"固定价格体系"来取代"邮区和容量定价体系"而在货运业引起了巨大轰动，这一改变不仅大大简化了联邦快递的业务流程，而且也使客户能够准确预测到自己的运输费用；在弗雷德·史密斯说服国会使美国民航管理委员会（the Civil Aeronautics Board）解除了对航空快运的限制后，联邦快递开辟了隔夜送达货运业务，这不仅使自己大大受益，也使对手公司也受益不少——整个行业的利润增加了约 10 倍。

8. 问题也有好的一面。联邦快递始终把客户的问题当作自己的挑战和潜在的商业机会。联邦快递曾接到一家全球性女装零售商兼家居饰品商的业务请求，该客户打算自己经营产品储运和批发业务，要求联邦快递为其提供系统的定单跟踪、库存检查、发货安排等服务，从而使其能在 48 小时内实现接单、送货的全程业务。联邦快递很热心地为这位客户提供了相关支援，并从中获利不少。联邦快递的"超级中心"之所以能发展到如此巨大，这与许多公司不断向他们请求帮助是密不可分的。

9. 积极利用技术软件。联邦快递的成功经验证明：在这个信息时代，一家公司所创造和整理的信息的价值远远不局限于公司内部。比如，公司开发了一种百威发运系统（POWERSHIP），该系统具备承接定单、跟踪包裹、搜集信息和提供账单等功能，联邦快递约 2/3 的运输业务是通过该系统或者"联邦快递发运电子运输系统"（FedEx Ship）来完成的。1994 年，联邦快递建立了自己的网址，客户可以登陆公司的网站并通过公司的主页了解相关信息，同时，客户还能打开联邦快递的 COSMOS 数据库；为帮助客户发展电子商务，联邦快递为他们提供了专门的软件——"联邦快递发运系统"，从而使客户的运输过程实现了自动化；此外，联邦快递还创建了自己的内部网（Intranet），供公司内部专用。

10. 犹豫就会失败（但必须看准才动）。尽管公司的顾问们担心弗雷德·史密斯计划提供的"隔日下午送达业务"（Next - day Afternoon Delivery）可能会影响到公司的其他服务项目（如优先服务、经济送达等），弗雷德·史密斯坚持认为新的服务不仅会给公司带来利润，还能消除"早晨优先送达"（Priority Morning Delivery）和"经济送达"（Economy Run）之间的闲置期。他的决策最终被证明是正确的，联邦快递因此而得到了实实在在的利益——两天到达的业务增长不断，隔夜到达的优先服务也获得了持续的增长。在整个联邦快递，公司都非常尊重经理们的直觉。

11. 倡导冒险精神。有时，自己的直觉和从报表中得到的趋势可能都不准确。联邦快递采用新技术——专递邮件（Zap Mail）来开展业务的尝试就是一个典型的失败案例，公司试图通过卫星连接、传真文件、送货上门的新尝试来开展业务，但最终因低成本的传真机充斥商业市场而被迫宣告失败。不过，这算不了什么。联邦快递从一开始就把冒险作为公司的重要精神之一。由于公司积极倡导“冒险精神”，许多看上去不太合理的举措获得了成功，如第一个辐射式发运系统、专用运输机队、联邦快递技术的电视广告，等等。

12. 努力决定形象。良好的企业形象需要经过持续的努力才能最终形成。它需要经过周密的计划和积极、持续的努力。经过多年的努力，公众已经把“交给联邦快递”这句话同“遵守诺言”等同起来，这种心理定位是联邦快递所取得的最重要的因素之一。人们还往往会由“联邦快递”联想到创新——因为联邦快递总是在尝试用各种独特的方法来满足或预测顾客的需求。联邦快递总是激励员工去树立良好的公司形象——努力塑造一种既为客户、也为自身的企业形象，这种精心树立起来的形象有益于保持并扩大公司的市场份额。可以说，成功的广告节目加强了公司的声誉，员工对工作的热爱及引以为豪，同样也使公司的声誉得到了倍增。

【案例思考】

1. 本案例中，联邦快递的12条管理原则有哪些最值得中国物流企业借鉴？

2. 结合本案例，谈谈你对现代物流企业管理基本原理的认识？

基本训练

一、单项选择题

1. 从物流功能的角度划分，现代物流企业可分为(　　)。

A. 运输型物流企业、仓储型物流企业和综合型物流企业

B. 汽车运输企业、铁路运输企业、内河航运企业、沿海航运企业、远洋运输企业、航空物流企业、快递企业、仓储企业、集装箱联运企业、物流代理企业等

C. 区域性物流企业和跨区域物流企业

D. 国有企业、民营企业、外资企业

2. 大中型物流企业管理的级次一般为(　　)。

A. 一级管理　　　　B. 两级管理

C. 三级管理　　　　D. 四级管理

3. 管理就是决策的观点出自于(　　)。

A. 古典管理学派　　B. 行为学派
C. 现代管理学派　　D. 科学管理学派

4. 企业管理具体职能是指(　　)。
A. 一般职能和特殊职能
B. 合理组织生产力的职能与维护和完善一定生产关系的职能
C. 决策、计划、组织、指挥、协调、控制、激励等职能
D. 自然属性和社会属性

5. 现代物流企业文化的核心是(　　)。
A. 企业的生产经营哲学、企业的观念、职工的道德规范、文化素质等
B. 司歌、司徽、司服、组织制度、规章条例、奖惩措施、管理方式、人际关系等
C. 生产经营的场地、机器设备、原材料和运输工具、产品以及文化体育设施等
D. 司歌、司徽、司服、组织制度、规章条例

二、多项选择题

1. 现代物流与传统物流相辅相成，但又区别明显。主要体现于(　　)。
A. 控制点不同　　B. 管理对象不同
C. 运用手段不同　　D. 基本目标不同

2. 现代物流企业组织结构设计原则有(　　)。
A. 精简原则　　B. 统一原则
C. 自主原则　　D. 高效原则

3. 现代物流企业网式经营组织结构设计的主要形式有(　　)。
A. 集权型网式经营组织结构和分权型网式经营组织结构
B. 矩阵型点式经营组织结构和混合型网式经营组织结构
C. 点式经营组织结构与网式经营组织结构
D. 以上均不正确

4. 物流企业文化通常是由不同层次的文化组成的，即(　　)。
A. 物质文化、制度文化和精神文化
B. 外层文化、中层文化和核心文化
C. 最表层、中介层和最深层
D. 物质文化和精神文化

5. 现代物流企业文化特点是(　　)。
A. 人本性　　B. 综合性
C. 综合性　　D. 特殊性

三、判断题

1. 把提供综合物流服务、第三方物流服务、建立在现代物流理念基础上开展物流经营的企业称为现代物流企业。　　(　　)

2. 快递企业是以承接并组织且承担送货到门快运为主体的企业。（ ）

3. 现代物流管理一体化一个最显著特点就是物流园区概念的出现。（ ）

4. 古典管理学派认为，管理就是协调人与人之间的关系，调动人的积极性和创造性。（ ）

5. 企业管理是一个动态的概念，它并不是凝固不变的。（ ）

四、填空题

1. 按照资本的构成分类，现代物流企业可分为（ ）、（ ）和（ ）。

2. 现代物流企业组织结构设计原则有（ ）、（ ）、（ ）和（ ）。

3. 企业文化包括（ ）、（ ）伦理道德、风俗习性、（ ）、精神风貌等主要内容。

4. 现代物流企业组织结构的管理层次，一般分为三个层级，即（ ）、（ ）和（ ）。

5. 调动人的积极性，最根本的是要加强以人为中心的管理，（ ）、（ ）和（ ），全面实现人的价值。

五、简答题

1. 什么是现代物流企业？它有哪些特征？

2. 什么是现代物流企业管理？它有哪些具体职能？

3. 简述现代物流企业管理原理。

4. 什么是现代物流企业文化？有何特点？

5. 怎样构建现代物流企业文化？

实训练习

物流企业文化建设调查

1. 实训目的：使学生了解该企业是如何从物质、制度和精神层面来确立企业文化的。

2. 实训要求：学生在实训之前必须掌握企业文化的相关知识，做好相应的理论准备。

3. 实训时间：一周

4. 实训任务：以3~5人为一个小组，在深入调查的基础上，提交一份关于该企业企业文化的调查报告，字数不少于2000字。

自学引导

柳和玲：《物流企业管理实务》，高等教育出版社2006年版。

现代物流企业经营思想：是指物流企业从事物流服务活动、解决物流运营问题的指导思想或理念。

学习导航

第一节　现代物流企业经营思想与战略

第二节　现代物流企业营销

学习目标

□了解现代物流企业经营思想和目标体系

□掌握现代物流企业经营战略概念与特征

□基本了解现代物流企业经营战略的分类

□掌握现代物流企业经营战略实施流程和途径

□了解现代物流企业市场的概念和特点

□初步掌握我国物流市场的现状及对策

□明确现代物流企业市场营销含义和内容

□掌握现代物流企业市场营销的基本理论和运作

第二章

现代物流企业经营常识

案例导读

中外运转变经营观念　调整经营目标

中国外运集团是一家具有50年历史的国有大型外贸运输企业，也是我国最大的国际货运代理企业和第一大船东。

自1998年开始，中外运开展了确定企业发展总定位、总方向的战略研究工作，经过一年多的调研分析，提出了企业总定位是把中外运从一个传统的外贸运输企业建成由多个物流主体组成的、按统一的服务标准流程和规范体系运作的国际化、综合性的大型物流企业集团，并制定了一个为期3年的战略目标和实施步骤。

这个战略第一次提出了中外运的经营理念："我们今天和未来所做的一切，都是以降低客户经营成本为目标，为客户提供安全、迅速、准确、节省、方便、满意的物流服务。"在这一理念中，包含了以下内容：以"客户为中心"的物流服务精神；以"降低客户经营成本"为根本的物流服务目标；以"伙伴式、双赢策略"为标准的物流服务模式；以"服务社会、服务国家"为价值取向的物流服务宗旨。

案例思考

1. 为什么中外运能不断做强做大、勇拔头筹？
2. 此案例能否给其他物流企业作为借鉴？

本章主要是与大家一起探讨现代物流企业经营思想与战略，以及物流企业市场营销等相关问题，旨在使大家明确现代物流企业经营理念和战略目标，提高自己的运营技能。

第一节　现代物流企业经营思想与战略

一、现代物流企业经营思想与目标体系

（一）现代物流企业经营思想

现代物流企业经营思想是指物流企业从事物流服务活动、解决物流运营问题的指导思想或理念。

现代物流企业经营思想是由一系列观念或理念所构成，它大体上包括以下内容：

1.市场观念，是现代物流企业经营思想的中心。树立市场观念，应当把用

户需要和利益放在第一位，为顾客提供一流的产品或服务。

2. 竞争观念，现代社会是竞争的社会，竞争的实质就是资源、利益的争夺。从某种意义上说，在特定的空间和时间下顾客资源是有限的，因此，现代物流企业必须有竞争意识，善于抢占市场先机，勇夺市场头筹。

3. 服务观念，是指现代物流企业要认识到服务可增加产品的附加值和提高顾客的满意度，用最优质的服务以赢得市场竞争优势的一种理念。其核心就是要充分认识服务的价值和意义，注重顾客服务，提高顾客的满意度。

4. 效益观念，是指企业的一切经济活动在尊重顾客利益和社会利益的前提下，要以较少投入，取得较大产出的一种理念。效益是企业生存和发展的基础，所以效益观念是现代物流企业一切工作的出发点和落脚点。

5. 人才观念，人是现代物流企业经营活动的主体，是企业最宝贵的资源。当今企业的竞争，既是经济实力的竞争，又是技术知识的竞争，归根到底是人才的竞争。树立人才观念，就是要重视研究人的行为要素，坚持以人为本，注重招聘、培养、选拔、启用各类人才，建立健全的人才机制，做到人尽其用。

6. 创新观念，是现代物流企业通过对自身经营与环境变化关系的历史考察、现状分析和发展趋势预测，来创造性开展企业经营活动的一种理念。

创新是企业发展的源泉，是企业具有良好发展前景的第一推动力。创新主要包括观念创新、管理创新、技术创新、服务功能创新和市场创新。

7. 双赢理念，也叫多赢理念。它是指现代物流企业为了取得顾客的长期合作和支持，维持和发展平等、互利、长期、稳定的买卖双方或多方关系，企业要多替顾客利益着想，使买卖双方或多方都要在交易合作中获利的一种认识。

8. 顾客价值观念，也叫顾客让渡价值观念，就是企业最大限度地提高顾客价值，降低顾客成本，使顾客感到满意的一种思想。顾客让渡价值是指顾客从拥有和使用某种产品或服务中所获得的总价值，与为购得该产品或服务所付出的成本之差。

顾客总价值是指消费者购买某一产品或服务所期望获得的全部利益，它包括产品价值、服务价值、人员价值和形象价值等。顾客付出的总成本包括货币成本、时间成本、体力成本和精神成本。在现代物流活动中，就是要求企业各类人员要充分认识到产品或服务的顾客让渡价值，向顾客提供物超所值产品或服务，使顾客的满意值达到最大化。

（二）现代物流企业经营目标体系

现代物流企业经营目标体系内容主要包括：服务水平目标、物流费用目标、高新技术应用目标、社会责任目标和经济效益目标等内容。

1. 现代物流企业经营目标体系的概念。**现代物流企业经营目标体系是由现代物流企业的经营思想引导，并表现为物流企业运营目标的，可在一定时期内实现的一系列量化指标或期望值。**其经营目标体系应体现现代物流企业的全局性、长远性、竞争性、纲领性、风险性、激励性和阶段性。

2. 现代物流企业经营目标体系的内容。

（1）服务水平目标，是指物流企业在一定时期内满足客户物流需求、衡量服务质量水准的指标，具体包括订货服务指标、存货服务指标、交货服务指标和信息服务指标。它是考量物流企业服务质量和管理水平的重要法码。

(2) 物流费用目标，是指物流企业在一定时期内产品在空间位移（含静止）过程中所耗费的各种活劳动和物化劳动货币表现的指标。加强对物流费用的管理，对降低物流成本、提高物流活动的经济效益具有非常重要的作用。

(3) 高新技术应用目标，是指物流企业在一定时期内运用物流新技术、新设备的程度指标，具体包括采用互联网技术、卫星定位技术、地理信息系统、射频标识技术、自动导引小车、搬运机器人技术、电子识别和电子跟踪技术、智能运输系统等方面的程度，这是考量一个物流企业现代化水平的硬件指标。

(4) 社会责任目标，是指物流企业在一定时期内以环保要求为主要内容的指标。绿色物流的新理念，一方面要对物流系统污染进行控制；另一方面要建立工业和生活废料处理的物流系统，强化物流企业的社会责任。

(5) 经济效益目标，是指物流企业在一定时期内投入产出比例关系的完成指标。资金利润率是衡量物流企业经济效益的综合指标。

二、现代物流企业经营战略

(一) 现代物流企业经营战略概念与特征

1. 现代物流企业经营战略概念。**现代物流企业经营战略是指在对企业外部环境和内容条件分析的基础上，为求得企业生存和发展而做出的长远的谋划或规划。**它是现代物流企业战略思想的集中体现，是确定企业战略规划的基础。

2. 现代物流企业经营战略特征。现代物流企业经营战略具有以下特征：

(1) 全局性。现代物流企业的经营战略是以企业全局为对象，根据企业总体发展需要而制定的，它规定了企业总体行动，追求企业发展的总体效果，因而企业经营战略具有综合性和全局性的典型特征。

(2) 长远性。现代物流企业经营战略的长远性就是在环境分析和科学预测的基础上，着眼于未来，而不是眼前的短期利益，而是为物流企业谋求长期的生存和发展的目标与对策。

(3) 竞争性。现代物流企业经营战略一方面要面对复杂多变的环境确定对策，另一方面要制订在激烈的竞争中抗衡或战胜对手的行动方案，以便取得竞争优势，确保自身的生存和发展。

(4) 纲领性。现代物流企业经营战略规定的是企业总体的长期发展目标、发展方向、发展重点及所采取的基本行动方针、重大措施和基本步骤，这些都是原则性、概括性的规定，具有行动纲领的意义，在经过分解落实后，才能变成具体的行动计划。

(5) 风险性。现代物流企业经营战略是从当前的情况出发，对未来的行动做出预计和决策，而未来企业外部环境是不断变化的，具有很大的随机性。这必然影响和冲击着业已确定的经营战略，因而企业经营战略在制订和执行的过程中会面临着一定的风险和威胁。

(6) 激励性。现代物流企业经营战略是动员企业全体员工行动的纲领，因此必须适应物流环境变化的要求，保证其经营目标的先进性，以便激励员工自己的全部力量和智慧，争取更好的实现企业经营目标。

(7) 阶段性。现代物流企业经营战略是关于物流企业经营的长远性、全局性谋划，不可能一步到位，它的实现是有步骤的、分阶段的。

(二) 现代物流企业经营战略的内容

现代物流企业经营战略作为一个战略系统，主要由四个方面构成：

1. **战略思想**。这是现代物流企业经营战略的基本点，是指导企业进行经营战略决策的行动准则。经营战略思想由制定和实施经营战略的基本思想和观念构成，如市场观念、系统观念、竞争观念，创新观念等。现代物流企业经营战略思想的具体化就形成了企业的战略方针、战略目标和战略重点，是物流企业经营战略的灵魂。

2. **战略目标**，是指现代物流企业经营战略的实施并经受风险，预期达到的总体经营成果指标。企业确定了战略目标，也就确定了企业发展方向、经营范围、经营规模和经营成果。

3. **战略方针**，是为实现战略目标而制定的行为规范和政策性决策。在物流企业发展的不同时期，企业的战略方针不同，企业不同时期的战略方针体现了企业的战略重点，是一定时期企业活动的行动纲领。

战略方针的确定要进行可行性分析和研究，主要考虑：(1) 环境制约的风险和机会；(2) 企业的优势和劣势；(3) 企业经营能力和经营方式（如单一经营和多角化经营、企业联合等）。

4. **战略规划**，是为实施企业经营战略而制定的影响企业全局和未来的重要措施和基本步骤，是战略目标的具体化，是战略方针的措施化。它既是企业经营战略的一个重要组成部分，又是指导战略实施的纲领性文件。

(三) 现代物流企业经营战略类型

现代物流企业经营战略类型复杂多样，按不同的标准划分，现代物流企业经营战略类型主要有下面几种：

1. 按企业战略行为划分，企业经营战略有退却型战略、防御型战略、进攻型战略和关系型战略。

(1) 退却型战略又称收缩型战略，是指战略行为水平低于企业原有水平的收缩战略。在这种战略中，虽然战略水平低于原有水平，但企业的这种退却具有战略性的考虑。退却型的战略有两种类型：①积极退却战略，这种战略一般是以退为进的战略，企业利用生产或服务量上的暂时退却来苦练内功，养精蓄锐，以便将来东山再起。②消极退却战略，这种战略是由于市场衰退或企业在市场竞争中处于非常不利的位置，企业与其在这一领域中继续进行毫无生机的奋斗直至死亡，还不如趁还有一定能力时及时从原有领域中退出来，以便寻找新的出路。

(2) 防御型战略又称稳定型战略，是指战略水平与企业原有水平基本持平的战略。运用这种战略的企业一般是在产品或服务的市场需求增长达到饱和状态，市场容量不可能再增加，甚至马上会出现衰退，企业既没有力量在原有领域里继续扩张，又没有实力进入新的领域，企望依靠防御性战略防止其他企业的进攻，以保持企业已有的生产和市场规模。

(3) 进攻型战略又称成长型战略或扩张型战略，是指发展目标大大高于企业现有水平的战略。采用这种战略的企业通常不满足于企业的现状，寻找一切可能的机会和途径扩大企业的经营规模。企业采用这种战略要求企业有雄厚的实力或较繁荣的市场，亦即企业的市场有不断扩大的趋势和潜力。进攻型战略主要有以下五种类型：①单一产品或服务进攻战略，即把单一产品或服务作为企业的主攻方向，集中企业的所有财力、物力，加速产品或服务的市场销售额，扩大企业的市场占有率。②复合多样化进攻战略，指借助其他部门的财力、物力开拓与现有产品或服务不同的新产品或服务，主要方式有合并、收购、兼并等。③同心多样化进攻战略，指企业在保持原有产品或服务生产的基础上，还生产某些类似的新产品或服务；这类战略有利于提高企业的市场应变能力，为企业的发展创造更多的机遇。④纵向一体化进攻战略，指企业或倾向产出或倾向投入来达到扩大企业生产经营活动的战略。倾向产出指努力扩大产品的销售范围，提高企业自销能力，最大限度地满足最终消费者的需要，如果企业生产的产品属生产资料，企业继续将后续生产也纳入企业生产经营范围中来。倾向投入指提高企业原材料的自供能力，以保证现产产品或服务生产的需要，这种战略是把企业原有供应商的业务纳入企业的业务范围中来。⑤横向一体化进攻战略，指为了扩大企业的实力，提高企业的竞争能力，通过购买和吞并同行业竞争对手的手段达到自我增长的战略。

(4) 关系型战略就是变过去企业与客户单纯交易性行为关系为企业与客户建立长远密切的合作关系的战略规划。在传统的物流企业运营中，企业把物流产品或服务提供给客户后，供需双方的关系就结束了，大多表现为一次性交易。在今天，越来越多的物流企业开始制定关系型战略，通过提供物流服务，提升顾客的满意度，企业与顾客之间建立战略联盟，互相合作，取得长远的互惠、双赢或多赢关系。

2. 按企业产品或服务和市场的组合状况划分，企业经营战略有市场渗透战略、市场开拓战略、产品或服务开发战略和多样化经营战略。

影响企业经营战略的要素有四种，即现有产品或服务、新产品或服务、现有市场、新市场。这四种要素有四种组合，形成四种不同的企业经营战略（见表2-1）。

表2-1　产品或服务——市场组合战略矩阵表

产品或服务 / 市场	现有产品或服务	新产品或服务
现有市场	市场渗透战略	产品或服务战略
新市场	市场开拓战略	多样化经营战略

(1) 市场渗透战略是指企业依靠扩大现产产品或服务在现有市场上的投放以达到发展目的战略。采用这种战略的企业一般不增加在产品或服务更新上的投

入，通过广告方式增加消费者对企业产品或服务的了解，或降低价格、加强售后服务等，使原有的消费群体中更多地购买本企业的产品，扩大企业在现有市场上的市场占有率。

(2) 市场开拓战略是指企业利用现产产品或服务寻求新的市场，以达到发展目的的战略。这种战略的主要思路是企业保持现有市场上的占有率，依赖新的市场来发展，所以并不是找到新的市场后把现有市场放弃。

(3) 产品或服务开发战略是指企业开发出新产品或服务投放现有市场上，以达到发展目的的战略。如果企业依靠现产产品很难在现有的市场上继续找到发展的机会，开拓新的市场又有比较大的难度，或企业具有较强的产品开发能力，企业就可以利用产品或服务开发战略。

(4) 多样化经营战略是指企业开发出新产品或服务投放到新的市场，以达到发展目的的战略。由于新的产品或服务可能区别于企业现产产品，新的市场又完全是一个新的顾客群体，采用这种战略的企业可能在两个完全不同的领域中进行经营。当企业把经营的触角伸展到多个不同的领域时就称为多角化经营。采用多角化经营战略，要求企业有在多个不同领域同时进行经营的实力，所以一般只有比较大型的企业才能这样做。

美国学者斯坦夫·C. 哈柏认为，任何企业如果想在21世纪国际市场上占据领导地位，它就必须在产品或服务市场进行创新，而不仅仅把目光局限在现有的产品或服务上。为了完整地表达企业全方位的发展战略，哈柏将上面的产品市场战略就由四种类型发展为九种类型（见表2-2）。

表2-2　产品或服务——市场战略矩阵表

市场＼产品或服务	现有产品或服务	相关产品或服务	全新产品或服务
现有市场	市场渗透战略	产品发展战略	产品革新战略
相关市场	市场开拓战略	多样化经营战略	产品发明战略
新兴市场	市场转移战略	市场创造战略	全方位创新战略

3. 按战略中心不同划分，企业经营战略有差异化战略、低成本战略和重点战略。

(1) 差异化战略是指企业通过对产品或服务进行一些改进，使之与竞争对手的产品或服务存在一定差异，从而稳定吸引一些顾客，达到提高市场占有率目的的战略。企业追求产品或服务的差异化能有效满足消费者的需求。企业实现产品或服务的差异化可通过改进质量、包装、产品售后服务、企业声誉和形象等途径。

(2) 低成本战略是指企业通过改进生产过程，扩大企业生产规模和降低各种生产要素的消耗以降低成本，用低成本来击败竞争对手达到发展目的的战略。

(3) 重点战略是指企业把全部力量都集中在某一特定的市场或产品上的战

略。采用这种战略的企业往往实力比较弱小，不能把力量分散到其他方面，全力投入特定市场或产品就可以形成集中的优势，在该市场或产品占据重要地位，具有竞争优势。

4. 按战略涉及的产品或服务销售范围划分，企业经营战略有全领域发展战略和局部领域发展战略。全领域发展战略是指企业把产品投放到一个很大的市场中进行销售的战略。采用此战略的企业不需要对市场进行细分，只要有消费者的地方都是其产品需要服务的地方，这种战略只适用于实力雄厚的大型企业。局部领域发展战略是指企业在市场细分的基础上，把产品或服务投放到一个或几个子市场中进行销售的战略。采用局部领域发展战略的企业基于这样一种思路：与其在一个很大的市场中有一个很小的市场占有率，不如在一个很小的市场中获得一个较大的市场占有率，这样，可以形成企业的优势，有利于企业的发展。

5. 按企业经营职能划分，企业经营战略有产品或服务战略、市场战略和技术战略。

(1) 产品或服务战略是指通过各种分析和评估，物流企业必须对未来的业务发展方向做出有针对性的战略规划。

企业的经营首先必须有产品。如果企业能及时提供当前市场需要或开发符合未来市场需求的产品或服务，企业才会有发展前途，所以在制定企业经营战略时必须确定产品或服务战略。产品或服务战略具体包括以下四方面内容：①产品或服务整顿战略。如何通过对老产品的整顿，延长老产品或服务的寿命，形成新的竞争优势。②新产品开发战略。利用什么方式，朝着什么方向进行新产品的开发。一般来说，企业研究开发新产品，最容易获得竞争优势。③产品质量战略。企业如何有计划、有步骤地提高产品或服务的质量，形成质量上的差别优势，直至成为名牌产品或服务。④产品品种战略。企业应根据市场需要和企业盈利的需要安排产品品种结构和产品结构的发展方向，以既符合市场需求，又能带来高利润。

(2) 市场战略就是企业通过市场调查和预测，并结合企业的现状、市场特点等情况，制定关于企业市场开发和拓展的长远规划。在企业战略中，必须把稳定和开拓市场作为市场战略的重要内容；可以说，没有市场，也就等于没有企业经营战略。产品战略和市场战略是企业经营战略的两个车轮，缺一不可。

在市场战略分析中包括以下主要内容：①市场分析。对企业产品或服务所处的市场进行分析，分析的方法是通过市场细分方法，把市场分为一些细小市场，找出细小市场的特点。②市场定位。市场分析找出了细小市场的特点，结合企业的经营实力，企业可以进行市场定位，企业可以以整体市场作为目标市场，也可以以一个或几个子市场作为目标市场。③市场扩张。随着企业的发展，需要进行市场扩张，企业应确定在不远的发展中以渗透的方式还是以开拓新市场的方式来实现市场的扩张。

(3) 技术战略是指物流企业的长远发展要通过何种方式推动技术进步的目标规划。在企业经营战略中，技术战略是手段，是提升企业核心竞争力，推动企业超速发展的重要工具。技术战略具体内容包括：①技术结构战略。企业一开始的技术水平不一定很高，中间技术和初级技术占有很大的比重，技术进步就必须不断增加高级技术在企业成分中的含量，技术结构战略就是对这一过程进行谋划。②技术改造战略。企业以现有技术为基础，企业技术的进步不可能完全依赖新技术的投入，更主要的是对现有技术的改造，这一过程需要技术改造战略来谋划。③技术创新战略。企业要想达到技术领先的地位，必须集中企业的技术力量，加大技术投入，不断创造出新的技术。④技术引进战略。一些技术力量不强的企业需要通过技术引进来提高自己的技术。所以企业也必须有计划、有步骤地引进技术。

(4) 人才战略。现代企业的竞争归根结底是人才的竞争。在企业经营战略中，如果没有人才战略，就不是一个完整的战略，企业需要制定出人才战略来规划如何进行人才开发，提高人的各种素质。

6. 按服务项目划分，企业经营战略有准时货运集散战略、快速货运集散战略、整车货运集散战略、成组货运集散战略、专项货运集散战略和国际货运集散战略。

(1) 准时货运集散是 JIT（准时生产制）思想在物流服务领域中的应用。**准时货运集散战略是指对在特定的时刻将货物送达指定目的地交付服务的一种规划或谋划**。准时集散的原理起源于研制既让制造商更准确、更敏捷、更及时地响应市场需求，又能最终减少货物仓储的系统。在这个服务系统中所体现的最主要的特点就是准时，在为某些行业，如汽车制造企业进行物流服务的过程中，即使晚几分钟或早几分钟一般都认为是不能接受的。

(2) **快速集散战略是指对在约定货物交付时刻表的限定下，以"站到门"、"库到门"、"门到门"或"桌到桌"方式实现的一种货物集散服务的规划或谋划。**快速集散最主要的优势在于运达交付的快捷性、服务的可靠性、使用的方便性和跟踪的实时性，所能提供的附加价值是合同中到家、到时间上的保证条款。快速集散最初是为在全球范围对时间非常敏感的文件、包裹等提供运输服务的基础上发展起来的，该服务系统最显著的特点就是快捷性。现在，快速集散的发展方向是为准时生产提供时间性要求强的部件、外协件等的送达服务。快速集散特别适宜于异地用户增加货物的时空性附加价值。

(3) **整车集散战略是对以一次承运整车（整集装箱）为基本数量单位，或以这样的基本单位签订贸易合同、并实现货物交付的集散服务的一种规划或谋划。**整车货运集散一般不需中间环节或中间环节很少，送到时间短，相应的货运集散的物流总成本较低。

(4) **成组集散战略多是对以成组化单元，如托盘等，作为受理、分销、配载、中转、送货与交付单位的货运集散一体化服务形式的一种规划或谋划**。为了提高组集散效益，一般需要进行配载、集装化工作，如进行托盘化工作，以平托盘、箱式托盘、笼式托盘等形式建立成组单元，以方便物流作业环节中的装卸搬运等作业。

(5) **专项集散战略是对一些有特殊要求的货物展开集散服务的一种规划或谋划**，如高科技设备集散、时装集散、冷藏货物集散等。专项集散服务依货物的集散量、集散过程要求，往往需配备专用仓库、设备、装置、车辆等固定设施、移动设备和相应的工具。

(6) **国际货运集散战略是指当生产和消费分别在两个或两个以上的国家独立进行时，为了克服生产和消费之间的空间隔离和时间距离，对商品进行物理性移动的一项国际货物集散服务的规划或谋划。**国际货运集散活动包括进口和出口供应链，涉及订单处理、支付程序、运输和储存管理、用户服务等环节，其整个流程很少有企业能够依靠自身力量单独办理和完成。因此，国际物流过程离不开贸易中间人，即由专门从事商品使用价值转移活动的业务机构或代理人来完成，如国际货物的运输是由国际货物运输服务公司来代理的，再如报关行、进出口贸易公司、出口打包公司和进口经纪人等，它们主要是接受企业的委托，代理与货物有关的各项业务。

为便于理解，现对上述物流企业经营战略分类做一个汇总。物流企业经营战略分类汇总表如表 2－3 所示。

表 2－3　物流企业经营战略分类汇总表

分类标准	物流企业经营战略类型
战略行为	退却型战略、防御型战略、进攻型战略、关系型战略
市场组合状况	市场渗透战略、市场开拓战略、产品或服务开发战略、多样化经营战略
战略中心	差异化战略、低成本战略、重点战略
销售范围	全领域发展战略、局部领域发展战略
经营职能	产品或服务战略、市场战略、技术战略
服务项目	准时货运集散战略、快速货运集散战略、整车货运集散战略、成组货运集散战略、专项货运集散战略、国际货运集散战略

(四) 现代物流企业经营战略实施流程

现代物流企业经营战略实施流程大体上有四个步骤：

第一步，企业经营战略分析，就是根据物流企业外部环境和内部条件进行科学分析研究，确定物流企业经营目标。

第二步，企业经营战略选择，就是根据物流企业经营战略定位，提出物流企业可行性经营战略方案，并对各种可行方案进行评估，选择最满意的方案。

第三步，企业经营战略实施，企业经营战略方案选择后，组织具体实施。

第四步，企业经营战略控制，物流企业经营战略实施过程中，总会出现一些偏差，应及时对实施结果反馈和评价，并对企业经营目标进行调整（见图2－1）。

(五) 现代物流企业经营战略实现的途径

现代物流企业经营战略的实施是经营战略最重要的一个环节。其实现的基本途径为：

1. 积极创造物流发展的政策条件，营造宽松的市场环境。认真研究并制定支持、促进现代物流企业发展的政策和措施，努力创造公平竞争、规范有序的市场环境；努力建设规范的物流市场竞争机制，采取有效措施，努力改变系统内的

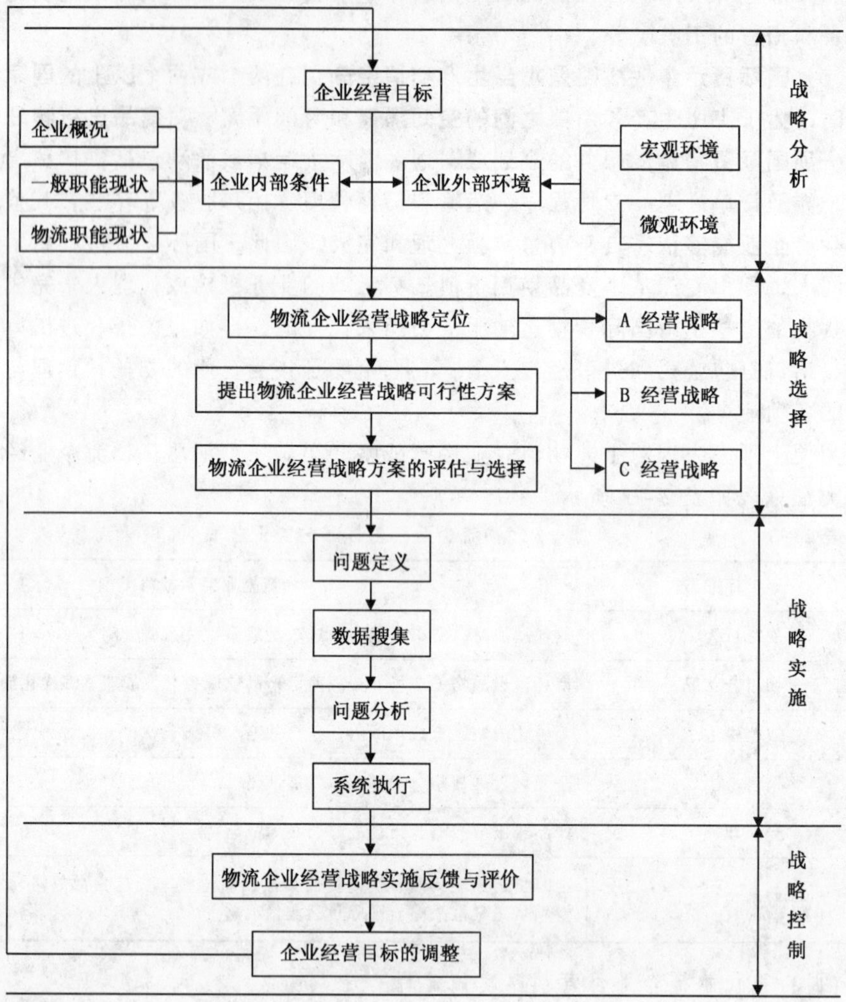

图 2－1 现代物流企业经营战略实施流程图

部门、条块分割状况，适当开放物流市场；按国际惯例培养物流市场竞争机制；加强物流行业协会建设，发展其纽带作用；从而为现代物流企业经营战略的实施创造一个宽松的内外条件和环境。

2. 完善现代物流企业管理体系，实行管理创新。积极引导和改变传统的物流管理观念和方式，以降低物流成本和提高售后服务质量为目标，用系统的方法分析、重组第三方物流业务，优化供应链管理，实现企业物流系统整体成本最小、效益最大。通过推动现代物流企业管理创新，促进企业物流健康发展，增加对社会物流服务的有效需求，推动物流企业经营战略的顺利实施。

3. 发展科学技术，完善物流设施，提高各物流环节的技术含量。现代物流企业的跨越式发展必须紧密依靠技术进步。积极配合有关部门抓紧制定既适合我国特点、又与国际接轨的物流技术标准，为提高企业物流系统的运营效率创造技术条件。积极研制开发运输、装卸、仓储、包装、条码及标志印刷、信息管理物流技术装备，提高各物流环节的技术含量，为现代物流企业经营战略的实现提供技术支撑。

4. 拓展渠道，积极培养企业物流人才。加强宣传引导，使人们认识物流、接受现代物流的理念。加强理论研究和实践探索，使物流的理论知识与社会的实践活动有机地结合起来。加强人才培养，造就一大批熟悉物流运作规律，并有开拓精神的管理人员和技术专家，为现代物流企业经营战略的实现提供人才支撑。

第二节　现代物流企业营销

一、现代物流市场

（一）现代物流市场概念

现代物流市场是物流供需双方为保证生产和人民生活顺利进行的各种交易关系的总和。物流产业是一个新兴服务产业，也是一个复合型产业。物流市场有它自身存在和发展的规律。因受社会、经济、技术、体制、环境等诸多因素的影响，其市场结构和市场运行的变化十分复杂，变动趋势也不易确定。但从需求、流向和成本构成三方面分析，就能够发现物流市场的基本发展方向，认识其演变的一般规律和特点。

（二）现代物流市场的特点

1. 派生性。在经济生活中，若一种商品或服务的供求是由另外几种商品或服务派生出来的，则称该商品或服务的供求为派生供求，引起派生供求的商品或服务供求为本源供求。现代物流需求或供给就是制造业、批发业、零售业等行业的不断发展派生出来的。

2. 不平衡性。物流市场发展的不平衡性主要体现在时间、空间和方向上。时间上不平衡性的主要起因于农业生产的季节性、贸易活动的淡旺季及节假日、各类有形产品的交货期等。空间和方向上的不平衡性主要起因于资源分布、生产力布局、地区经济发展水平、物流网络布局等。

3. 替代性。客户企业所需要的物流服务可由物流企业提供（外包），也可由客户企业采取“自给自足”的方式满足（自营）。物流企业只有提供有利于客户改善物流管理水平、降低客户的物流成本的服务，才能够吸引客户，扩大市场占有率。随着第三方物流的发展，物流企业物流技术改进、管理水平的全面提升，物流企业的替代性特征将更为明显。

4. 较小的需求弹性。物流活动已日益渗透到生产、流通、消费等经济生活的方方面面，与人们的社会经济活动息息相关，公共性特征明显。因此社会对物流的需求有着价格的不敏感性，反映出较小的需求弹性。

5. 需求的个性化。物流的目标客户涉及的行业千差万别，对物流需求的侧重点不尽相同，这是因为各行各业的物流费用的构成情况及产品特性以及生产、经营方式不一致。

6.经营规模零散。尽管物流企业中不乏一些实现了网络化经营、规模较大的物流企业集团，但从总体上看，存在着大量规模较小且分散的物流企业，特别是一些从事运输的企业，仅需几个人、几台车，进入的技术门槛也很低，经营规模零散，容易形成过度竞争。

（三）现代物流市场的类型

按不同的标准划分，现代物流市场可有不同的分类。

1.按物流的范畴分类，现代物流市场分为社会物流市场和企业物流市场。社会物流市场属于宏观物流范畴，包括物流设备制造、运输、仓储、装卸、包装、配送、信息服务等市场。企业物流市场属于微观物流的范畴，包括生产物流、供应物流、销售物流、回收物流等市场。

2.按作用领域的不同分类，现代物流市场分为生产领域物流市场和流通领域物流市场。生产领域物流市场贯穿生产的整个过程。生产的全过程从原材料的采购开始便要求有相应的供应物流活动，即采购生产所需的材料；在生产的各工艺流程之间，需要原材料、半成品的物流过程，即生产物流；部分余料、可重复利用的物流的回收就是回收物流；废弃物的处理则需要废弃物流。这些构成了生产领域物流市场。流通领域物流市场主要是指销售物流市场。在当今买方市场条件下，销售物流活动带有极强的服务性，以满足买方的需求，最终实现销售。企业销售物流的特点是通过包装、送货、配送等一系列物流实现销售。

3.按发展的历史进程分类，现代物流市场分为传统物流市场、综合物流市场和现代物流市场。传统物流市场主要集中于仓储的管理和货物的运输上，以消除生产和消费在时间和空间上的差异。综合物流市场不仅提供运输服务，还包括许多协调工作，是对整个供应链的市场管理。现代物流市场是为了满足客户需要而进行的从起点到终点的原材料、中间过程、最终产品和相关信息有效流动及存储的计划、实现和控制的管理过程。它有两个重要功能：能管理不同货物的流通质量；开发信息和通讯系统，通过网络建立商务联系，直接从客户处获取订单。

4.按提供物流服务的主体不同，现代物流市场分为第三方物流市场和企业自营物流市场。第三方物流市场是指由物流的供方、需方之外的第三方去完成物流服务的市场运作模式。第三方就是提供物流交易双方的部分或全部物流功能的外部服务提供者。企业自营物流市场是指生产企业、商业企业为自身提供物流服务的市场。

5.按物流流向不同，现代物流市场分为内向物流市场和外向物流市场。内向物流市场是企业从生产资料供应商进货所引发的产品物流服务。外向物流市场是从企业到客户之间的产品物流服务。

二、现代物流企业市场营销

（一）现代物流市场营销的含义

市场营销（Marketing）是与现代社会化大生产和市场经济相关联的，随着企业市场营销管理实践的发展而发展，含义广泛的概念。市场营销的最新定义、也是最权威的定义，是世界著名营销专家、美国西北大学教授菲利普·科特勒博士最新出版的《营销管理》中所下的定义，即市场营销“是个人或集体通过创造，提供出售，并同别人自由交换产品和价值，以获得其所需所欲之物的一种社会和管理过程”。

市场营销“是个人或集体通过创造，提供出售，并同别人自由交换产品和价值，以获得其所需所欲之物的一种社会和管理过程”
——科特勒

物流市场营销是从事物流服务的企业针对物流及相关服务所进行的综合性市场营销活动。物流市场营销活动的主要目的是实现物流服务的交换和外包，手段包括战略性市场营销手段和战术性市场营销手段，其中大市场营销手段是物流市场营销活动中的重要手段，人的因素是物流市场营销的重要因素。

从物流市场营销的上述定义可以看出，物流市场营销有下面几层含义：(1) 物流市场营销是一种创造性行为。物流市场营销不是服务于物流市场，而是创造市场，指导消费。(2) 物流市场营销是一种自愿自由的交换行为。物流供需双方自由交换，各取所需，各得其所。(3) 物流市场营销是一种满足客户需要的行为。客户的各种需要和欲望是物流企业营销工作的出发点。物流企业必须对市场进行调研，寻求、了解、识别、研究和掌握客户的需要和欲望，并确定需求量的大小。(4) 物流市场营销是一个系统性的管理过程，从搜集物流企业环境信息、市场调研、分析市场机会、进行市场细分、选择目标市场、设计开发新产品等，到产品定价、选择分销渠道、开展促销活动、提供销售服务等，还包括销售过程之后的售后服务、信息反馈、客户管理等一系列活动，就是一个循环往复、系统性的管理过程。(5) 物流市场营销是一种企业参与社会的纽带。物流市场营销是联结物流企业与社会的纽带。营销工作者在制定营销政策时，必须权衡企业、顾客和社会三方面的利益。

（二）现代物流市场营销的特点

1. 为客户提供物流服务产品，物流服务的质量往往由客户的感受所决定。现代物流企业的主要任务是为客户提供货物在时间、空间的位移，提高流动过程的效用及实现价值的最大化，因而它提供的不是有形产品，而是一种特殊的服务产品。它的无形性使得客户难以准确予以评判，物流的供应商和客户之间的相互作用的重点也从交易转向关系。因此，物流企业提供服务的质量也不全由物流企业自己决定，而是与其客户的感受有很大关系，往往需要通过如物流场所的气氛、人员素质、价格水平、物流设备的先进程度和强大的供应链整合能力等来反映，最终以客户的感受决定物流的服务质量。

2. 物流市场营销的对象广泛，市场差异程度大。目前，物流外包已成为国际潮流，不仅制造业，甚至一些政府、非营利性组织等也成为物流企业服务的对象。可以说，物流企业服务的对象涉及到各行各业。顾客的广泛性导致了市场的差异性。因此，物流企业面对一个差异性较大、个性化突出的市场，就必须根据目标市场客户的特点为其量身定做，并建立一套高效合理的物流解决方案。

3. 物流市场营销的服务能力强。随着物流市场需求的演变，顾客需求的差异化、个性化越来越突出，客观上要求物流企业必须具有强大的营销能力与之相适应。

（三）现代物流市场营销的内容

现代物流市场营销总体上包括以下内容：

1. 分析物流市场机会。物流市场营销受各种各样环境因素的影响，环境的变化会直接影响物流营销格局的变化、竞争优势的变化。研究环境，就是为了使物流企业更好地适应环境的变化。现代物流企业要做好物流市场调研，准确掌握物流市场需求状态和客户行为多样化的发展，并对竞争对手进行深入细致的分析，找到企业的市场机会。

2. 选择企业目标市场。物流市场营销的范围很大，无论实力多么雄厚的物流企业都不可能承揽所有业务，不可能满足各方面各具差异的市场需求。物流企业对进行市场细分，并根据外部环境和自身条件，确定为之服务的目标市场，做好准确的市场定位，提供有效的服务。这是物流营销战略的重要内容和基本出发点。

3. 确定物流市场营销组合。物流企业需要根据市场变化，运用营销组合，将产品（Product）策略、价格（Price）策略、渠道（Place）策略和促销（Promotion）策略（4Ps）等进行有机组合，为客户提供满意的物流服务。物流市场营销组合具有自身的特点，应实行以“4Cs”：顾客需求（Consumption）、成本（Cost）、便利性（Convenience）与顾客进行沟通（Communication）营销理论为基础的物流企业组合策略，即市场营销的变量正在传统的“4Ps”基础上增加为围绕客户的“4Cs”。

4. 创新物流营销模式。现代物流企业要不断引入关系营销、绿色营销、网络营销等新理念，广泛运用关系营销、绿色营销、网络营销等新型物流营销模式，从而使物流市场营销向集约化、绿色化、协同化物流方向发展。

小资料

关系营销是把整个物流营销活动看成一个物流企业与客户、供应商、分销商、竞争者、政府机构和其他社会公众发生互动作用的过程。其关键是建立和发展与这些公众的良好合作关系；核心是追求顾客忠诚；最主要的表现形式是一对一营销；最重要的特征是双向沟通和双赢机制。

绿色营销是指物流企业承包在保护环境、满足客户需求的过程中取得自身利益的营销，以物流服务及其对环境的影响为中心，在物流系统规划设计、运作监控过程中，应强调环保，开展与节约资源和环保相联系的绿色物流。

网络营销是指企业以电子信息技术为基础，以计算机网络为媒介和手段而进行的各种营销活动的总称。其主要手段是互联网，营销方式是直接营销，本质是定制营销。

5. 管理物流营销活动。物流营销管理活动是物流营销过程中关键的，极其重要的一步。在物流营销中是否按计划要求进行，时间、费用如何，环境是否发生变化，应怎样应对，这些问题要通过组织控制来解决。物流营销管理活动主要包括：做好思想舆论宣传，组织调整工作；按照计划把决策方案具体化；推行目标管理，按各职能部门的工作要求，将总目标层层分解，协调上下关系，创造条件，制定实施的具体措施和细则；建立健全反馈系统，进行控制和协调，保证物流运营决策的全面实施。

（四）现代物流市场营销的策略

现代物流市场营销策略是物流企业在组织目标、资源和它的各种环境机会之间谋求建立与保持一种可行的适应性的管理过程。物流市场营销策略的制定和选择，实质上就是根据企业内部件和外部环境选择做最恰当的事，“做恰当的事比恰当地做事更为重要”。物流市场营销策略较多，这时仅就物流市场营销组合策略作一系统介绍。

1. 市场营销组合的基本理论。

（1）传统的市场营销组合——“4Ps”理论到“11Ps”理论。1962 年美国的杰罗姆·麦卡锡教授指出，企业营销整体策略是由相互联系的产品（Product）策略、定价（Price）策略、渠道（Place）策略和促销（Promotion）策略所组成的，这四个因素组合起来通常被称为“4Ps”理论。

1984 年，市场营销权威、美国西北大学教授菲利普·科特勒教授提出了大市场营销理论，在“4Ps”的基础上，增加了两个“P”，即政治权力（Political Power）与公共关系（Public Relations），将市场营销组合的范围扩展到“6Ps”，并认为产品、定价、渠道、促销四因素是战术性 4P。1986 年，他又提出了探查（Probing）、分割（Partitioning）、优先（Prioritizing）、定位（Positioning）的市场营销战略“4Ps”理论。人（People）是市场营销中的最重要因素，在各个市场营销过程和环节中发挥重要作用，市场营销要以人为本，成就了“11Ps”。市场营销组合理论由过去旧的“4Ps”发展到现在的新“11Ps”。本节中所定义的市场营销组合仅指企业可以控制的四因素的结合，即由产品、定价、渠道、促销因素构成的“4Ps”。该理论被引入到物流企业中，并得到了广泛运用。

（2）“4Cs”理论。20 世纪 80 年代，美国营销专家劳斯朗向传统的“4Ps”理论发挑战起，提出了“4Cs”理论。这一理论强调以顾客需求（Consumption）为导向，充分考虑顾客所愿意支付的成本（Cost）、照顾顾客的便利性（Convenience）、与顾客进行沟通（Communication）。“4Ps”理论是站在企业的视角，以企业为导向；而“4Cs”理论则是站在顾客的视角，以顾客为导向。基于市场竞争的变化和物流服务的特殊性，“4Cs”理论进一步体现了对市场营销理念的深化。

把以顾客为导向的“4Cs”营销组合理论引入到作为服务行业的物流企业，具有十分积极的现实意义。一是物流营销组合首先以顾客对物流的需求为导向，这与物流的供求现状相适应。二是以顾客为中心，着眼于企业与顾客的互动、沟通，将物流企业的服务与顾客的物流需求进行整合，从而将供需双方的利益有机地整合在一起，为顾客提供一体化、系统化的物流解决方案，形成互相需求、利益共享，共同发展的多赢局面。三是“4Cs”考虑顾客愿意付出的成本，实现成本的最小化。这是顾客最关心的问题。因此，物流企业只有在分析目标顾客需求的基础上，为目标顾客量体裁衣、制定个性化的物流方案，才能为顾客所接受。四是物流企业只有为顾客提供效益和便利，顾客才会接受物流企业提供的服务。

(3)“4Rs”理论。20世纪90年代，美国的舒尔茨（Don E Schultz）提出“4Rs”理论，阐述了全新的营销要素，包括与顾客建立关联（Related），提高市场的反应速度（Reflect），重视关系营销（Relation）和营销回报（Reward）。

与顾客建立关联，是指在竞争的环境中，企业必须时刻关注顾客的需求及其变化，提高顾客的满意度和忠诚度，同时必须注意与上游厂商形成一个卓越的价值让渡系统或战略网，提高整个战略网的竞争力。提高市场的反应速度，是指厂商应在顾客的需求变化时，甚至是变化前，做出适当的反应，以便与顾客的需求变化相适应。重视关系营销，是指企业应当与顾客建立长期、稳定且密切的关系，降低顾客流失率，建立顾客数据库，开展数据库营销，从而降低营销费用。营销回报，是指企业营销的真正动机在于为企业带来短期的利润回报和长期的价值回报，这是营销的根本出发点和目标。“4Rs”理论强调以竞争为导向，注重关系营销，维护企业与顾客之间的长期合作关系。以竞争为导向，培植竞争优势，打造物流企业核心竞争力，这也是现代物流企业市场营销的发展走向。由此可见，“4Rs”理论在物流业的应用前景十分广阔。

营销组合的七要素主要包括产品、定价、渠道、促销、人、有形展示和过程。

2. 现代物流市场营销组合要素。**物流市场营销组合是现代物流企业依据其营销战略对营销过程上的七个要素变量进行配置和系统化管理的活动。**

(1) 产品（Product）。物流产品所必须考虑的是提供服务的范围、服务质量和服务水准，同时还应注意的事项有品牌、保证以及售后服务等。尽管有不少人为标准化的服务产品策略进行辩护，但到目前为止，最成功的仍然是那些根据其目标市场的需求调整其供给品的服务企业，物流服务便是如此。例如，高科技行业的技术更新迅猛，竞争异常激烈，同时往往因为其产品所具有附加值较高，相对的利润空间较大，因此，虽然对物流服务的价格非常注重，但是对于服务时限、服务水准、服务的集约化和个性化的要求较之其他行业可能更高；同样的对快速消费品行业，虽然也重视前面的这些因素，但可能更注重物流的费用成本、产品的覆盖面等。因此，物流服务企业的营销更应该注重对不同行业的特点，以及对供应链的不同环节，如采购、生产、销售的服务等对不同行业的业务发展的重要性等的研究。物流服务通常需要实行差异化策略。根据不同的行业和企业的市场战略、不同产品的目标消费者和目标市场、不同业务对物流过程中的各种要求，以及本企业所具备的资源、技术、设施、人员的具体情况，制定各自不同的产品和服务差异化策略。

(2) 定价（Price）。与有形产品相比，物流服务特征对于服务定价可能具有更重要的影响。由于物流服务的不可贮存性，对于其服务产品的需求波动较大的企业来说，当需求处于低谷时，物流企业往往需要通过使用优惠价或降价的方式，以充分利用剩余的生产能力，因而边际定价策略在包括物流企业在内的服务企业中得到了普遍的应用。如航空公司就经常采用这种定价策略。就基本的定价策略而言，服务产品的定价也可以采用需求导向定价、竞争导向定价和成本导向定价。

物流企业除了要考虑在需求波动的不同时期采用不同的价格外，还需要考虑是否应该在不同的地理细分市场采用不同的价格策略。一般来说，在全球市场中执行统一的服务价格策略是不现实的。在物流管理咨询服务行业，即使同样的服务项目和服务内容，而且为客户创造的服务价值相同，所支付的费用相同，但在不同的国家，收费可能需要做出巨大的调整。在美国上百万美元的收费项目，在中国可能只能收取数万元人民币的报酬，其中很大的一个原因是中国目前咨询服务业的市场不成熟，而且咨询服务业本身还十分幼稚。

价格方面要考虑的因素包括价格水平、折扣、折让和佣金、付款方式和信用。在区别一项物流服务和另一项物流服务时，价格是一种识别方式。而价格与质量间的相互关系，即性能价格比，在许多物流服务价格的细部组合中是重要的考虑对象。

(3) 渠道（Place)。提供物流服务者的所在地以及其地缘的可达性在物流市场营销上都是重要因素。地缘的可达性不仅是指实物上的，还包括传导和接触的其他方式。所以销售渠道的形式（直销与分销）以及物流服务的涵盖面的地区范围，都与物流服务的可达性的问题有密切关系。

针对目标市场对物流服务的特殊需求和偏好，物流企业往往需要采用不同的渠道策略。如同样是提供电脑产品的物流服务，戴尔公司采取直销模式，而IBM 则主要是通过大经销商的分销，因此，现代物流企业在提供服务时就应该采取不同的分销和促销策略。对前者除了提供 B2B 的服务外，更应该注重提高满足其 B2C 服务需求的当地化配送服务能力。

(4) 促销（Promotion)。促销包括广告、人员推销、销售促进和公共关系等市场沟通方式。针对目前市场对服务的特殊需求和偏好，服务企业往往需要采用不同的促销策略。据研究，德国人与日本人在对航空公司服务的评价上存在很大的差异。德国乘客对飞机能否准时到达预定地点最感兴趣；而日本乘客认为飞行中的舒适与否最重要。因此，航空公司的服务和广告需要反映这种差异。

以上四项是传统“组合”要素；但服务营销人员则显然有必要增添更多的要素，如人、有形展示和过程。

(5) 人（People)。我们知道，顾客满意和顾客忠诚取决于物流企业为顾客创造的价值，而物流企业为顾客创造的价值能否让顾客满意，又取决于员工的满意和忠诚。只有满意和忠诚的员工才能提高其的服务效率和服务质量。此外，由于物流服务的不可分离性，服务的生产与消费过程往往是紧密交织在一起的，物流人员与顾客间在物流服务产品的生产和递送过程中的互动关系，直接影响着顾客对物流服务过程质量的感知。因此，物流企业的人员管理应是物流市场营销的一个基本工具。物流企业人员管理的关键是不断改善内部服务，提高企业的内部服务质量。企业内部服务即企业对内部员工的服务质量包括两大方面：一是外在服务质量，即有形的服务质量，如工资收入水平；二是内在服务质量。但员工对企业的满意度主要还是来自于员工对企业内在服务质量的满意度，它不仅包括员工对工作本身的态度，还包括他们对企业内部各个不同部门和同事之间合作的感受。

在物流企业担任生产或操作性角色的人，如物流公司的递送人员、单证操作人员等，在顾客眼中感受到的其实是物流服务产品的一部分，其贡献也和其他销售人员相同。大多数物流企业的特色是操作人员可能担任服务表现和服务销售的双重任务。换言之，在物流企业，服务执行者工作得如何就像一般销售活动中销售能力如何一样重要。

(6) 有形展示 (Physical evidence)。由于物流服务的不可感知性，不能实现自我展示，它必须借助一系列有形要素才能向顾客传递相关信息，顾客才能据此对物流服务的效用和质量做出评价和判断。一般来说，物流企业可以利用的有形展示有三种：

第一，环境要素。如噪音、气氛、整洁度、安全性都属于环境要素。这类要素通常不会引起顾客立即注意，也不会使顾客感到格外的兴奋和惊喜，但如果物流企业忽视了这些因素，使环境达不到顾客的期望和要求，则会引起顾客的失望，降低顾客对物流服务质量的感知和评价。

第二，设计要素。这类要素是顾客最容易察觉的刺激因素。包括美学因素（建筑物风格、装潢、色彩等）和功能因素（陈设、舒适、标志等)，它们被用来改善物流产品包装，使服务的功能和效用更为明显和突出，以建立有形的赏心悦目的服务产品的形象。

第三，社交因素。社交因素是指参与物流服务过程的所有人员，包括物流服务人员和顾客，他们的态度和行为都会影响顾客对物流服务质量的期望和评价。

物流企业通过环境、设计、社交三类有形展示要素的组合运用，将有助于实现物流产品的有形化、具体化，从而帮助顾客感知物流服务产品的利益，增强顾客从物流服务中得到满足感。

(7) 过程 (Process)。物流服务过程就是实现转换的过程，因此，规范服务流程，完善服务过程监督制机制具有十分重要的意义。过程控制是提高服务质量，实现顾客满意的重要保障。

3. 现代物流市场营销组合与产品市场营销组合的比较。物流市场营销组合较之产品营销组合的特殊性，首先表现为物流市场营销组合包括七项要素，而不是四项要素。产品、定价、渠道、促销四要素的传统组合结构主要是适用于有形产品营销的营销策略，这样的组合结构在物流企业的运用有其局限性，而必须采用新的营销组合要素及结构，这是由以下原因决定的：

(1)"4Ps" 的营销组合是根据制造业的情况确定的，由于物流业产品的非实体性特征，决定了"4Ps" 的营销组合更适宜于实物产品的营销组合，而作为服务业的物流企业，采用以顾客为导向的"4Cs" 理论和以竞争为导向的"4Rs" 理论更为管用和有效。

(2) 物流业的营销人员认为传统的营销组合不足以涵盖物流业。在实践中，物流管理者发现，若与制造业相比，他们必须要应付一些显然不同性质的问题，如物流服务人员已成为了产品的一部分、服务不能申请专利、服务产品不能存储等。

(3) 越来越多的证据显示，传统的产品营销组合的层面和范围不适应于物流业管理。足够的证据足以说明有必要重新制定营销组合以适应物流市场营销，如物流服务人员的素质、服务质量对于物流服务的购买具有直接影响，事实上有一系列的要素（如人员、有形展示和过程）是传统营销组合框架所未能涵盖的。

物流市场营销组合的特殊性还表现为其营销组合是一种艺术，也是一种科学，建立营销组合的步骤是人的直觉和理性研究的结果，物流市场营销组合的特殊性也是其营销策略制定上的特殊性的集中反映。

4. 现代物流市场营销组合策略选择应考虑的因素。现代物流企业在物流市场营销活动中突显什么策略，兼顾什么策略，一般应根据企业内外部环境以及市场营销组合的影响因素来决定。通常这些影响因素包括物流企业的市场营销策略、市场营销环境、目标市场的特点、企业资源状况等。

(1) 物流企业营销战略是关于物流企业市场运营的长远的、重要的目标。企业没有营销战略作指导就会迷失方向，营销组合因素的选择也就必然顾此失彼。

物流市场营销组合策略是企业设计营销服务的行动方案。它是物流企业根据当前和未来的市场机会及限制因素，考虑如何更有效地利用企业内部现有的及潜在的资源和能力优势，满足目标市场的需求，从而完成企业既定目标。

(2) 物流企业营销环境。物流企业是一个开放的经济系统，成功开展物流市场营销，要求物流企业要把握住营销环境的现状及变化趋势，利用有利市场机会，避开环境威胁因素，有针对性地进行物流市场营销活动。物流市场营销环境一般分为微观环境和宏观环境。

由于市场营销环境的变化性，物流企业的市场营销组合也是不断变化的。物流企业在设计市场营销组合时，应把环境看做是一个主要因素，时刻重视宏观与微观环境各因素的研究与分析，并对这些不可控因素及可控因素做出营销组合方面的及时反应。

(3) 目标市场的特点。目标市场的需要决定了市场营销组合的性质。物流企业要设计一个合理的市场营销组合，首先要分析研究目标市场顾客的情况、顾客选择物流服务商的意愿及目标市场的竞争状况等。

第一，目标市场顾客情况，主要包括目标顾客的行业特征、规模大小、经营模式、物品的性质与特点、区域分布、市场覆盖面、供应链上的供需关系以及目标顾客的采购销售方式、财务结算、决策程序等。这影响着目标市场的发展潜力。企业应根据目标市场顾客的情况，决定使用何种促销策略，产品如何适应顾客的需要，在什么地点、什么时间实现物品的位移，企业的产品策略（如设计、包装、品种系列等）如何对顾客投其所好等。

第二，目标市场顾客选择物流服务商的意愿。顾客将物品外包和实现物品位移的迫切性是物流企业制定营销组合的重要影响因素，其中包括影响分配渠道的长度、宽度，物流服务标准，以及愿意支付的价格等。

第三，目标市场竞争状况。目标市场的竞争状况可以影响市场营销组合的各个方面。如果市场处于垄断状态或是新开发领域，这时竞争不激烈，一般的市场营销组合都比较容易成功；反之，就必须追求最优组合方案。总之，根据目标市场上述三个条件分析它们对各个基本策略的影响，从而判断哪种营销组合更切实可行、更具有吸引力和更有利可图。

（4）物流企业资源状况。物流企业资源状况包括企业公众形象、员工技能、企业管理水平、储运能力、信息处理能力、物质技术设施、营销网络、财务实力等。这就决定了物流企业必须选择与自身实际相符合的市场营销组合，而不可能超出自己的实际能力去满足所有客户的需要。所有的物流企业在资源方面都会有与其竞争企业相区别的实力和弱点，而市场营销组合就是要充分利用企业的优势，展示实力，避开劣势。

本章小结

本章主要介绍了现代物流企业经营思想和目标体系、企业经营战略概念与特征以及分类，重点分析了现代物流企业经营战略的实施流程和途径，同时概述了现代物流企业市场的概念和特点；最后介绍了现代物流企业市场营销含义和内容，根据市场营销的基本理论，如何结合现代物流企业的实际加以运用，做了较为详细的分析。

专业术语

经营思想是指物流企业从事物流服务活动，解决物流运营问题的指导思想或理念。

经营目标体系是由现代物流企业的经营思想引导，并表现为物流企业运营目标，可在一定时期内实现的一系列量化指标或期望值。

企业经营战略是指在对企业外部环境和内容条件分析的基础上，为求得企业生存和发展而做出的长远的谋划或规划。

现代物流市场是物流供需双方为保证生产和人民生活顺利进行的各种交易关系的总和。

物流市场营销是从事物流服务的企业针对物流及相关服务所进行的综合性市场营销活动。交换是市场营销学的核心概念，物流市场营销活动的主要目的是实现物流服务的交换和外包。其手段包括战略性市场营销手段和战术性市场营销手段，其中大市场营销手段是物流市场营销活动中的重要手段，人的因素是物流市场营销的重要因素。

现代物流市场营销策略是物流企业在组织目标、资源和它的各种环境机会之间谋求建立与保持一种可行的适应性的管理过程。

案例阅读

宝供物流：经营战略致胜

宝洁、飞利浦、雀巢、沃尔玛、联想……40 多个跨国公司和一批国内企业都接受它提供的国际性物流服务，它就是国内最早诞生的民营物流企业集团——宝供物流企业集团有限公司。目前，宝供已在澳洲、泰国、中国香港及国内主要城市设有 40 多个分司或办事处，构筑覆盖中国并已跻身于国际市场的物流运作网络，成为中国第三方物流的“璀璨之星”。

“宝供已成为宝洁密不可分的战略伙伴。”多年受惠于宝供物流服务的宝洁广州公司负责人发出由衷的赞叹。

现任宝供物流企业集团总裁刘武 17 年前到汕头供销储运公司工作。这位不善言谈却好琢磨的刘武在近 10 年的工作中发现，国家计划经济的体制，传统的储运条块分割、地方保护、观念陈旧、信息不畅、效率低下，难以适应客户需求，也造成人才、物力、财力的大量浪费。

落后意味着巨大的发展空间，浪费潜藏着巨大的商机。耐不住“寂寞”的刘武下决心要在物流业干出点模样来。1992 年，他承包了广州的一个铁路货物转运站，很快地，一个在业内敢为人先的服务承诺送到了认识或不认识的众多客户手里，提供“门到门”的服务，独立承担风险和责任，避免或减少诸多环节，并响亮地提出“质量第一，顾客至上，24 小时服务”的诚信准则。

高效的物流、优质的服务、良好的信誉，让客户得到了实惠、速度和便利，四面八方的客户纷至沓来。1994 年，进入中国六年后的美国宝洁公司把其在中国市场的物流业务交给了刘武领导的货物转运站。

全世界最大的日用消费品生产企业敢放心地把自己的物流业务送上门来，这使刘武既惊喜又不安。惊喜的是，跨国公司都成了自己的客户，不安的是，一个小小的转运站应付得了跨国公司的物流需求吗？接轨国际的 GMP 质量保证体系和 SOP 运作管理程序很快被刘武融入到了转运物流服务的始终，也使宝供的物流服务迅速登上了一个国际水准的高台阶。严格而高品质的服务，使宝洁的产品快速、准确、及时地送往全国的销售网点。用刘武的话说：“我们像照料婴儿一样细心呵护宝洁的每一件产品。”从此，宝供的冲劲一发而不可收，并在不断地尝试探索中，以惊人的速度走向成熟。

1994 年 10 月 18 日，刘武注册成立了广东宝供储运有限公司，以北京、上海、广州等城市为中心，构建全国性的运作网络体系，开始规模化、网络经营。

1995—1996 年，宝供下大力气苦练内功，通过进一步加强 GMP 和 SOP 标准化管理，全面提升物流质量和效率，提高宝供的服务品牌和社会形象。

1997 年，宝供率先在全国建立起第一套基于 Internet/Intranet 的物流网络信息系统，实现物流数据的在线实时跟踪，使宝供的物流服务实现了又一次质的飞跃。

1998—1999年，宝供加快扩张步伐，全面强化企业信息化建设，大力拓展国内外物流市场，相继在香港、曼谷、北京、上海等国际国内各大城市设立了40多个分公司或办事处。1999年10月，经国家工商总局批准，宝供物流企业集团正式成立。

2000年，宝供广泛应用现代物的理论和观念，建立电子数据交换平台，进一步提升与客户的电子数据交换水平，实现数据无缝交换与连接。同年8月，宝供独家发起并出资设立我国第一个由企业设立、面向物流领域的公益性“宝供物流奖励基金”，每年出资100万元用于无偿奖励科技界、企业界和新闻界对中国物流业做出重要贡献的团体和个人。

2001年，实现供应链上物流、资金流、信息流“三流一体化”管理。同时，为迎接加WTO对国内物流业的挑战，宝供集团加快抢点布阵的步伐，开始在广州、苏州两地兴建大型现代化的、高效的物流基地。

客户的生产及销售模式不同，对物流服务的需求各异。为此，宝供全面创新物流服务模式，优化业务流程，整合物流供应链，以“量身定做、一体化运作、个性化服务”模式满足客户的个性化要求。面对物流市场日益增长的需求和国际国内激烈的物流竞争环境，宝供制定了一系列新的物流经营战略。

观念领先战略。宝供投巨资创办了一所一流的物流学校和一流的物流研究中心，通过广泛的物流研究与学术交流，深入挖掘物流理论的深刻内涵，研究现代物流运作模式，并指导物流实践，“用一流的观念，创造一流的物流服务”。

科技支持战略。“知识化和科技化物流”将成为宝供服务的主要特征。宝供提出，专业化、细致化、科学化的物流知识将成为客户物流体系改革、整合、规划和设计的重要依据，现代科学技术如各种条码技术、自动识别技术、自动分拣技术、卫星定位技术、自动化技术、信息技术、物流仿真技术、辅助决策技术等，将成为物流运作的重要工具。

服务创新战略。一方面，引导物流服务朝综合化、一体化方向发展，把物流诸多环节、服务类型进行系统整合，将不同货运公司、仓储公司以及社会资源进行物流资源整合，为客户提供一种长期的、专业的、综合的高效物流服务。另一方面，适应21世纪个性化消费和个性化服务的需要，进一步强化宝供的物流服务特色，提高市场竞争力。

人才效益战略。遵循“以人为本”的经营理念，充分发挥“人才效益”优势，广泛汇集和吸引高层次专业人才，通过不断完善激励制度，增强企业的凝聚力，建设一支灵活精干、协作高效的学习型人才队伍。

联盟发展战略。物流企业的并购行为使企业规模增大，运营成本降低，业务经营范围更为广泛，更能适应客户需求多样化的趋势。宝供将在其他第三方物流企业、客户服务群、相关行业企业之间广泛寻找战略合作伙伴，通过联盟的力量获得竞争优势。

【案例思考】

1. 宝供集团是如何做强做大物流的？

2. 你是如何看待宝供经营战略的？它给我们什么启迪？

基本训练

一、单项选择题

1. 现代物流企业在一定时期内以环保要求为主要内容的指标，即(　　)。

A. 服务水平目标　　B. 物流费用目标

C. 高新技术应用目标　　D. 社会责任目标

2. 按企业战略行为划分，企业经营战略可分为(　　)。

A. 退却型战略、防御型战略、进攻型战略和关系型战略

B. 全领域发展战略和局部领域发展战略

C. 市场渗透战略、市场开拓战略、产品或服务开发战略和多样化经营战略

D. 差异化战略、低成本战略和重点战略

3. 按服务项目划分，企业经营战略可分为(　　)。

A. 准时货运集散战略、快速货运集散战略、整车货运集散战略、成组货运集散战略、专项货运集散战略和国际货运集散战略

B. 产品或服务战略、市场战略、技术战略

C. 退却型战略、防御型战略、进攻型战略和关系型战略

D. 市场渗透战略、市场开拓战略、产品或服务开发战略和多样化经营战略

4. 按物流的范畴分类，现代物流市场分为(　　)。

A. 社会物流市场和企业物流市场

B. 生产领域物流市场和流通领域物流市场

C. 第三方物流市场和企业自营物流市场

D. 传统物流市场、综合物流市场和现代物流市场

5. “4Cs”理论提出者为(　　)。

A. 美国营销专家杰罗姆·麦卡锡　　B. 美国营销专家劳斯朗

C. 市场营销权威菲利普·科特勒　　D. 美国营销专家舒尔茨

二、多项选择题

1. 现代物流企业经营目标体系的特点为(　　)。

A. 全局性　　B. 长远性

C. 竞争性　　D. 纲领性

2. 在市场战略分析中，市场战略的主要内容(　　)。

A. 市场分析　　B. 市场定位

C. 市场扩张　　D. 技术策略

3. 现代物流企业经营战略实施流程步骤包括(　　)。

A. 企业经营战略分析　　B. 企业经营战略选择

C. 企业经营战略实施　　D. 企业经营战略控制

4. 物流市场营销含义为(　　)。

A. 物流市场营销是一种创造性行为

B. 物流市场营销是一种自愿自由的交换行为

C. 物流市场营销是一种满足客户需要行为

D. 物流市场营销是一个系统性的管理过程

5. “4Ps”理论是指(　　)。

A. 产品、价格、渠道和促销

B. 与顾客建立关联，提高市场的反映速度，重视关系营销和营销回报

C. 需求、成本、便利性和沟通

D. 产品、价格、分销和销售促进

三、判断题

1. 物流企业产品或服务的顾客让渡价值越大，顾客的满意度就越高。(　　)

2. 战略方针是为实施企业经营战略而制定的影响企业全局和未来的重要措施和基本步骤。(　　)

3. 现代物流企业经营战略的实施，这是经营战略最重要的一个环节。(　　)

4. 内向物流市场是企业从生产资料供应商进货所引发产品物流服务。(　　)

5. 物流服务的质量往往由客户的感受所决定。(　　)

四、填空题

1. 现代物流企业经营目标体系包括(　　)、(　　)、(　　)、(　　)和(　　)等内容。

2. 退却型战略有(　　)和(　　)两种类型。

3. 按企业产品或服务和市场的组合状况划分，企业经营战略有(　　)、(　　)、(　　)和(　　)。

4. 按作用领域的不同分类，现代物流市场分为(　　)和(　　)。

5. 企业营销整体策略是由相互联系的(　　)、(　　)、(　　)和(　　)所组成的，这四个因素组合起来通常被称为“4Ps”理论。

五、简答题

1. 现代物流企业经营思想有哪些？

2. 什么是现代物流企业经营战略？它有哪些特征？

3. 现代物流企业经营战略实施流程和途径如何？

4. 什么是现代物流企业市场？有何特点？

5. 现代物流企业市场营销的基本理论有哪些？

实训练习

现代物流企业经营战略实施调研

1. 实训目的：学生通过调研，掌握现代物流企业经营战略目标及实施流程。

2. 基本要求：学生在学校所在城市找一家有一定规模的现代物流企业，调研其经营战略的实施。以3~5人为一组，提交一份调研企业的经营战略实施报告。

3. 实训时间：一周。

4. 实训资料：学生必须在实训之前学习现代物流企业经营战略的相关知识，做好相应的理论准备。

自学引导

万志坚：《物流企业管理》，广东经济出版社2005年版。

现代物流企业管理制度是依据现代物流企业内部各种环节、各项工作的特点，从各个侧面规定在物流业务经营和管理中应该遵循的原则和方法。它是现代物流企业管理经济活动的基本制度。

学习导航

第一节 现代物流企业管理制度概述

第二节 现代物流企业岗位管理制度

第三节 现代物流企业财务管理制度

学习目标

□让学生了解和掌握现代物流企业管理制度的必要性、原则、内容和考评制度

□让学生掌握现代物流企业员工岗位管理制度

□让学生掌握现代物流企业财务管理制度

第三章

现代物流企业管理制度

案例导读

中国的物流管理

与发达国家物流业相比较，中国物流成本要高得多。有关资料显示，美国物流成本仅占整个运营成本的9%左右，而中国物流成本则占20%。从库存情况来看，中国企业产品的周转期为35~45天，而国外一些企业的产品库存时间不超过10天。另外，中国企业更愿意用自己的车队来载货，但货车空载率达37%以上，同时因包装问题而造成的货物损失每年达150亿元。货物运输每年损失500亿人民币。

据了解，如果中国物流成本占GDP的比例降到15%，每年将为全社会直接节约2400亿元的物流成本，并为企业和社会带来极为可观的经济效益。

我国物流企业成本高、效益低的问题，其根源在于企业规模小、管理分散、员工素质低。这样的公司全国有很多，没有形成网络，缺乏竞争力，企业之间也缺乏了解与相互沟通，不利于物流企业的发展。

物流企业管理水平低、效率差的原因有很多，但其中的一个原因就是物流企业没有建立健全物流企业管理制度。物流企业管理制度制定得是否科学、合理成为现代物流企业的一件头等大事。

案例思考

1. 为什么现代物流企业要制定好管理制度？
2. 现代物流企业管理制度的内容有哪些？

案例分析

现代物流企业的管理制度应该贯穿于物流企业活动的全过程。要想降低现代物流企业的成本，提高物流企业的利润，现代物流企业就应该制定较为完善的管理制度，让物流企业的员工去遵守。

本章将从现代物流企业管理制度的概念、必要性、原则、考评制度开始，介绍现代物流企业管理制度中的员工岗位管理制度和财务管理制度等方面的内容。

第一节　现代物流企业管理制度概述

现代物流企业管理制度是物流企业管理经济活动的基本制度。它规定了物流企业经营管理活动应该遵循的原则和方法，因此是现代物流企业内部的“法律”，是保证现代物流企业经营活动正常进行的手段。

一、建立现代物流企业管理制度的必要性

我国现代物流企业管理制度是适应我国生产方式的要求而制定的。一般说来，物流企业的多数管理制度是长期以来物流企业管理经验的总结。它合乎科学管理的理论，基本上正确地反映了物流企业运营客观规律的要求，所以物流企业的员工应当自觉遵守。当然，随着外国企业不断进入我国，他们也为我国的物流企业带来了物流管理方面的经验和先进的管理思想。

物流企业管理制度是依据物流企业内部各种环节、各项工作的特点，从各个侧面规定在物流业务经营和管理中应该遵循的原则和方法。

物流企业管理制度是依据物流企业内部各种环节、各项工作的特点，从各个侧面规定在物流业务经营和管理中应该遵循的原则和方法。它的主要作用是：

1. 能使高层管理者、中层管理者、基层管理者和物流企业员工的日常工作有制度可遵循。物流企业内部的一切例行工作以及进行工作的常规性方法、处理问题的一般原则，都可根据物流企业管理制度所规定的原则和方法去办理。

2. 是督促检查物流企业经营管理活动的标准。物流企业的管理者对企业的各部门、各环节上的经营管理活动的进展情况、对计划的执行情况等都必须经常通过物流企业的管理制度进行监督，定期组织检查。这些监督、检查活动除了依据计划指标、定额外，还必须有管理制度作为标准。

3. 减少物流企业的管理者对日常工作的指示、指挥活动，避免不必要的重复下达指令或重复布置内容相同、性质相同的工作。

4. 能保障物流企业日常业务管理活动实现决策目标，顺利完成计划，提高经济效益。因为物流企业各级管理权限、各个层次管理者的职责、各工作部门的任务都要以管理制度为准。

因此，建立一套科学、健全的物流管理制度是现代物流企业的客观要求，也是物流企业管理的一项极其重要的基础工作。

二、现代物流企业管理制度建立的原则

现代物流企业管理制度的制定必须遵循科学性、文明性、系统性、权威性和目的性的原则。

1. **科学性原则。是指它必须符合客观规律的要求。**现代物流企业的管理制度必须符合两个客观规律的要求：一是在经营过程和经营要素的组织上必须符合自然规律。比如，物资的保管方法必须符合物资本身的物理、化学、生物学等方面的自然属性等。在经营过程中，要求合理组织各个经营要素，即人力、物力、财力，发挥合力作用。二是要符合经济规律的要求，按物流市场供求规律、价值规律等规律来开展物流企业的日常工作，使物流企业的营运工作取得最好的经济效果。

2. **文明性原则。是指规章制度既要体现社会物质文明，又要体现精神文明。**体现精神文明，就是要使管理组织、管理方法、管理手段等实现现代化；要使企业的生产活动有良好的秩序，有严格的劳动纪律，讲究环境保护，重视员工的健康与作业安全等。特别是要通过规章制度的监督作用，使物流企业员工发扬主人

翁精神，发挥团队精神。

3. **系统性原则。是指各种物流管理规程、守则、制度等相互间要形成一个内容上紧密关联的完整体系。**这个完整体系中的各种规则、准则都必须是根据国家的法律、法令、方针、政策制定出来的。这样就能使物流企业的全套管理制度组成一个相互既不重复、又不矛盾的系统，以保证物流企业员工作业的安全。

4. **权威性原则。是指规章制度既要有原则性、稳定性，又要有适当的灵活性。**原则性，是指规章制度一经订立，任何人不得随意修改、违背和破坏。稳定性，是指规章制度一经订立，就不应当轻易更改和废止。只有这样，规章制度才能保护和调动物流企业员工工作的积极性。灵活性，是指规章制度要有适应性，应该根据实际情况，在不违背制度中的原则范围内，灵活地处理各项经营活动中的各种经济关系。但是，在执行规章制度的过程中，物流企业的管理者不能因人而易，随意从严或从宽，只有这样才能保持制度的权威性。

5. **目的性原则。是指各种管理规章制度的订立都必须是针对某一特定范围或领略内的某项活动，划定这项活动界限，规定这一活动所应遵循的原则、方法。**订立规章制度一定要抓住主要矛盾，简明易懂地把需要规定的事项写清楚。

总之，要建立健全现代物流企业的管理制度，物流企业在订立管理制度时，就应该从物流企业工作的实际出发，在不违背物流企业管理制度建立的原则的基础上，制定出切实可行、既能保持物流企业的正常工作秩序、又能为物流企业带来经济效益的管理制度。

三、现代物流企业管理制度的内容

现代物流企业的一切管理规章制度都是依据物流企业运输、仓储、配送等方面的内容而定。现代物流企业的经营活动决定了物流企业管理不仅要加强对经营过程的全面管理，而且还要加强对经营要素的管理。这些管理活动的目的是要尽可能地提高经济效益。因此，物流企业的规章制度主要有以下几个方面的内容：

1. 实现全面计划管理的规章制度。全面计划管理制度，首先，要求物流企业各部门、各环节的各经营活动都要实行计划化。实行计划化，就是要使物流企业经营所涉及的一切方面都必须根据经营决策做出相应的计划安排。其次，要使计划管理贯穿于物流企业经营的全过程。最后，要使计划管理层层落实，成为物流企业全员性的计划管理。计划是物流企业管理的首要职能，应当把它当做物流企业管理的一项主要规章制度，应当以“立法”的方式让全体员工遵守，发挥计划职能的作用。

2. 人力资源管理方面的规章制度。人力资源是物流企业经营的最主要因素，加强这方面的管理特别重要。人力资源管理规章制度包括人事管理制度和劳动管理规章两个部分。人事管理制度的基本内容有各类员工的招聘、录用、培训、考核、晋升、奖惩的原则和方法的具体条文。劳动管理制度主要有劳动定额、劳动定员、劳动力组织、劳动纪律、劳动保护、劳动操作规程、安全守则、劳动竞赛奖励等方面的管理制度。

3. 作业工具使用方面的管理规章制度。物流企业的经营过程离不开一定数量和质量的劳动手段。这方面的管理规章制度有各种机器设备的使用规程、维护、保养、修理以及领用发放制度等。其主要内容是：根据机器设备使用说明的技术文件要求，规定员工操作驾驶的正确方法，维护和修理的周期、方法等。这些制度的作用在于充分发挥劳动手段的效用，保持机器设备的完好程度，以及不至因人为性故障而导致经营过程的中断。

4. 营运物资方面的管理规章制度。营运物资主要是指物流企业经营的各种物资。这些物资的管理规章制度主要有：物资验收入库、保管的原则和方法、维护保养质量规程、物资的盘点、储备量控制等方面的制度。这些规章制度的作用在于保证经营过程的稳定性和连续性，保证各种物资的质量完好、数量准确。

5. 经济效益方面的管理规章制度。这方面最重要的是经济核算制度，既要对经营全过程、经营各环节、各部门进行考核，同时还要成为全员性的经济核算制度。

总之，物流企业管理规章制度是物流企业的“法律”，是物流企业各项运营活动的监督检查的准绳，每个人都必须严格遵守。

四、现代物流企业部门考核评价制度

（一）运输活动绩效评价

运输作为物流企业的一项重要活动，主要完成实物从供应地到需求地的移动。

进行运输绩效评价与分析，有利于运输部门员工提高运输效率和效益，也有利于物流企业员工了解自己所在运输部门的工作状况。运输活动绩效评价的内容和指标有：

1. 评价内容：（1）运输、取货、送货服务质量良好，即准确、安全、迅速、可靠；（2）能够实现门到门服务，而且费用合理；（3）能够及时提供有关运输状况、运输的信息及其服务；（4）货物丢失或损坏，能够及时处理有关索赔事项；（5）认真填制提货单、票据等运输凭证；（6）与顾客长期保持真诚的合作伙伴关系。

物流企业可以依据上述六项标准进行选择设计，并结合物流运营的货物特点及运输运营方式，确定与本企业运输部门相应的评价指标体系。

一般来讲，物流运营的运输服务绩效考核指标体系可以由货物运输量、运输效率、运输服务质量与运输安全性指标以及运输成本与效益指标组成。

2. 评价指标。

（1）货物运输量指标。货物运输量可以以实物量（吨）为计量单位进行衡量，也可以以金额为计量单位。

（2）运输效率指标：

$$\text{车（船）满载率} = \text{车（船）实际装载量} \div \text{车（船）装载能力} \times 100\%$$

车船完好率 = 报告期运营车船完好总天数 ÷ 报告期运营车船总天数 × 100%

车船利用率 = 报告期运营车船投产总天数 ÷ 报告期运营车船总天数 × 100%

(3) 运输服务质量与安全性指标：

准时运输率 = 准时运送次数 ÷ 运输总次数 × 100%

运输损失率 = 损失货物总价值 ÷ 运输货物总价值 × 100%

或　　　　 = 损失赔偿金额 ÷ 运输业务收入总额 × 100%

在这里要特别强调，第一个运输损失率的计算指标是用来考核物流企业的运输绩效的；第二个指标是用来考核物流企业的运输安全性的指标。

货损货差率 = 货损货差票数 ÷ 办理发运货物总票数 × 100%

$$\text{事故频率(次/万公里)} = \text{报告期内事故次数} \div \frac{\text{报告期总运输公里数}}{10000}$$

(4) 运输成本与效益指标：

$$\text{单位实际油耗(升/百吨公里)} = \text{报告期实际油耗} \div \frac{\text{报告期运输吨公里数}}{100}$$

吨公里运输费用水平 = 报告期运输费用总额 ÷ 报告期货物总周转量（吨公里数）

(二) 仓储管理绩效评价

仓储是物流企业运营过程中的节点，也是物流过程中的重要环节。仓储活动担负着物流过程中货物收发、储存、保管保养、控制、监督等多项业务职能。仓储活动的各项考核指标是仓储管理成果的集中体现，也是衡量仓储管理水平高低的尺度。仓储管理绩效指标也是考核评估仓储中心员工和各方面工作的重要手段。因而，利用指标考核管理手段加强仓储管理工作、提高管理技术水平是很必要的。

1. 货物储存量指标。利用这一指标可以用来衡量仓容能力，促进保管员挖掘潜力，采用先进的机具和先进的技术提高仓容使用效能。这是仓储部门最基本的经济指标。

货物吞吐量是指计划期内进出库货物的总量，常以年吞吐量计算。吞吐量是反映仓库工作的数量指标，是仓储工作考核中的主要指标。

计划期货物吞吐量 = 计划期货物总进库量 + 计划期货物总出库量 + 计划期货物在拨量

单位面积储存量 = 日平均储存量 ÷ 仓库实际面积（平方米）

2. 货物储存质量指标。通过这类指标的核算，可以全面反映储存工作质量的好坏。它要求物流企业员工在开展储存工作时要尽量减少损耗，降低费用，提高物流企业的经济效益。

(1) 账货相符率，是指在货物盘点时，仓储货物保管账面上的货物储存数量与相应库存实有数量的相互符合程度。

账货相符率 = 账货相符笔数 ÷ 储存货物总笔数 × 100%

它可以反映保管工作的管理水平，是避免货物遭受损失的重要手段。

(2) 货物的损耗率，是指保管期中，自然减少的数量占原来入库数量的比例。它可以反映货物保管与养护的实际情况。

货物的损耗率 = 货物损耗额 ÷ 货物保管总额 × 100%

(3) 平均保管损失，是按货物储存量中平均每吨货物的保管损失金额来计算的。

平均保管损失 = 保管损失金额（元） ÷ 平均储存量（吨） × 100%

通过核算保管损失，可以进一步追查货物损失的事故原因，核实经济责任，使损失减少到最低程度。

(4) 设备完好率，是指设备处于良好状态，随时能投入使用的设备占全部设备的百分比。其计算公式为：

设备完好率（%） = 完好设备台日数 ÷ 设备总台日数 × 100%

完好设备台日数中不包括正在修理或待修理设备的台日数。

3. 货物储存效率指标。

(1) 仓库利用率，是衡量和考核仓库利用程度的指标，它可以用仓库面积利用率和仓库容积利用率来表示。其计算公式为：

仓库面积利用率（%） = 仓库的有效堆放面积 ÷ 仓库总面积 × 100%

仓库的面积利用率越大，表明仓库面积的有效使用情况越好。

库房容积利用率（%） = 报告期平均库存量 ÷ 库房的总容量 × 100%

库房的容积利用率越大，表明仓库的利用效率越高。

(2) 设备利用率，包括设备能力利用率和设备时间利用率两个指标。其计算公式如下：

$$\text{设备能力利用率（\%）} = \text{报告期设备实际载荷量} \div \text{报告期设备定额载荷量} \times 100\%$$

$$\text{设备时间利用率（\%）} = \text{报告期设备实际作业工时数} \div \text{报告期设备定额作业工时数} \times 100\%$$

其中，报告期设备定额载荷量和报告期设备定额作业工时数可以由设备的性能情况和报告期时间长短计算得出。例如，报告期设备定额作业工时数可以用报告期天数减去节假日停工天数再乘以每天的工作时间而定。如果设备太多，设备利用率可以用加权平均数来计算。

(3) 劳动生产率，仓库的劳动生产率可以用平均每人每天完成的出入库货物量来表示，出入库货物量是指吞吐量减去在拨量。

$$\text{全员劳动生产率（吨/工日）} = \frac{\text{全年货物出入库量（吨）}}{\text{仓库全员年工日总数（工日数）}}$$

(4) 货物周转速度指标包括货物年周转次数和货物周转天数这两个指标。其计算公式为：

货物年周转次数（次/年） = 全年消耗货物总量 ÷ 全年货物平均储存量

货物周转天数（天/次） = 360 ÷ 货物年周转次数

货物年周转次数越多，货物周转天数越少，表明货物周转速度越快；反之，越慢。

4. 储存经济性指标主要是用来反映仓库经济效益水平的。

平均储存费用（元/吨）= 每月储存费用总额（元）÷ 月平均储存量（吨）

5. 储存的安全指标是用来反映仓库作业的安全程度，可以用发生的事故大小和次数来表示，如以人身伤亡、仓库失火、爆炸和被盗等事故来反映。

（三）配送组织与管理绩效评价

配送是从仓储中心将货物送达客户（或需求者）处的活动。本节我们将从员工负担指标、配送时间效率指标、配送成本指标、配送服务质量指标等方面对配送活动绩效进行考核。

有效的配送活动需要适量的配送员工、适合的配送车辆以及每趟车最佳运行路径来相互配合才能达到。

1. 员工负担指标。对配送组织管理中的员工负担进行研究，有利于评估配送员工的工作强度及作业贡献度，也有利于衡量配送员工的能力负荷与作业绩效。这些指标也为管理部门增减配送员工数量提供参考依据。

平均每人的配送量 = 出货量总计 ÷ 配送员工数

平均每人的配送距离 = 配送总距离 ÷ 配送员工数

平均每人的配送重量 = 配送总重量 ÷ 配送员工数

平均每人的配送车次 = 配送总车次 ÷ 配送员工数

配送员工随时了解自己所负担的工作量，并适当地进行调整，才能在工作中减少抱怨、提高服务质量。如果平均每人承担的配送数量和重量过高，将使配送员工出车装货与客户处卸货的工作加重，这会使配送货物的时间延长，还有可能增加配送员工，以减轻配送员工的负荷。反之，将使配送员工出车装货与客户处卸货的工作较轻，浪费人力、物力。

如果平均每人负责的配送量高，平均每人负责的配送重量低，可推测虽客户订货量很大，但多属轻负荷之物较多，应考虑增加每次配送的装载量，而减少配送次数及员工数。

如果平均每人的配送距离过长，表示每位配送员工所负担的配送距离过远，将使每人所负担的配送时间过长而导致工作时间增加，应考虑增加配送员工或调整配送范围。

如果平均每人负责的配送量、平均每人负责的配送距离、平均每人负责的配送重量都不高，但平均每人负责的配送车次较高，则表示针对客户的即时需要，即使量不多，公司也经常出货，这时，应考虑服务水准策略，降低配送车次。

2. 配送时间效率指标。

配送平均速度 = 配送总距离 ÷ 配送总时间

本指标可以用来掌握配送情况，同时也可以作为配送路径选择及配车司机管理的考核依据。如果配送平均速度过低，应考虑配送路径或司机是否出现了问题，或是客户交货处卸货验收动作太慢所致。

配送时间比率 = 配送总时间 ÷ 配送员工数 × 工作天数 × 正常班工作时数

单位时间配送量 = 出货量 ÷ 配送总时间

单位时间生产力 = 配送营业额 ÷ 配送总时间

上述三个指标可以用于观察配送时间的贡献度。如果配送时间比率较高，且单位时间配送量、单位时间生产力两个指标也高，则表明虽然配送时间较长，但确实有配送量和营业收入的成效，只要公司对出货量和营业收入感到满意，以此效率营运应无问题。但如果单位时间配送量、单位时间生产力两个指标也低，则应寻找原因。其原因可能是：配送员工较少；配送贡献度不高；由于配送路线选择不佳造成配送效率低等。

3. 配送成本指标。该指标主要用于考核配送员工在配送过程中发生的成本费用。其主要指标有：

每吨重配送成本 =（自车配送成本 + 外车配送成本）÷ 配送总重量

$$\text{每容积货物配送成本} = \left(\text{自车配送成本} + \text{外车配送成本}\right) \div \text{配送货物总容积}$$

每车次配送成本 =（自车配送成本 + 外车配送成本）÷ 配送总车次

每公里配送成本 =（自车配送成本 + 外车配送成本）÷ 配送总距离

如果每吨、单位容积货物的配送成本高，但每车次、每公里的成本低，表示配送的重量与容积不大，但配送车次多、距离长。

如果每吨、单位容积货物的配送成本低，但每车次、每公里的成本高，表示配送的重量与容积较大，但配送车次少、距离短。

如果每吨、单位容积货物的配送成本高，但每车次、每公里的成本高，表示配送成本相对于配送的重量、容积、配送车次、距离四因素都偏高。

4. 配送服务质量指标。物流企业的员工可以用配送延迟率指标来分析自己配送服务质量水平，掌握交货时间，尽量减少配送延迟情况，以确保公司信用度。

配送延迟率 = 配送延迟车次 ÷ 配送总车次

如果是由于配送设备的故障导致交货配发延迟而影响出货时间，则应就上述因素加强预防，或是将所有作业提前处理。

如果由于线路选择方面的问题，则可重新选择路况较为顺畅的通路，或是将出货时间提早。如果是司机本身问题，则应加强督导及训练司机。

（四）其他物流活动绩效评价

1. 收发货作业绩效评价指标。

（1）收发货差错率是以收发货所发生差错的累计笔数占收发货总笔数的万分比来计算的，此项指标反映收、发货的准确程度。其计算公式为：

$$\text{收发货差错率} = \text{收发货所发生差错的累计笔数} \div \text{收发货累计总笔数} \times 10000‱$$

这是收发货及仓储管理的重要质量指标，可用于衡量收发货的准确性，以保证仓储的服务质量。仓库的收发货差错率应控制在 5‱以下。

（2）货物及时验收率表明仓库按照规定的时限执行验收货物的情况。其计算公式为：

货物及时验收率（%）= 期内及时验收笔数 ÷ 期内收货总笔数 × 100%

（3）平均收发货时间是指仓库收发每笔货物(即每张出入货单据上的货物)

平均所使用的时间。它是一项反映仓储服务质量的指标，同时也能反映仓库的劳动效率。其计算公式为：

$$\frac{\text{平均收发每笔货}}{\text{时间（小时/笔）}}=\frac{\text{收发货时间}}{\text{总和（小时）}}\div\frac{\text{收发货总}}{\text{笔数（笔数）}}$$

收货时间一般是指单证和货物到齐后开始计算，经验收入库后，把入库单交保管会计登账为止。发货时间一般是指仓库接到发货单（调拨单）开始，经备货、包装、填单等，到办妥出库手续为止。一般不把在库待运时间列为发货时间计算。

一般来说，仓库的收发货时间应控制在一个工作日之内，而对于大批量、难以验收的收发货业务，可适当延长时间。

制定和考核平均收发货时间指标的目的是为了缩短仓库收发货时间，提高仓容利用率，加速货物与资金的周转。

(4) 每人时处理收发货量的计算公式有两个。这两个指标可以评估收发货员工的工作难度及作业速率以及目前的进出货时间是否合理。其计算公式为：

每人时处理收货量 = 进货量 ÷ 收货人数 × 工作天数 × 每日工作时数

每人时处理出货量 = 出货量 ÷ 出货人数 × 工作天数 × 每日工作时数

在对这两个计算指标的分析中，我们还可以结合收货时间率和发货时间率指标来进行分析。

收货时间率 = 每日平均收货时间 ÷ 每日工作时数

发货时间率 = 每日平均发货时间 ÷ 每日工作时数

在这些指标中，如果每人时处理收发货量高，且收发货时间率也高，表示收发货员工平均每天的负担不轻，可以考虑增加收发货员工来减轻每人的工作负担。

如果每人时处理收发货量高，且收发货时间率也低，表示收货和发货的时间可能集中于某时段，以致作业员工在此时段承受较高的作业量。为平衡员工的劳力负担，且为避免造成车辆太多、月台拥挤的现象，应考虑分散。

如果每人时处理收发货量低，但收发货时间率也高，表示公司每天的收发货时间长，但收发货员工平均每天的负担轻，其原因可能在于收发货员工过多，或者收发货员工效率低。

如果每人时处理收发货量低，但收发货时间率也低，表示公司收发货员工平均每天的负担轻，可能出现收发货员工过多的现象。

2. 盘点作业绩效评价指标。盘点作业可以用盘点数量误差率、盘点品项误差率和盘差货物平均金额三项指标来考核评价。

(1) 盘点数量误差率指标可以用来衡量库存管理优劣，作为是否加强盘点或改变管理方式的依据，以减低公司的损失机会。其计算公式为：

盘点数量误差率 = 盘点误差量 ÷ 盘点总量

若盘点数量误差率过高，则表明公司对库存的管理仍有很大的缺失。造成误差率过高的原因可能有记账员的疏忽、运送过程发生损耗、盘点记数错误、单据遗失而导致收发货未过账等。

(2) 盘点品项误差率。盘点品项误差率和盘点数量误差率两个指标相结合，通过两者之间的数据大小关系，可以进一步检查盘点误差发生的主要原因。

盘点品项误差率 = 盘点品项误差数 ÷ 盘点实施品项数

若盘点数量误差率高，但盘点品项误差率低，表示虽然发生误差的货物品项减少，但每一发生误差品项的数量却较高，应检查负责该品项货物的员工是否尽责？这些货物的放置区域是否得当？

若盘点数量误差率低，但盘点品项误差率偏高，表示整个盘点误差量下降，但发生误差的品项数量却较高，对此现象应加强管理。

(3) 盘差货物平均金额。本指标用于判断企业库存管理中是否采用了 ABC 分类管理法。其计算公式为：

每件盘差货物平均金额 = 盘点误差总金额 ÷ 盘点误差量

如果指标过高，表示高价值货物的误差发生率较大，可能是公司未实施物品重点管理的结果。对公司营运将造成很不利的影响。

订单处理作业绩效评价指标可以用来观察每天订单变化情况，据以分析考查客户管理理策略及业务发展状况。

3. 订单处理作业绩效评价指标。反映订单处理作业绩效评价的指标有：

(1) 平均每日来单数 = 订单总数量 ÷ 工作天数

(2) 每个客户平均订单数 = 订单数 ÷ 下游客户数量

(3) 平均每订单包含的货物量 = 出货总量 ÷ 订单数量

(4) 每个订单平均营业额 = 营业额 ÷ 订单数量

一旦这四项指标都不高，表示公司的业务有进一步拓展的需要。具体的改善措施包括积极开拓市场、提高货物质量、增加附加值、调整经营方式、改善服务态度来吸引客户等。

4. 客户服务水平绩效评价指标。客户服务水平绩效评价的指标有：

(1) 订单延迟率与订单货物延迟率。订单延迟率指标用于衡量对客户交货的延迟状况。其计算公式为：

订单延迟率 = 延迟交货订单率 ÷ 订单数量

对交货期的有效管理是公司吸收更多的客户与订单的最主要因素。若该比率过高，显示公司无法确实做到按计划在顾客要求的日期交货，对顾客的交运能力还需加强。解决的办法有：找出并分析“瓶颈”作业、谋求出货时间的缩短、与客户协定配送时间。

订单货物延迟率可以用于评价公司是否应实施客户重点管理。其计算公式为：

订单货物延迟率 = 延迟交货量 ÷ 出货量

如果公司的订单延迟率低，但订单货物延迟率高，表明公司没有采用重点管理。订单多时，订单处理员工为了使订单积压减少，常会先处理比较简单的订单，而对于订单数量较多、处理手续较复杂的大客户反而容易忽视。这种情况对公司的绩效影响很大。

(2) 客户退货率和客户折让率。这两个指标可以用来衡量公司销货退货情况。

客户退货率 = 客户退货数 ÷ 出货量 = 客户退货金额 ÷ 营业额

客户折让率 = 销货折让数 ÷ 出货量 = 销货折让金额 ÷ 营业额

(3) 客户取消订单率和客户抱怨率。这两个指标可以用来检查客户的满意度。

客户取消订单率 = 客户取消订单数 ÷ 订单数量

客户抱怨率 = 客户抱怨次数 ÷ 订单数量

这两个指标过高，应分析其原因。如果是由于服务态度不佳，或者由于客户查询及抱怨未能即时做出反映而导致客户取消订单或抱怨，应尽量站在客户立场，与客户进行良好的沟通，随时随地搜集记录，并立即反映给相关部门，尽快加以解决。

如果是由于同行业竞争激励而导致客户取消订单，则应调整经营运作方式，设法降低成本、提高效率，通过优质服务、合理的价格等方式来争取客户的肯定。

五、现代物流企业员工绩效考核评价制度

对于物流企业来说，员工的绩效考核是人力资源管理的重要组成部分，也是物流经理的一项重要工作。绩效考核对调动职工积极性是十分重要的。物流企业和物流经理们应及时进行绩效考评，让每个员工知道自己的工作做得如何，怎样做才是对的，这是规范员工岗位行为的必要方法。

绩效考核是物流企业用科学的方法对个人在某一段时间内的工作进行检验、评价，并与标准对比的工作。

（一）物流企业员工绩效考核的主要方法

绩效考核的方法有很多，这里介绍几种常见的方法。

1. 自我评定考核法。这种方法是由员工自己来报告考核期内的工作完成情况。选择这种方法时，应考虑以下几个问题：

（1）首先将需要考核的内容以问题的形式向员工提出来，员工依据这些问题进行自我评述，这样可以避免员工在自我评定时不切要点。

（2）由于员工自我考核有时不够客观公正，因此自我评定考核结果不能作为绩效考核的惟一标准。

（3）这种方法也可以适用于对物流企业的中高层管理员工的自我评定绩效考核。

2. 强制交错排序法。这是由考核人按照整体的工作表现，从员工中先挑出绩效最好的，再挑出绩效最差的，然后再挑出次优的，再挑出次最差的……依次类推，直至排完。

这种方法高效，操作简单。它往往适用于物流企业员工履行相同或类似职责时，由员工的直接上级来执行考核。

3. 两两比较法，又称配对比较法或者对偶比较法。这不仅要对每一个员工进行评价，而且还要把每个员工与群体中的其余每个员工进行比较。这种方法说明每个员工与所有别的员工相比干得怎么样。

两两比较法每一次比较时，给表现好的员工记“+”，表现差的员工就相应的记“-”。所有员工都两两比较完毕后，算出每个员工所得的“+”数，谁的“+”数多，谁的绩效表现就好。

小资料

采用两两比较法时应考虑以下几点

1. 这种方法一般适用于从事相同或类似工作的员工之间的比较，也可以用于完成类似物流作业的部门之间的比较。

2. 在需要比较的员工或部门比较少时，该方法比较适用；而当需要比较的员工或部门数量超过10个以上时，该方法的运用比较麻烦。

3. 该方法中选择的比较指标的数量和内容可以根据企业的实际情况以及考核岗位的不同而有所变化。

4. 在应用该方法时，应该由多个考核人同时进行比较，再取所有考核人对每个被考核人评价的结果“+”数的总和，以此来确定每个员工的实际工作绩效，以尽量减少个人主观因素的影响。

4. 综合评分法。它是对不同岗位事先设计好多个考核指标，并给每个指标赋以一定的分值，由考核人对被考核人的每个指标进行打分，得到每个员工的总计得分。如果有多个考核人，再取平均值，就可以得到每个员工绩效考核的量化评分结果。综合评分法是企业运用最普遍的绩效考核方法。综合评分法的相关表格在本节后面。

小资料

在综合评分法的应用中，要注意考虑以下问题

1. 考核指标的设计要合理，应注意员工在本考核期内的表现，而不要过分强调员工的基本素质。

2. 不同岗位的考核指标设计也会有所不同。在考核实施中，首先应对员工进行分类，同类员工可以用同类的考核指标，并且评价结果可以进行横向比较，不同类的员工不进行比较。

3. 应用综合评分法时，如果有多个考核人时，可以减少考核人的个人主观性和偏好性；也可以由直接上级主管员工一个人进行综合评分。

（二）物流企业员工绩效考核的内容

有效的员工绩效考核制度应该能够公正、合理地考核出每个员工完成工作的数量、质量、成本费用以及为企业做出的其他贡献等，并根据考核结果对员工进行适当的奖惩，以进一步激励员工做好以后的工作。

员工绩效考核制度的规划设计一般包括以下一些主要内容：

1. 确定考核内容。对物流企业员工的考核内容主要从以下几个方面去考虑：（1）物流企业员工所担当的物流工作的效果；（2）物流企业员工从事物流工作的态度；（3）物流企业员工的物流工作能力。物流工作能力包括物流专业知识、物流专业技能、物流工作经验、身体状况。

岗位不同、企业性质不同、经营规模不同等等使得员工绩效考核的内容也有所不同。这里还要注意以下两点：

在物流员工的绩效考核中，主要应围绕着员工所担当的工作结果及工作表现来进行。

一是在企业设计绩效考核制度时，不同岗位所设计的考核内容是有所区别的。有些作业内容相差不大的岗位也可以考虑合并用相同的考核内容指标。

二是考核时，应特别注意考核期间内员工的物流工作成果，然后再考虑其他指标。也就是说，在上面的考核内容中，越上面的指标，考核的权重就应该越大，然后再依次往下，权重逐次减小。因为绩效考核应该是定期或不定期进行的，主要应该考核当前的工作情况。

2. 确定考核员工。被考核人的直接上级主管应该是最有权进行考核的人选。但是对员工进行绩效考核时应尽量避免由一个人来进行考核，以消除绩效考核中的主观性。除了主管之外，考核人可以包括物流公司领导或者企业的部门物流经理、同事间的相互考核、自我考评、下属考评以及相关外部员工（如客户）的考评等。一般来讲，绩效考核工作应该由一个绩效考核小组来组织完成，对不同的岗位，要组织相应的考核小组。

3. 确定考核时间。这是要确定绩效考核工作多长时间组织一次的问题。考核时间过长，容易侧重于员工的近期表现，而忽视他们的整体表现；间隔时间太短，容易把繁琐的考核工作变成例行公事。企业应根据不同的工作性质以及不同的考核内容来确定考核时间。一般来讲，物流员工的日常考核可以每月进行一次，再配合半年度考核和年度考核，效果会比较好。对于中层和高层管理员工的考核，考核期可以适当放长一些。

4. 确定考核方法。绩效考核的方法有很多，每种方法都有其优缺点和使用条件、使用对象及不同的考核目的。因此，企业在设计绩效考核制度时，要根据考核目的、考核对象以及考核内容的不同，选择合适的方法进行。

5. 确定考核结果反馈方式。绩效考核的结果一般应通知反馈给被考核人。考核结果的反馈方式的设计可以考虑下列原则：

（1）在一般情况下，考核结果只通知被考核人本人，不公开公布，但是每个员工应该了解自己在绩效考核中与其他员工所处的位置。在有些情况下，考核结果也可以公开。

（2）主管员工应根据每个下属员工的被考核结果，与员工进行交流，鼓励先进，促进考核结果差的员工，并与之进行交流，找到问题的原因所在。

（3）与员工的交流应该选择恰当的时间、地点和环境进行。主管员工不一定要选择某个固定的时间对员工依次面谈，而可以根据不同的面谈对象以及员工的工作情况选择合适的时间、地点进行交流。

6. 确定考核结果奖惩办法。考核的目的是使员工好的工作态度、好的工作方法得到宣传和效法，使不好的工作态度、不合乎要求的工作方法得到批评和修正。考核只是达到这一目标的手段之一，关键还要附以相应的奖励和惩罚措施才能产生效果。一般的考核奖惩办法是：日常考核结果与绩效工资挂钩，而年度的考核结果可以对优秀者给予额外的奖励。另外，所有的考核结果对员工的晋升、培训等都有影响。

第二节 现代物流企业岗位管理制度

现代物流企业岗位管理制度分为作业员工岗位管理制度和管理员工岗位管理制度。我们在这一节里着重讲解现代物流企业管理员工岗位管理制度。

制定现代物流企业管理岗位员工的管理制度，首先要明确现代物流企业内部管理岗位的设置，然后再制定每个岗位的管理制度，做到人人有专责、事事有人负责，并且按照每个岗位的管理制度对每个岗位的员工加以管理。

现代物流企业管理员工的岗位管理制度规定管理岗位员工该干什么，如何干，什么时间干，干到什么标准，并且让管理岗位的员工明确自己的工作职责和权限，以保证物流企业运营活动的正常进行。

本节我们将分别讲解仓储中心管理岗位员工的管理制度、运输中心管理岗位员工的管理制度和配送中心管理岗位员工的管理制度。

一、仓储中心管理岗位员工的管理制度

(一) 仓储总体规划员工的岗位及其管理制度

仓储总体规划岗位包括：战略部主管、系统规划与战略管理专家、仓储资金预算师。

现代物流企业负责仓储业务总体规划管理的人员有战略部主管、系统规划与战略管理专家、资金预算师（见图 3 - 1）。他们在仓储中心经理和分管副总经理的领导下，开展业务工作。下面我们就物流企业仓储总体规划员工的主要岗位和其管理制度作详细的讲解。

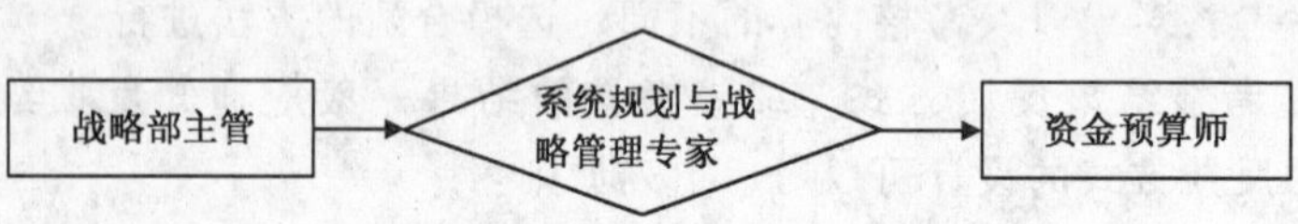

图 3 - 1 仓储总体规划员工岗位关系

1. 对战略部主管的管理制度。

(1) 战略部主管，是指分析市场、政治经济环境和物流企业的内部状况，为物流企业制定仓储管理战略规划，提出仓储管理项目可行性报告的管理人员。

(2) 管理工作职责。物流企业对战略部主管的工作岗位制定的工作职责内容如下：

第一，战略部主管要分析市场和政治、经济环境，调查仓储前景及技术发展趋势、仓容的大小、仓储对物流企业存在的必要性程度、受到的市场和政治经济环境的影响。战略部主管应根据从外部环境中得到的定性定量信息，采用数学方法，再结合丰富的经验，分析出外部环境对本企业仓储管理的利与弊。

第二，战略部主管要完成分析企业内部状况的调查工作。分析企业内部状况，主要分析企业所经营产品的生产、销售时间和空间规律，以及企业的资金状

况。这些内部因素与市场和政治经济环境一样会影响到仓储空间的大小、仓储的种类以及仓储的管理。

第三，战略部主管要按期制定仓储战略规划。战略部主管应在分析市场、政治经济环境和企业内部状况的基础上，根据“依托总体，协调发展；长期规划，分段实施；面向未来，适度超前；管理创新，服务制胜；一元规划，多元推进”的原则，制定仓储规划。

第四，战略部主管要分析仓储项目的可行性，并向物流企业提出仓储项目的可行性方案。根据已制定的仓储战略规划，通过成本效益分析法和数学模型，分析仓储项目的可行性，使企业以最少的投入换来最大的效益。

2. 对系统规划与战略管理专家的管理制度。

(1) 系统规划与战略管理专家是专门为物流企业制定仓储具体规划，并对具体仓储项目作可行性评估分析和效益分析，制定仓储流程具体规划的管理专家。

(2) 管理工作职责。系统规划与战略管理专家主要负责企业发展规划、系统分析、设计评价与管理。物流企业对系统规划与战略管理专家制定的工作职责有：①研究、制定、实施物流企业的发展战略与规划；②对投资项目进行可行性研究、咨询与评估；③对物流企业存在的问题进行诊断与分析；④对仓储工作流程进行系统分析、规划、设计与实施；⑤对物流管理信息系统进行规划、设计、评估与实施。

3. 对仓储资金预算师的管理制度。

(1) 仓储资金预算师是指分析物流企业现状，编制资金预算表，调整资金投向、投量，分析资金使用效益的资金管理专家。

(2) 管理工作职责。按照物流企业的管理制度的规定，仓储资金预算师必须承担的工作职责有：①监督、组织资金费用预算的编制；②审阅、核实、组织项目资金的使用；③分析项目资金的投入状况；④监督项目资金的使用；⑤汇总各部门财务报表，分析资金使用现状，并提出相应的调整方案。

(二) 库存控制管理员工的岗位及其管理制度

库存控制管理员工岗位见图 3-2。

库存控制管理岗位包括：仓库经理、库存控制专家、仓库财务会计。

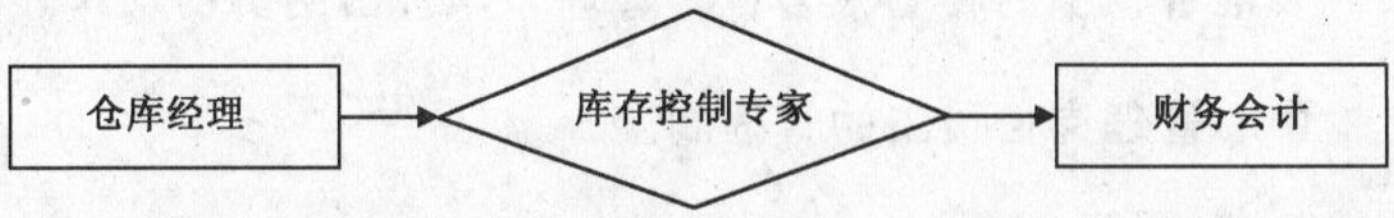

图 3-2 库存控制管理员工的岗位

1. 对仓库经理的管理制度。

(1) 仓库经理是指按上级主管下达的仓储任务，对仓储中心的人、财、物进行全面负责的管理人员。

(2) 管理工作职责。仓库经理主要负责物流企业仓储物资管理的工作，按照管理制度的规定，仓储经理要做好以下几个方面的工作：①制定公司物资最低库存量的申购计划，做到合理库存，不积压资金；②对公司物资的保管和收发负有重要责任，加强控制、审查各部门领用物资审批手续、数量，严格把关，合理使用物料，降低消耗；③督促、监督仓库员严格把好物资进出仓库的手续；④切实贯彻物资管理制度，督促部属加强对库存的管理，检查、落实防火、防盗、防蛀虫、防霉坏等安全措施和卫生措施，保证库存物资的完好无损；⑤经常了解各种物资使用情况，及时提出意见，供公司领导和各使用部门参考；⑥定期抽查物品与登记是否物卡相符、账卡相符、账账相符；⑦管理好公司的财产物资，属于家具、用具或固定资产的物品要专账登记，做好物资的收、发、存、报损等手续，定期进行盘查；⑧按制度要求及时填报收、发、存月报表；⑨对下属员工的工作素质进行培训，不断提高部属的业务水平和工作能力。

2. 对库存控制专家的管理制度。

(1) 库存控制专家是指对库存量进行分析和计算，确定安全库存量和报警量的管理分析人员。

(2) 管理工作职责。按照物流企业管理制度的规定，库存控制专家应落实的工作有：①对现有库存的详细资料进行分析，调查库存资金占用量及入库控制、储位管理、库存货物的分布等；②详细掌握库存相关数据，加强对库存量的控制以及跟踪管理；③根据商品现有库存量、采购提前期等数据来确定各类物品的经济订购批量和时点；④做好对仓库物品的定期盘点和循环盘点监督，确保对仓库库存物品的数量控制一步到位；⑤在实际调查、理论分析、数据掌握的基础之上，编制合理的库存计划，最大限度地降低库存成本。

3. 对财务会计的管理制度。

(1) 仓库财务会计是指在仓储中心制定财务计划、进行财务管理和预算、上交财务报告的管理人员。

(2) 管理工作职责。物流企业的管理制度对财务会计规定的工作有：①协助财务总监制订库存计划、财务预算、监督计划；②负责财务核算、审核、监督工作，按照公司及政府有关部门要求，及时编制库存财务报表并报送相关部门；③负责员工报销费用的审核、凭证的编制和登账；④对已审核的原始凭证及时填制记账凭证并记账；⑤寻求降低成本的途径和方法，控制库存费用支出及公司税务；⑥执行财务经理和财务总监委派的各类财务工作；⑦对月度现金流量进行预测、成本核算及准备预测的相关报告；⑧管理和监督出纳员的工作。

二、运输中心管理岗位员工的管理制度

(一) 物流运输规划员工的岗位及其管理制度

物流运输规划岗位包括：运输中心经理、运输市场预测师、运输市场调查员、运输市场分析师、运输渠道专员。

物流运输中心也是物流企业的一个重要部门，运输中心设有经理。运输中心经理在接受上级主管领导下达的任务的同时，还要具体负责运输市场业务方面的工作。运输市场预测师、运输市场调查员、运输市场分析师和运输渠道专员都要接受运输中心经理的领导（见图 3－3）。

1. 对运输中心经理的管理制度。

(1) 运输中心经理是为实现物流企业运输中心效益，开展运输预测、拟定运输计划、下达运输任务、处理日常事务、考评运输员工的管理人员。

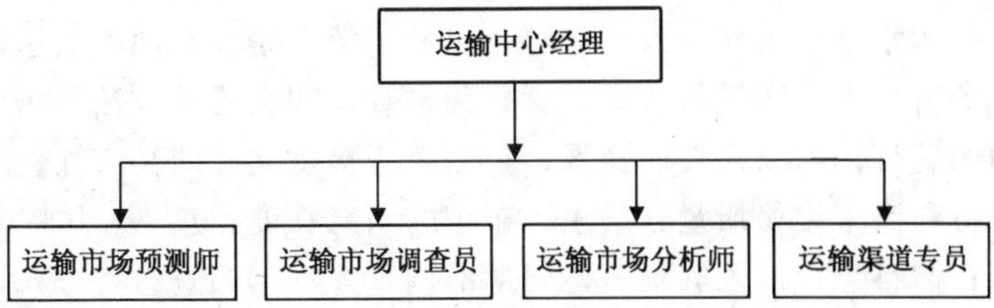

图 3-3　物流运输规划员工工作岗位关系

(2) 管理工作职责。物流企业的管理制度规定运输中心经理要完成的工作有：①认真贯彻执行有关货物运输的各项政策与法规，在物流中心主管经理的领导下，负责运输系统的各项管理工作，全面完成运输任务和各项考核指标；②负责运输中心的行政管理工作，组织制定或修改运输系统的各项管理指标、工作标准和各项规章制度，并按期考核；③负责组织、编制各类运输计划并组织实施，负责有关部门的各类运输报表、材料、报告的上报；④负责按照货物发运制度及各项工作程序办理货物运送手续，并处理运输系统发生的各种业务事故所造成的经济纠纷或经济损失；⑤负责组织对外洽谈、签订运输合同，并检查合同履行情况，有权终止违反货物运输有关条款的运输合同，并提请有关部门仲裁；⑥组织开展市场调查，了解同行业的运输发展水平，掌握运输中心和客户对货物运输的评价、意见与要求；⑦组织开展运输预测，组织研究运输策略，提高货物运输能力，争取更好的经济效益。

2. 对运输市场预测师的管理制度。

(1) 运输市场预测师是指确定运输中心预测目标，拟定预测计划，处理情报资料，选择预测方法，估计预测误差，出报告、提建议的管理人员。

(2) 管理工作职责。按照物流企业管理制度的规定，运输市场预测师要开展的工作有：①研究企业承运的运输量或营运额在运输市场上发生变化的趋势，企业在运输市场中可能承运的运输量或营运额，即物流企业的市场占有率；②预测企业经营或拟经营区域内社会运输能力的变化状况、原材料、汽车配件、燃料的供应和价格的变化状况，各种运输方式及其运输量发展变化趋势，各运输企业承运能力，竞争优势等，包括来自企业及社会运力等各方面的竞争对手的情况；③预测自然环境、技术环境和政治环境的变化及其对运输市场的影响；④通过市场预测，为企业提供市场变化的动态信息，使企业的最高决策层预知市场将为企业提供什么机会或将造成什么危险，以便及早做出应变对策，制定经营目标和经营决策的依据。

3. 对运输市场调查员的管理制度。

(1) 运输市场调查员是指为物流运输中心确定调查题目，拟定调查计划，设计调查表格，拟定调查方法，实施调查活动，提出调查报告，实施跟追活动的管理人员。

(2) 管理工作职责。按照物流企业管理制度的规定，运输市场调查员要承担的工作有：①进行运输市场资源与客源情况调查；②调查本地区各种运输方式的运力规模、运输量及服务质量，其他运输经营者的经营方式、运力构成、生产结构、布局、技术水平等现状与发展趋势，以及了解本企业在同类运输经营中所占的地位和市场占有率；③进行市场经营行为调查，如交易的方法、场所、手续的办理，合同的签订；市场需要的情况，申请者所提供文件的真实性、可行性；运输的服务质量和汽车维修质量；货主、车主的满意程度和意见；国家对运输价格的执行情况；燃料供应以及其他一些问题的调查等；④调查组货方式、各种组货措施的效果；⑤对市场竞争情况进行调查，包括对竞争对手的调查、同行业市场占有率的调查、对各种运输方式的竞争程度的调查等。

4. 对运输市场分析师的管理制度。

(1) 运输市场分析师是指为物流运输中心进行市场细分，选择目标市场，确定货运价值系数，对运输中心的经营规模进行分析，对运输量、运输基础设施实施调查活动的管理人员。

(2) 管理工作职责。按照物流企业管理制度的规定，运输市场分析师的工作职责有：①进行运输市场预测分析；②根据一定时期内社会对运送货物的数量、质量方面的需求，分析企业应完成的运量和周转量的数额；③分析了解竞争对手的情况，如竞争对手的数量、势力、经营范围、成本水平、价格策略等，以便在竞争中采取不同的策略；④运输市场环境分析，主要包括社会、政治、经济、技术等方面的内容。

小资料

货运价值系数

货运价值系数即单位货运量或货运周转量所对应的货物价值。其计算公式为：

$$F = H/B$$

式中，F 为货运价值系数（元/T）；H 为运输货物总价值（元）；B 为货运总量（T）。

货运价值系数是一项很重要的描绘运输市场结构的指标。了解市场必须了解市场结构，观察运输市场的现状是否有利于运输的发展。一般来讲，高价值、高科技和深加工产品的货运价值系数高，且货运强度相对较低，这一点在参与市场竞争时必须考虑。

5. 对运输渠道专员的管理制度。

(1) 运输渠道专员是为物流运输中心确定运输线路，优化运输线路，维护运输渠道的管理人员。

(2) 管理工作职责。按照物流企业管理制度的规定，运输渠道专员的工作职责有：①负责调研物流行业动态、国内外竞争对手的物流管理模式，完成相关分析、评估，引入先进物流管理模式；②掌握区域物流市场信息，提供物流配送所需的运输渠道资源；③共同完成部门下达的物流网络规划目标和新物流模式的试点工作，负责对承运商日常运营的监控、协调、培训，提高承运商的运作能力和管理水平；④负责解决问题，跟进解决及防范措施的落实，做到控制风险，预防为主；⑤完善服务，不断提高对内部、外部客户需求的反应能力和客户满意度。

（二）物流运输具体业务管理员工的岗位及其管理制度

物流运输中心除设有市场策划部外，还设有送货部和储运部。运输中心经理既要接受上级主管的领导，又要对送货部经理和储运部经理进行管理。他们之间的工作关系如图 3－4 所示。下面就物流企业对送货部经理和储运部经理制定的管理制度加以阐述。

物流运输具体业务管理岗位包括：送货部经理、储运部经理。

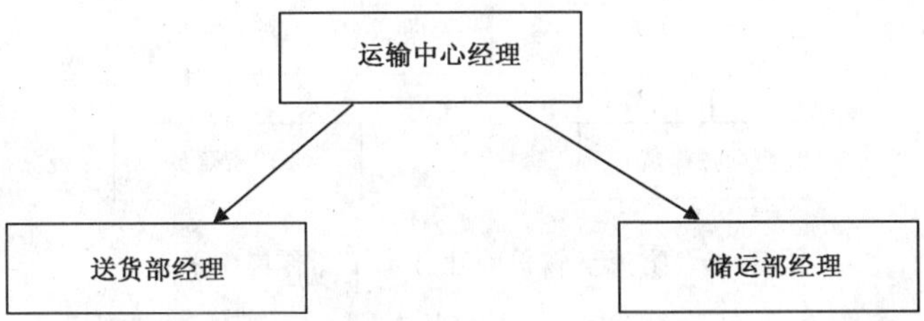

图 3－4　物流运输具体业务管理员工工作岗位关系

1. 对送货部经理的管理制度。

(1) 送货部经理是指在运输中心经理的领导下，为物流运输中心传达送货任务、制定管理制度、调配车辆、考评送货员的负责人。

(2) 管理工作职责。按照物流企业管理制度的规定，送货部经理要完成的工作有：①在运输中心经理的领导下，负责送货部日常管理工作；②负责送货部车辆管理及司机员工的教育，及时向司机员工传达上级有关指示，带领和组织送货部全体员工认真落实交通法规，制定本部有关车辆管理和司机员工的管理制度；③负责安排车辆，按时完成送货任务；出车前，负责检查车辆良好情况，严禁司机疲劳驾驶、酒后驾车；向司机交代送货注意事项，确保优质安全服务；④负责送货部员工的劳动考勤、分类送货统计及超范围送货的收费开票，按期计算送货部员工的送货量；⑤负责安排车辆保养、油料的购买与分发，负责处理本部所发生的交通事故；⑥对不能按时送货上门的商品，送货部经理要负责与货主及时联系，说明原因，另行商定送货上门的时间；⑦按期计算送货部员工的报酬。

2. 对储运部经理的管理制度。

(1) 储运部经理是指为物流运输中心制订储运制度，监督员工工作，向物流运输中心经理和上级领导反映情况和提建议的负责人。

(2) 管理工作职责。按照物流企业管理制度的规定，储运部经理要完成的工作有：①在运输中心经理的领导下，主持储运部工作；②制订储运工作规章制度；③监督考核各岗位职责，包括督促储运部干事草拟、修改、整理储运部文件，并对其各种文件进行归档管理；督促储运总账员协助保管员做好账、货、卡的建立和保管工作；督促驻库员了解商品的性能，掌握商品一般保管养护知识；督促仓库保管员对商品进行分类登记和入库保管工作；④向运输中心经理反映工作情况，提出建议。

物流运输保险业务员岗位包括：保险操作员、保险索赔员。

（三）物流运输保险业务员工的岗位及其管理制度

保险对物流公司的影响极为重大，因此，物流公司一般都配有专职员工办理保险和索赔事务（见图 3-5）。

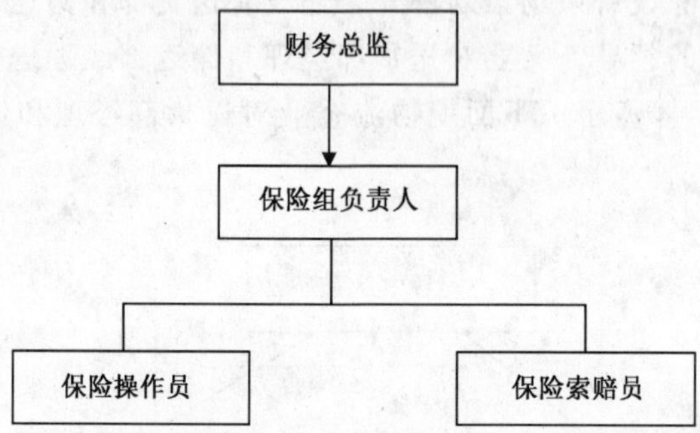

图 3-5 物流运输保险业务员工工作岗位关系

1. 对保险操作员的管理制度。

(1) 保险操作员是指为物流运输中心选择保险险别，选择保险公司，办理投保手续的专管人员。

(2) 管理工作职责。根据物流企业管理制度的规定，保险操作员要做的工作有：①负责办理本公司本年度的不动产和运输工具的保险；②负责汇总本公司保险投保额及投保、协调工作；③负责保险手续的办理；④配合财务部开展国内外保险索赔工作。

2. 对保险索赔员的管理制度。

(1) 保险索赔员是指为物流运输中心发出出险通知，提出索赔要求，提供索赔单证的专管人员。

(2) 管理工作职责。根据物流企业管理制度的规定，保险索赔员要做的工作有：①及时了解运输事故的发生原因和损失情况；②根据公司授权，直接办理小额损失的索赔和理赔工作；③对数额较大的损失，向公司提出理赔建议。

三、配送部门作业岗位职责

（一）配送中心系统规划员工的岗位及其职责

配送中心系统规划员工的岗位包括：配送中心经理、配送中心市场调研员、物流规划员。

物流企业的配送中心设有经理，配送中心经理在接受上级主管下达的任务的同时，还要与市场调研员和物流规划员一起调查和规划配送业务。配送中心经理、市场调研员和物流规划员之间的关系如图 3-6 所示。下面就阐述物流企业对配送中心经理、市场调研员和物流规划员制定的管理制度。

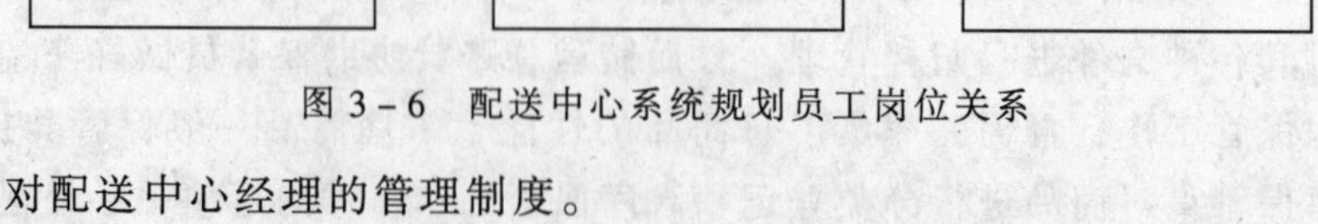

图 3-6 配送中心系统规划员工岗位关系

1. 对配送中心经理的管理制度。

(1) 配送中心经理是指审定配送项目建议书，对配送项目的可行性进行分析和评价，编制配送设计文件，并且负责对配送中心的人、财、物实施全面管理的中层管理者。

(2) 管理工作职责。根据物流企业管理制度的规定，配送中心经理应完成的工作有：①对配送中心的规划作整体战略决策；②组织并要求市场调研员进行相关资料与信息的调查与搜集；③聘请物流咨询专家及物流策划师对配送中心的规划作相关分析与投资论证；④确定配送中心的规划条件，进行员工调配与资源配置，进行配送中心的系统规划。

2. 对市场调研员的管理制度。

(1) 物流企业配送中心市场调研员是指对配送业务做调查准备，搜集、整理、分析调查资料，并提出调查报告的工作人员。

(2) 管理工作职责。根据物流企业管理制度的规定，市场调研员应做好的工作有：①确定调查目的；②确定调查所需资料；③确定调查实施的时间、员工及经费预算；④确定搜集资料的方法；⑤问卷及调查表的设计；⑥制订详细的调查方案。

3. 对物流规划员的管理制度。

(1) 物流规划员是指对配送中心业务作总体规划，评估、分析、优化、实施配送方案，并对配送中心进行布局与选址的管理人员。

(2) 管理工作职责。根据物流企业管理制度的规定，物流规划员要完成的工作有：①根据企业发展目标、需要和政策，为配送中心选址，并合理布局配送中心；②对配送中心的信息进行管理；③对运营系统进行总体规划；④对配送方案进行评估；⑤优化配送方案，并指导实施；⑥力求实现配送中心的高效化、信息化、标准化和制度化。

(二) 配送方案设计员工的岗位及其管理制度

配送方案设计员工岗位关系见图 3－7。

配送方案设计员工岗位包括：配送计划编制员、配送信息管理员、财务分析员。

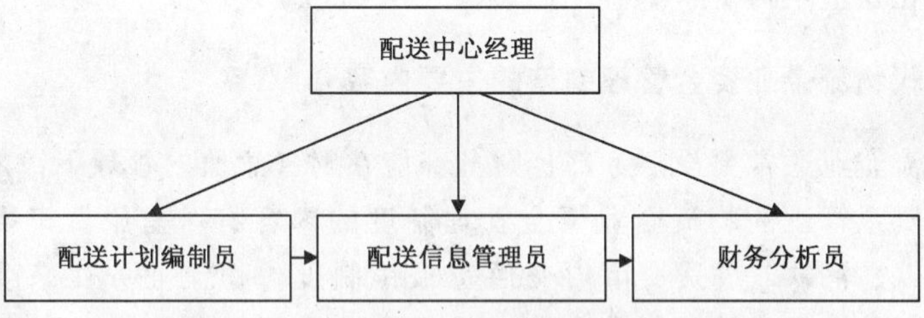

图 3－7 配送方案设计员工岗位关系

1. 对配送计划编制员的管理制度。

(1) 配送计划编制员是指在配送中心经理的领导下，编制和下达配送计划的管理人员。

(2) 管理工作职责。根据物流企业管理制度的规定，配送计划编制员要完成的工作有：①提取订单合同副本，确定用户需求；②选择运输工具与搬运方法；③决定是否临时增减业务；④确定配送任务是否完成；⑤协助配送作业员工具体执行该计划；⑥向有关员工编制下达配送计划。

2. 对配送信息管理员的管理制度。

(1) 配送信息管理员是指在配送中心调查各站点之间的最短距离，计算客户之间的最节约行程，制作出排序表和组合配送路线的管理人员。

(2) 管理工作职责。根据物流企业管理制度的规定，配送信息管理员的工作有：①认真分析配送计划，计算各网点之间的最短距离；②根据客户需求、车辆的特点、载重量的不同，为客户设计最佳行程路线；③制订货物配送排序表；④评估并选择能使车辆充分利用、总费用最低的配送方案。

3. 对财务分析员的管理制度。

(1) 配送中心的财务分析员是指在配送中心列出各配送成本费用，计算各指标的预算费，分析各费用构成比例，并做出分析报告和建议的管理人员。

(2) 管理工作职责。根据物流企业管理制度的规定，配送中心财务分析员应完成的工作有：①对配送成本进行计算与分析；②了解配送过程中的实际情况；③找出有可能造成成本浪费的环节；④提出相应的节约建议与解决措施。

第三节　现代物流企业财务管理制度

物流财务管理制度是指物流企业为实现最大的经济效益，按照国家有关物流财务方面的方针、政策制定的适合本企业物流财务活动的管理制度。

物流活动一方面表现为实体运动，另一方面表现为物流的资金运动。物流资金运动构成物流活动的一个独立方面，具有自己的运动规律，这就是物流财务活动。物流财务管理制度贯穿于物流活动的全过程，物流企业的全体员工都必须遵守物流财务管理制度。

我们在本节中着重讲解事前财务管理制度中的物流资金管理制度、事中财务管理制度中的物流成本管理制度，对于事后财务管理制度中编制报表的管理制度内容，我们在这里不再讲解。

一、现代物流企业资金管理制度的主要内容

现代物流企业通常要设财务部，财务部应在财务总监的领导下，加强对物流企业内部的资金管理。物流企业资金管理制度的内容有：差旅费审批与管理制度；对外付款、汇款、餐费、市内交通费报销制度；物流业务往来款项结算办法；物流业务收入提成管理制度；员工工资及待遇管理制度；备用金管理制度；存款和借款管理制度；现金管理制度和发票管理制度等内容。每个物流企业由于自身的情况不同，制定的资金管理制度的具体内容也不完全相同。我们在这里着重讲解以下几个方面的内容。

（一）借款和报销管理制度

1. 借款限额的确定和审批。物流企业应在每年年初根据企业的利润任务编制资金计划，报财务部审批。财务部应根据企业的年度任务、经营规划、资金来源以及资金效益状况进行综合平衡后，确定企业的全部借款最高限额，并报总经理审批后，下达到各职能部门。

年度中，财务部要严格按照企业年初确定的限额计划，控制各职能部门的借款规模，如因经营发展的变化确需变动借款限额的，应专题报告说明资金使用超限额的原因以及新增资金的投向、投量和使用效益，经财务部审查核实后，提出意见，报财务总监、总经理审批后追加。

凡企业内借款金额达到一定的限额时，应由财务部审查，财务总监加签同意后，报总经理审批。

2. 费用借支程序和借款单。物流企业员工经常借支差旅费和物流市场业务开发费等。物流企业员工向财务部门借支资金使用后，涉及到费用报销的问题。我们在这里对借支程序和借款单做一下介绍。借支程序如图 3－8 所示。

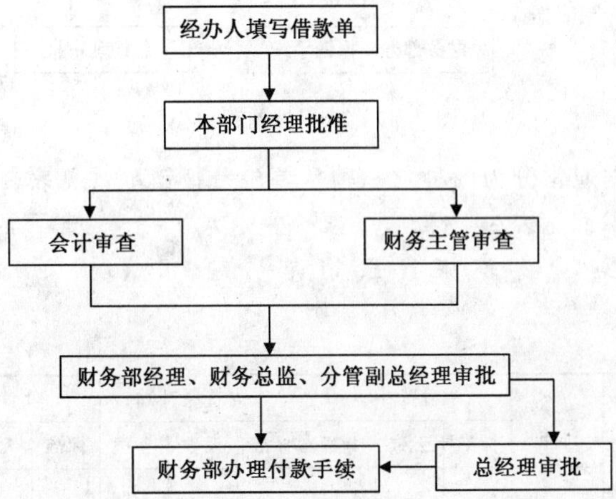

图 3－8　借支程序图

注意：借款金额未达到物流企业内部规定的一定金额时，可以不通过总经理审批，由财务部经理、财务总监或分管副总经理审批，就可以直接通过财务部办理借款手续。

在借款过程中，物流企业员工还要使用借款单，格式如表 3－1 所示。

表 3－1　　**借　　款　　单**

年　　月　　日

部　　门		姓　　名		借款用途	
借款金额	人民币（大写）				
实际报销金额		节余金额		审核意见	
		超支金额			
备注				结账日期　　年　　月　　日	

财务主管　　　　出纳　　　　借款人签章

3. 费用报销程序和借款单。费用报销程序如图 3－9 所示。

注意：报销金额未达到物流企业内部规定的一定金额时，可以不通过总经理审批，由财务部经理、财务总监或分管副总经理审批，就可以直接通过财务部办理报销手续。

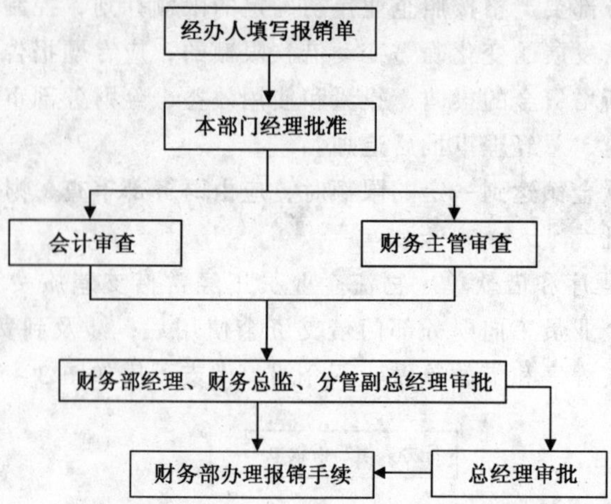

图 3-9　费用报销程序图

费用报销单据通常分为两种：一种是差旅费报销单（见表 3-2）；另一种是普通的费用报销单（见表 3-3）。

表 3-2　　**差 旅 费 报 销 单**

年　　月　　日　　　　单据张数　　张

出差事由　　　　姓名　　　　职务　　　　预借款

起止日期				起止地点	车船费	办公邮电	住宿费补助			市内交通补助			伙食补助			合计
月	日	月	日				标准	天数	金额	标准	天数	金额	标准	天数	金额	
合　计																
人民币（大写）								应退（补）：								

派出单位领导：　　　　财务主管：　　　　复核：

表 3-3　　**费 用 报 销 单**

报销日期：　年　月　日　　　　附件　张

费用项目	类　别	金　额		
			负责人（签章）	
			审查意见	
			报销人	
报销金额合计				
核实金额（大写）：				
借款数	应退数	应补金额		

（二）现金管理制度

为了加强物流企业现金管理，健全现金收付制度，严格执行现金结算纪律，物流企业员工有必要了解财务部门规定的现金管理制度。

1. 收付现金的财务制度。

(1) 收付现金必须根据规定的合法凭证，不准用白条顶款，不准垫支挪用。

(2) 库存现金不准超过银行规定的限额，超过限额要当日送存银行。如因特殊原因滞留超额现金过夜的（如待发放的奖金等），必须经单位领导批准，并设专人看守。

(3) 库存现金必须每日核对清楚，保持账款相符，如发生长短款问题要及时向领导汇报，查明原因，按“财产损溢处理办法”进行处理，不得擅自将长短款相互抵补。

(4) 因公外出或购买物品需借用现金时，出纳人员一律凭领导审批的借款单方可付款。

(5) 外埠出差人员回来后3日内应主动向财务部门报账，如因手续没有办完，可将所剩现金先交回，7日内必须办理报销手续。

(6) 购买物品所借现金必须当日报账。如因一时购买有困难，次日需向财务部门说明原因，3日内不报账，出纳人员有权收回所借现金。

(7) 出纳人员不得擅自将单位现金借给个人或其他单位，不准谎报用途套取现金、不准利用银行账户代其他单位或个人存入或支取现金，不准将单位收入的现金以个人名义存入银行，不准保留账外公款。

(8) 收到交来的现金要经双人清点复核后在缴款单上签字盖章，于当日全部送交银行，不准滞留和坐支，送款要用专用车，坚持双人送款制度。

(9) 客户的余款，原则上退回原单位，不得支付现金或转入其他单位账户(如因特殊情况，报物流企业财务审计部研究解决)。

(10) 财务部门收到员工交来拣拾的现金，应开收据，转作收益处理。如顾客找来后，如数冲回，退还本人。

(11) 保管现金的部门要有安全防范措施，门要安装保险锁，存放现金要用保险柜，保险柜钥匙要有专人保管。下班要检查窗户、保险柜、门锁好后，方能离开。

2. 收受现金的管理制度。

(1) 物流企业员工收到客户现金时要看清面值，按规定放进钱箱，大面额货款（50元以上）要经验钞机验证，以防假币。

(2) 物流企业员工拣、拾、找给客户的零钱要及时登在备查簿上，单独保管。营业终了后要交给物流企业财务部，不得挪作他用。

(3) 因业务需要换零用款时，必须双人经手，交叉复核，防止丢失、短少或发生其他问题。

(4) 当日收到的物流业务现金必须经双人交叉复核、填写交款清单签字或盖章，双人送交财务部，不得存放现金过夜，以免发生意外事故。

(5) 每日业务终了，业务周转金要经双人清点复核后进行封包，注明数额，加封盖章或签字，交财务部出纳员统一保管。次日启封时，也要经双人清点相符后，再使用。

支票

是出票人签发的，委托办理支票存款业务的银行在见票时无条件支付确定的金额给收款人或持票人的票据。

（三）支票管理制度

1. 支票的概念和种类。支票是出票人签发的，委托办理支票存款业务的银行在见票时无条件支付确定的金额给收款人或持票人的票据。支票有以下四种：

（1）现金支票。上面印有“现金”字样的为现金支票，只能用于支取现金，不能转账。

（2）转账支票。支票上印有“转账”字样的为转账支票，转账支票只能转账。

（3）普通支票。支票上没有“现金”或“转账”字样的为普通支票，普通支票可用于支取现金，也可用于转账。

（4）划线支票。在普通支票左上角划两条平行线的，为划线支票。划线支票只能转账，不能支取现金。

2. 支票的使用。

（1）物流企业员工外出领用支票时，应事先登记，填写收款单位、支票号码、预计金额等，由经手人在挂支单上签字或盖章。其他人员因工作需要购买物品或支付有关费用需借用支票时，要逐项登记日期、支票号码、款项用途，并有借用人签字。财会人员在签支票时，必须填写好日期、抬头、用途、金额大小写，如有特殊情况，也必须填写日期、抬头、用途。

（2）借用支票时，财务人员应根据物流企业员工提出的资金使用限额，在规定的资金限额内严格掌握使用。遇到特殊情况需要超过使用限额时，要事先与财务人员联系，经财务人员同意后才能使用。

（3）物流企业员工在报账时，应向财务人员报告实际使用数额，以便掌握使用资金。

（4）“使用限额”当日有效。如当日未能使用而次日需继续使用时，须与财务人员重新研究确定限额。

（5）支票开好后，物流中心人员必须将存根数字和支票票面数字核对相符。支票存根必须按规定填写单位名称、金额、用途。

（6）财务人员要及时清理挂支，督促各职能部门及时转账（本市不超过7天，外埠不得超过20天），发现逾期挂支时，要及时查询，发现问题及时上报。

（7）为防止支票丢失或被盗，未用完的支票必须于当日交回物流企业财务部门注销。

3. 支票的管理。

（1）空白支票和支票印签必须设专人负责保管。支票必须随签、随盖章，不得事先盖章备用，严防支票遗失和被盗。

（2）财务部门要建立严格的支票管理制度。支票的购买、使用必须指定专人负责，并建立支票登记本，按照支票号码逐一进行登记。对已签发出的支票，要及时催报注销，并定期核对，做到心中有数。发现丢失短少必须及时查找，同时向领导汇报。

（3）物流企业员工每次借用支票一般不超过两张，最多不得超过5张。已用的支票应于当日将支票存根和原始凭证一并交回财务部。遇特殊情况当日报账有困难，最多不得超过3天。财务部门接到交回的支票存根时，要核对号码及时注销。财务部对借出的支票有权督促报账。

(4) 借用支票员工对所借支票必须妥善保管，不得随意涂改。保管和签发支票要按规定办理，否则发生支票丢失而使企业财产损失的，要追究当事人的责任，并根据情况赔偿部分或全部经济损失。

(5) 借用支票员工一旦发现支票丢失被盗，应立即查找，及时向领导汇报；并向财会、保卫部门反映，迅速到银行办理挂失手续，向公安部门报案。

(6) 签发支票时，支票用途项内容要填写真实、齐全，字迹要清楚，不得更改大小写金额，为避免签发空头支票，财务人员应准确控制银行存款余额，及时、正确地记载账务，定期与银行对账，发现问题及时解决。

(7) 严格结算办法必须做到：①不准签发空头支票；②不准签发远期或空期支票；③不准签发支票出租、出借或转让给其他单位或个人使用；④不准签发支票做抵押；⑤不准签发印签不全、印签不符的支票。

(8) 支票使用要求：①支票有效期 10 天；背书转让地区的转账支票付款期为 15 天（自签发的次日算起，到期日遇假日顺延）；②签发支票应使用碳素墨水笔填写，未按规定填写、被涂改冒领的，由签发人负责；③不得更改支票大小写金额和收款人姓名，其他内容如有更改，必须由签发人加盖预留银行印鉴；④支票金额起点为 100 元；⑤按银行的有关规定，因签发空头支票和支票印章与预留银行印鉴不符而造成的退票，银行处以 5%、但不低于 50 元的罚款。对屡次签发的，银行将给予警告，通报批评，直至停止签发支票；⑥过期、作废支票要按号订在原始凭证序号中，妥善保管，不准乱扔乱放。

小资料

收受支票有哪些注意事项？

1. 收受客户支票、汇票要坚持 3 天后付款的原则。防止收受空头支票或无效支票。

2. 收到客户支票时，要审查支票内容有无涂改，是不是在有效期内，大小写数字是不是相符，印鉴是不是清晰。应及时交财务部送交银行，待银行收妥入账后再付款，以防发生诈骗或冒领。

3. 建立收受支票登记本，记清签发单位的电话号码及联系人收款日期、金额，以便发生退票或者其他问题时查找。挂失支票不能收，应追究其来源。

4. 客户交现金退现金，交支票退支票，不得以支票换取现金。

5. 物流企业各职能部门处理废旧物品及其他收入的现金，必须送交财务部门转账，经办人员不得长期存放或以个人名义、互助会名义存入银行。严禁私设小金库。

(四) 发票管理制度

物流企业的员工在使用发票处理物流业务时，应注意以下几个方面的问题：

1. 发票和资金往来专用发票的购买。根据业务需要，所需发票和资金往来专用发票，要通过财务部向税务部门提出申请，编制购买计划，凭税务部门合法的“发票和资金往来专用发票领购凭单”到税务部门购买。

物流企业因经营业务特殊需要编制使用特定格式和多联发票及资金往来专用发票式样时，由具体使用部门提出，交物流中心财务审计审查后，向税务部门申请，并持有税务部门核发的“印刷发票和资金往来专用发票通知书”，到指定的印刷厂印刷。

2. 发票及资金往来专用发票的领取。

(1) 物流企业所需的发票和资金往来专用发票统一由财会人员领取，其他人员不得领取。

(2) 物流企业财务部应加强对发票和资金往来专用发票的管理，严格执行领用手续，建立发票和资金往来专用发票领用登记簿。

3. 发票及资金往来专用发票的使用。

(1) 发票和收据必须复写，按照号码顺序使用，内容必须填写齐全，文字和数字必须端正、清楚，开票人必须签全名。如果发现错开、错写，发票必须作废，应另开一份，并将作废的一份贴在原存根联上一并保存，同时，在作废票上写清“作废”字样或加盖“作废”图章。

(2) 各职能部门对已使用完的发票存根，有关负责人要按照发票顺序号码逐号进行检查，检查是否有空白发票、断联和断号的情况。经检查无误后，用旧发票到物流中心会计室办理换取新发票的手续，同时在旧发票封面上签字盖章。

4. 发票及资金往来专用发票的管理办法。

(1) 物流企业财务部责成专人对各部门的发票领取、使用、保管等情况进行经常的检查核对。

(2) 物流企业财务部根据各部门交来的旧发票，按日、号码归类整理打捆，妥善保管。

(3) 发票及资金往来专用发票存根保管期为5年。销毁发票存根必须造册登记，并向所在税务部门提出书面申请，经税务部门批准后，方可销毁。

(4) 各职能部门变动时，财务人员应将未使用和已使用的发票收回，交财务人员注销或统一管理。

具体的发票格式见表3-4。

小资料

物流企业开具的发票有以下情形之一者不得入账

1. 没有填列收货人名称和纳税人识别号码；
2. 没有填列发货人名称和纳税人识别号码；
3. 没有填列承运人名称和纳税人识别号码；
4. 起发货地址未填写；
5. 承运货物名称、大小写金额、开票人、收款人名称未填写；
6. 抵扣联没有加盖规定的印章；
7. 手工填写的发票。

表 3-4　　　　发 票 格 式 表

全国联运行业货运统一发票　　　　表 3-8

[$1\frac{3}{5}$]

抵扣联　　　　发票代码　251000410009

开票日期　2006 年 7 月 25 日　　　　发票号码　00000502

机打代码 机器编号	51000410009 00000502	密码区	
发货人名称	四川清江市化工厂	运　输　费　用 项目及金额	其他费用 项目及金额
纳税人识别号	516736750912468	一、自备运输工具运输 1. 公路运费　320.00 2. 水路运费　0.00 二、代付运费　0.00 1. 铁路运输　0.00 2. 公路运输　0.00 3. 水路运输　0.00 4. 航空运输　0.00	1. 仓储费 2. 包装整理费 3. 装卸费 4. 业务费 5. 票签费 6. 包干费 小　计
收货人名称	乐山市家乐装饰材料有限公司		
纳税人识别号	514093862387652		垫付费用项目及金额
发货站（港）　到站（港）　经由　中转 清江　乐山			1. 保险费 2. 邮寄费
货物名称　件数　计费重量　包装 地板胶　40　4000　纸		小　计　320.00	小　计

合计人民币（大写）叁佰贰拾元整　　　　¥ 320.00

承运人名称	四川清江市公路货运公司	主管税务机关及代码	
纳税人识别号	516736750003512		

开票单位盖章　　　　开票人　张涛　　收款人　张涛　　　　手写无效

小资料

怎样识别假发票?

1. 查看税务监制章，模糊或者形状不规范者是假发票。

2. 看有没有防伪水印，无防伪水印者是假发票。

3. 看防伪水印清晰度，不清晰者是假发票。

4. 看防伪水印是印在纸的表层还是渗入水中，如果附于纸表，不对着光源也可以看得出，是假发票。

5. 看收款单位印章，很多假发票把收款单位印章事先印在上面，而不是开具时用印油加盖。

6. 看票面要素是否齐全，有的假发票制作粗造，一些基本的栏目都掉了。

二、物流成本核算制度

(一) 物流成本核算范围

物流企业在进行物流成本核算时，首先要确定物流成本的核算范围。根据我国物流企业管理的需要，物流成本可以按物流范围、物流支付形态、物流功能来进行分类核算。**本书主要从物流支付形态的角度来讲解物流成本的分类核算。**

按支付形态的不同对物流成本进行分类，是以财务会计中发生的费用为基础，将物流成本分为本企业支付的物流费和其他企业支付的物流费。本企业支付的物流费又可以分为企业本身的物流费和委托物流费；其中企业本身的物流费又分为材料费、人工费、公益费、维护费、一般经费和特别经费等。

1. 本企业支付的物流费。

(1) 材料费。**材料费是指因物料的消耗而发生的费用**，由物料材料费、燃料费、消耗性工具、低值易耗品摊销以及其他物料消耗等费用组成。

(2) 人工费。**人工费是指因人力劳务的消耗而发生的费用**，包括工资、奖金、福利费、医药费、劳动保护费及职工教育培训费和其他一切用于职工的费用。

(3) 公益费。**公益费是指为公益事业所提供的公益服务而支付的费用**，包括水费、电费、煤气费、冬季取暖费、绿化费及其他费用。

(4) 维护费。**维护费是指土地、建筑物、机械设备、车辆、船舶、搬运工具、器具备件等固定资产的使用、运转和维修保养所产生的费用**，包括维修保养费、折旧费、房产税、土地车船使用税、租赁费、保险费等。

(5) 一般经费。**一般经费是指差旅费、交通费、会议费、书报资料费、文具费、邮电费、零星购进费、城市维护建设税、能源建设税及其他税款，还包括物资及商品损耗费、物流事故处理及其他杂费等一般支出。**

(6) 特别经费。**特别经费是指用不同于会计的计算方法所计算出来的物流费**

用，包括按实际使用年限计算的折旧费和企业内利息等。

(7) 委托物流费。**委托物流费是指将物流业务委托给第三方物流企业时向其支付的费用**，包括支付的保障费、运费、保管费、出入库手续费、装卸费、特殊服务费等。

2. 其他企业支付的物流费，是指在物流成本中还应当包括向其他企业支付的物流费，比如商品购进采用送货制时包含在购买价格中的运费，以及商品销售采用提货制时从销售额中扣除的运费等。虽然从表面上看本企业并未发生物流活动，但却发生了物流费用，这些费用也应该计入物流成本之内。

(二) 物流成本核算的实施

目前在我国企业中尚未进行过系统的物流成本计算，但日本一些经济发达的国家已经制定出计算物流成本的标准、计算方法，我国的物流企业也可以借鉴。如果按支付形态的不同对物流成本进行分类，我们可以从物流企业财务会计核算的全部相关科目中抽出所包含的物流成本，然后以表格的形式，从不同角度逐步计算出各类物流成本。我们在这里不再讲解物流成本项目的具体计算，只需要大家了解编制各物流功能成本计算表有哪些。

物流企业的物流功能分为六个方面：包装、运输、保管、装卸、信息流通和物流管理。

物流企业的物流功能分为包装、运输、保管、装卸、信息流通、物流管理等六个方面，则要编制 6 张成本计算表，如表 3 - 5、表 3 - 6、表 3 - 7、表 3 - 8、表 3 - 9、表 3 - 10 所示。再加上物流成本计算表（见表 3 - 11）、物流费用计算表（见表 3 - 12），总共就要编制 8 张物流成本计算表。

表 3 - 5　　包装费计算表

<table>
<tr><th colspan="4">范围 / 支付形态</th><th>供应物流费</th><th>企业内物流费</th><th>销售物流费</th><th>退货物流费</th><th>废弃物物流费</th><th>合计</th></tr>
<tr><td rowspan="10">企业物流费</td><td rowspan="8">本企业支付物流费</td><td rowspan="6">本企业本身物流</td><td>材料费</td><td></td><td></td><td></td><td></td><td></td><td></td></tr>
<tr><td>人工费</td><td></td><td></td><td></td><td></td><td></td><td></td></tr>
<tr><td>维护费</td><td></td><td></td><td></td><td></td><td></td><td></td></tr>
<tr><td>一般经费</td><td></td><td></td><td></td><td></td><td></td><td></td></tr>
<tr><td>特别经费</td><td></td><td></td><td></td><td></td><td></td><td></td></tr>
<tr><td>企业本身物流费</td><td></td><td></td><td></td><td></td><td></td><td></td></tr>
<tr><td colspan="2">委托物流费</td><td></td><td></td><td></td><td></td><td></td><td></td></tr>
<tr><td colspan="2">本企业支付的物流费</td><td></td><td></td><td></td><td></td><td></td><td></td></tr>
<tr><td colspan="3">外企业支付的物流费</td><td></td><td></td><td></td><td></td><td></td><td></td></tr>
<tr><td colspan="3">企业物流费总计</td><td></td><td></td><td></td><td></td><td></td><td></td></tr>
</table>

表 3－6　　运输费计算表

<table>
<tr><th colspan="4">范围
支付形态</th><th>供应物流费</th><th>企业内物流费</th><th>销售物流费</th><th>退货物流费</th><th>废弃物物流费</th><th>合计</th></tr>
<tr><td rowspan="10">企业物流费</td><td rowspan="8">本企业支付物流费</td><td rowspan="6">本企业本身物流</td><td>材料费</td><td></td><td></td><td></td><td></td><td></td><td></td></tr>
<tr><td>人工费</td><td></td><td></td><td></td><td></td><td></td><td></td></tr>
<tr><td>维护费</td><td></td><td></td><td></td><td></td><td></td><td></td></tr>
<tr><td>一般经费</td><td></td><td></td><td></td><td></td><td></td><td></td></tr>
<tr><td>特别经费</td><td></td><td></td><td></td><td></td><td></td><td></td></tr>
<tr><td>企业本身物流费</td><td></td><td></td><td></td><td></td><td></td><td></td></tr>
<tr><td colspan="2">委托物流费</td><td></td><td></td><td></td><td></td><td></td><td></td></tr>
<tr><td colspan="2">本企业支付的物流费</td><td></td><td></td><td></td><td></td><td></td><td></td></tr>
<tr><td colspan="3">外企业支付的物流费</td><td></td><td></td><td></td><td></td><td></td><td></td></tr>
<tr><td colspan="3">企业物流费总计</td><td></td><td></td><td></td><td></td><td></td><td></td></tr>
</table>

表 3－7　　保管费计算表

<table>
<tr><th colspan="4">范围
支付形态</th><th>供应物流费</th><th>企业内物流费</th><th>销售物流费</th><th>退货物流费</th><th>废弃物物流费</th><th>合计</th></tr>
<tr><td rowspan="10">企业物流费</td><td rowspan="8">本企业支付物流费</td><td rowspan="6">本企业本身物流</td><td>材料费</td><td></td><td></td><td></td><td></td><td></td><td></td></tr>
<tr><td>人工费</td><td></td><td></td><td></td><td></td><td></td><td></td></tr>
<tr><td>维护费</td><td></td><td></td><td></td><td></td><td></td><td></td></tr>
<tr><td>一般经费</td><td></td><td></td><td></td><td></td><td></td><td></td></tr>
<tr><td>特别经费</td><td></td><td></td><td></td><td></td><td></td><td></td></tr>
<tr><td>企业本身物流费</td><td></td><td></td><td></td><td></td><td></td><td></td></tr>
<tr><td colspan="2">委托物流费</td><td></td><td></td><td></td><td></td><td></td><td></td></tr>
<tr><td colspan="2">本企业支付的物流费</td><td></td><td></td><td></td><td></td><td></td><td></td></tr>
<tr><td colspan="3">外企业支付的物流费</td><td></td><td></td><td></td><td></td><td></td><td></td></tr>
<tr><td colspan="3">企业物流费总计</td><td></td><td></td><td></td><td></td><td></td><td></td></tr>
</table>

表 3－8　　装卸费计算表

<table>
<tr><th colspan="4">范围
支付形态</th><th>供应物流费</th><th>企业内物流费</th><th>销售物流费</th><th>退货物流费</th><th>废弃物物流费</th><th>合计</th></tr>
<tr><td rowspan="10">企业物流费</td><td rowspan="8">本企业支付物流费</td><td rowspan="6">本企业本身物流</td><td>材料费</td><td></td><td></td><td></td><td></td><td></td><td></td></tr>
<tr><td>人工费</td><td></td><td></td><td></td><td></td><td></td><td></td></tr>
<tr><td>维护费</td><td></td><td></td><td></td><td></td><td></td><td></td></tr>
<tr><td>一般经费</td><td></td><td></td><td></td><td></td><td></td><td></td></tr>
<tr><td>特别经费</td><td></td><td></td><td></td><td></td><td></td><td></td></tr>
<tr><td>企业本身物流费</td><td></td><td></td><td></td><td></td><td></td><td></td></tr>
<tr><td colspan="2">委托物流费</td><td></td><td></td><td></td><td></td><td></td><td></td></tr>
<tr><td colspan="2">本企业支付的物流费</td><td></td><td></td><td></td><td></td><td></td><td></td></tr>
<tr><td colspan="3">外企业支付的物流费</td><td></td><td></td><td></td><td></td><td></td><td></td></tr>
<tr><td colspan="3">企业物流费总计</td><td></td><td></td><td></td><td></td><td></td><td></td></tr>
</table>

表 3－9　　信息流通费计算表

<table>
<tr><th colspan="4">范围
支付形态</th><th>供应
物流费</th><th>企业内
物流费</th><th>销售
物流费</th><th>退货
物流费</th><th>废弃物
物流费</th><th>合　计</th></tr>
<tr><td rowspan="10">企业物流费</td><td rowspan="8">本企业支付物流费</td><td rowspan="6">本企业本身物流</td><td>材料费</td><td></td><td></td><td></td><td></td><td></td><td></td></tr>
<tr><td>人工费</td><td></td><td></td><td></td><td></td><td></td><td></td></tr>
<tr><td>维护费</td><td></td><td></td><td></td><td></td><td></td><td></td></tr>
<tr><td>一般经费</td><td></td><td></td><td></td><td></td><td></td><td></td></tr>
<tr><td>特别经费</td><td></td><td></td><td></td><td></td><td></td><td></td></tr>
<tr><td>企业本身物流费</td><td></td><td></td><td></td><td></td><td></td><td></td></tr>
<tr><td colspan="2">委托物流费</td><td></td><td></td><td></td><td></td><td></td><td></td></tr>
<tr><td colspan="2">本企业支付的物流费</td><td></td><td></td><td></td><td></td><td></td><td></td></tr>
<tr><td colspan="3">外企业支付的物流费</td><td></td><td></td><td></td><td></td><td></td><td></td></tr>
<tr><td colspan="3">企业物流费总计</td><td></td><td></td><td></td><td></td><td></td><td></td></tr>
</table>

表 3－10　　物流管理费计算表

<table>
<tr><th colspan="4">范围
支付形态</th><th>供应
物流费</th><th>企业内
物流费</th><th>销售
物流费</th><th>退货
物流费</th><th>废弃物
物流费</th><th>合　计</th></tr>
<tr><td rowspan="10">企业物流费</td><td rowspan="8">本企业支付物流费</td><td rowspan="6">本企业本身物流</td><td>材料费</td><td></td><td></td><td></td><td></td><td></td><td></td></tr>
<tr><td>人工费</td><td></td><td></td><td></td><td></td><td></td><td></td></tr>
<tr><td>维护费</td><td></td><td></td><td></td><td></td><td></td><td></td></tr>
<tr><td>一般经费</td><td></td><td></td><td></td><td></td><td></td><td></td></tr>
<tr><td>特别经费</td><td></td><td></td><td></td><td></td><td></td><td></td></tr>
<tr><td>企业本身物流费</td><td></td><td></td><td></td><td></td><td></td><td></td></tr>
<tr><td colspan="2">委托物流费</td><td></td><td></td><td></td><td></td><td></td><td></td></tr>
<tr><td colspan="2">本企业支付的物流费</td><td></td><td></td><td></td><td></td><td></td><td></td></tr>
<tr><td colspan="3">外企业支付的物流费</td><td></td><td></td><td></td><td></td><td></td><td></td></tr>
<tr><td colspan="3">企业物流费总计</td><td></td><td></td><td></td><td></td><td></td><td></td></tr>
</table>

表 3－11　　物 流 成 本 计 算 表

<table>
<tr><th colspan="4">范围
支付形态</th><th>供应
物流费</th><th>企业内
物流费</th><th>销售
物流费</th><th>退货
物流费</th><th>废弃物
物流费</th><th>合　计</th></tr>
<tr><td rowspan="10">企业物流费</td><td rowspan="8">本企业支付物流费</td><td rowspan="6">本企业本身物流</td><td>材料费</td><td></td><td></td><td></td><td></td><td></td><td></td></tr>
<tr><td>人工费</td><td></td><td></td><td></td><td></td><td></td><td></td></tr>
<tr><td>维护费</td><td></td><td></td><td></td><td></td><td></td><td></td></tr>
<tr><td>一般经费</td><td></td><td></td><td></td><td></td><td></td><td></td></tr>
<tr><td>特别经费</td><td></td><td></td><td></td><td></td><td></td><td></td></tr>
<tr><td>企业本身物流费</td><td></td><td></td><td></td><td></td><td></td><td></td></tr>
<tr><td colspan="2">委托物流费</td><td></td><td></td><td></td><td></td><td></td><td></td></tr>
<tr><td colspan="2">本企业支付的物流费</td><td></td><td></td><td></td><td></td><td></td><td></td></tr>
<tr><td colspan="3">外企业支付的物流费</td><td></td><td></td><td></td><td></td><td></td><td></td></tr>
<tr><td colspan="3">企业物流费总计</td><td></td><td></td><td></td><td></td><td></td><td></td></tr>
</table>

表 3－12　　物流费用计算表

项　　目	管理等费用（元）	物流成本（元）	计算基准（%）	备　　注
车辆租赁费				金额
包装材料费				金额
工资津贴费				人数比率
水电气暖费				面积比率
保险费				面积比率
修缮维护费				面积比率
折旧费				面积比率
办公费				物流费用比率
易耗品费				物流费用比率
资金占用利息				物流费用比率
税金				物流费用比率
通讯费				物流费用比率
CP 软件租赁费				物流费用比率
物流成本合计				物流费占费用总额比率

表中计算基准的计算公式有：

(1) 人数比率＝物流部门人员数/全公司人数

(2) 面积比率＝物流部门设施面积/全公司面积

(3) 物流费用比率＝1～8 项物流费/1～8 项管理财务营业费用

(三) 建立物流成本核算制度的意义

物流成本核算制度是物流企业按物流管理目标，对物流耗费进行确认、计量和报告的制度。建立物流企业物流成本核算制度，计算企业的物流成本，在企业物流管理中具有十分重要的意义。

1. 可以提高人们对物流成本重要性的认识，开辟降低成本、增加利润的“第三源泉”。通过物流成本核算，能够全面揭示物流活动的全部耗费，提高人们对物流成本重要性的认识，树立人们的物流成本观念，让企业意识到物流活动的合理化、科学化对经济效益的重大影响。因为按照国家现行会计制度规定的成本中，物流成本被分散在“营业费用”、“管理费用”等成本项目中，因此我们很难分清物流耗费的实际情况。对于我国物流企业而言，认识物流成本，降低物流成本，是企业降低成本、创造利润的新途径。

2. 为企业物流管理决策提供信息。物流成本在企业物流管理决策中起着重要作用。但由于历史的原因，企业物流成本没有被纳入实际核算范围，使得企业物流管理决策受到一定的局限。如在评价自己购置运输工具还是委托专业运输部门两种方案时，由于没有考虑物流成本，容易出现决策失误，常常造成巨大损失。再如，在决策是否购置更先进的装卸设备、扩大仓库规模时，由于物流成本难以确定，使得决策的科学性受到影响。显然，要使诸如上述的物流管理决策建立在科学的基础上，首先要掌握准确的各类物流成本信息，开展物流成本及效益的专门核算。

3. 为制定物流服务价格提供资料。成本是制定价格的主要依据。同理，物流成本是物流部门和企业制定物流服务价格的主要依据。许多企业为开展内部核算，制定了内部价格。为了考核物流企业工作业绩，物流企业部门对外对内提供各种物流服务时也要按一定的价格进行结算，这使物流成本成为物流企业制定物流服务价格的重要依据。只有建立了物流成本核算制度，才能为发挥物流价格的杠杆作用提供准确的数据。

4. 及时发现物流管理活动中存在的问题，提高物流管理水平。**企业物流成本是全面反映企业物流活动的综合性价值指标。**物流企业物流组织管理水平的高低，物流设备利用率的好坏，燃料、动力消耗量的大小，企业的选址及厂区的规划是否合理等等，都会在物流成本中反映出来。总之，企业物流成本的高低是物流企业工作实际状况好坏的综合反映。通过企业物流成本核算，可以揭示物流企业成本的全貌，并为编制物流成本预算、制定标准物流成本提供资料。将实际物流成本与标准物流成本以及物流成本预算进行比较，找出差异，并对差异产生的原因进行深入的分析，就可以发现造成物流成本超支和节约的各项技术、组织与管理方面的原因，明确责任所在，并据此协调各方面的工作，达到改善物流管理、降低成本、提高效益的目的。

本章小结

物流企业管理制度对现代物流企业开展正常运营活动起着保驾护航的作用。本章主要介绍现代物流企业的原则、内容、考评方法，阐述物流企业管理员工管理制度和财务制度。

专业术语

物流成本是伴随着物流活动而产生的成本，具体是指物流企业在包装、装卸搬运、保管、出入库、物流加工、运输配送、物流信息系统的运用、物流管理等各种活动中产生的各种费用。

两两比较法又称为配对比较法。它不仅要对每一个员工进行评价，而且还要把每个员工与群体中的其余每个员工进行比较。这种方法比较了每个员工与所有别的员工相比干得怎么样。

综合评分法是对不同岗位事先设计好多个考核指标，并给每个指标赋以一定的分值，由考核人对被考核人的每个指标进行打分，最后得到每个员工的总计得分。

强制交错排序法是由考核人按照整体的工作表现，从员工中先挑绩效最好的，再挑出绩效最差的，然后再挑出次优的，再挑出次最差的……依次类推，直至排完。

物流财务管理制度是指物流企业为实现最大的经济效益，按照国家有关物流财务方面的方针、政策制定的，适合本企业物流财务活动的管理制度。

案例阅读

大盛物流有限公司员工绩效考核实施办法

一、大盛物流有限公司员工绩效考核的目标

大盛物流有限公司是一家专门为商业企业、生产企业从事物流运营活动的现代物流企业，公司要定期对全部员工进行考核。考核的最终目标是改变员工的工作表现，提高客户对员工的满意程度，以达到物流企业的经营目标。考核的结果主要用于工作反馈、报酬管理、职务调整和工作改进。

二、大盛物流有限公司员工绩效考核的原则

1. 遵循考核一致性的原则。大盛物流有限公司在一段连续时间之内，考核的内容和标准不能有大的变化，至少应保持1年之内考核的方法具有一致性。

2. 坚持考核客观性的原则。大盛物流有限公司的考核要客观反映物流企业员工的实际情况，尽量避免由于光环效应、亲近性、偏见等带来的误差。

3. 保证考核公平性的原则。大盛物流有限公司对同一岗位的员工使用相同的考核标准。

4. 保持考核公开性的原则。员工要知道自己的详细考核结果。同时，大盛物流有限公司要采用一定的方法向员工公布考核结果。

三、考核的方法与内容

1. 对高层管理人员的考核方法和内容。

(1) 对总经理的绩效考核。首先总经理要进行自我考核，然后再由董事长进行考核。

(2) 对各位副总经理的考核，首先也要进行自我考核，然后再由董事长和总经理进行综合考核。总经理与董事长对几位副总经理的考核采用综合评分法。

2. 对中层管理人员的考核方法和内容。对各职能部门正副经理的考核，首先也要进行自我考核，然后由公司级领导（董事长、总经理和副总经理）对每个部门的综合绩效采用两两比较法进行评价。两两比较法的比较结果也可以反映部门经理的工作绩效。考核表格式见表3－13、表3－14。

表3－13 管理人员考核综合评分表

被考核人姓名： 职务：________

评估期：从________到________

说明：就相应的项目评价内容，对比被考核人的实际表现，给出一个分数（有四档次分数供参考），要求做到对每个评价项目独立考虑。

评价项目	标准分值	参考评价标准	评分值
业务工作能力	15	非常强：13～15分，比较强：10～12分 还可以：7～9分，比较差：7分以下	

续表

评价项目	标准分值	参考评价标准	评分值
工作态度及 工作责任心	20	非常强：18~20分，比较强：14~17分 还可以：10~13分，比较差：10分以下	
本期业务 工作开展情况	30	非常强：26~30分，比较强：22~25分 还可以：16~21分，比较差：16分以下	
对下属成员的管理、监督、指导	20	非常强：18~20分，比较强：14~17分 还可以：10~13分，比较差：10分以下	
对高层管理人员和相关部门经理之间的沟通协调	15	非常强：13~15分，比较强：10~12分 还可以：7~9分，比较差：7分以下	
本次考核期内的特殊贡献加分或重大过失减分	加分或减分值：最大幅度为±8分（如果没有特殊的重大贡献或失误，则不加分也不要减分）。		
	一定要说明加减分的理由		
总分数合计			

表 3-14　　各职能部门绩效两两比较考核表

就“工作责任心与主动性”指标所作的比较				
部　门	仓储部门	运输部门	配送部门	采购部门
仓储部门		+	-	-
运输部门	-		+	-
配送部门	+	-		+
采购部门	+	+	-	
“+”数	2	2	1	1

3. 对基层管理人员的考核方法和内容。基层管理人员的考核由部门经理负责，此外部门经理还要对一般员工负有考核责任。考核表格参见表3-15。

表 3-15　　一般工作人员考核表

被考核人姓名：______所属部门：______任职岗位：　　考核时间：______至______

考核项目	比重（%）	杰出表现（90~100分）、超出标准（76~90分）、满意（60~75分）、尚可（50~60分）、有待改进（50分以下）	加权分数
1. 能准时完成工作。了解工作流程的先后顺序，并自己订有工作短程计划。	20		
2. 表现出高度自发的工作热诚，有挑战性的工作目标。主动学习与工作相关的知识，遇到问题愿意自行解决。	15		
3. 与同事工作相处融洽，乐于助人，起模范作用。	15		

续表

考核项目	比重（%）	杰出表现（90～100分）、超出标准（76～90分）、满意（60～75分）、尚可（50～60分）、有待改进（50分以下）	加权分数
4. 支持公司管理阶层的决策，随时接受工作变动的挑战，可以改变工作顺序，接受新的工作伙伴，也能接受批评和指导。	15		
5. 在没有主管监督的情况下，可独立作业；能根据工作指示建立作业流程，很少出问题。工作很有效率，在困境下能充分表现其专业化。	20		
6. 遵守人事部门的规定，不缺勤，养成准时的习惯，不用公家电话打私人电话。	15		
考核期内的特殊贡献加分、重大过失减分	加分或减分值：最大幅度为±8分（无重大贡献或失误，则不加分也不要减分）		
	理由		
得分统计			

四、考核的时间

大盛物流有限公司对各岗位员工进行定期考核，一般是在月末、季末和年末进行考核。本公司还可根据公司具体情况对时间作适当的调整。

五、考核的一般程序

1. 考核前的准备工作。

（1）确定考核人和考核方法，参考考核实施办法中的有关材料，确定每个岗位的考核人以及每个岗位的考核办法；

（2）做好准备工作，包括考核动员、考核方法辅导、考核表的打印分类等；

（3）按照实施办法考核，每个考核人对被考核人进行打分评价；

（4）统计考核结果，由考核领导小组成员统计每个员工的被考核结果，并计算出平均分；

（5）填写考核结果汇总表，把每个员工及相关部门的考核结果填写到考核结果汇总审核表中；

（6）每个员工的直接领导要对下属的考核结果进行审核；

（7）由办公室负责考核结果的最终统计、排名和分析，并反馈给考核负责人、人事负责人和公司领导；

（8）每个考核负责人（员工的直接领导）负责将员工的考核结果反馈被考核人，并进行单独的面谈沟通；

（9）将每次的考核结果与员工下一月度或季度的工资薪酬挂钩，每年的考核结果与员工的晋升和淘汰挂钩。

2. 考核的结果。

(1) 部门和人员的考核均采用多人考核的方法，避免考核过程中某个人的主观偏见对考核结果带来的影响；

(2) 员工的直接上级为该员工的考核负责人，考核结束后，考核负责人必须与该员工单独进行面谈沟通；

(3) 考核结果只对考核负责人、被考核人和公司级领导公开；

(4) 考核结果将影响职工薪酬、职位晋升、职位淘汰、年终奖励等，具体的考核奖惩办法将另行规定；

(5) 考核结果及考核文件将存档保存；

(6) 任何人不得将考核结果告诉无关人员。

3. 操作注意事项。

(1) 公司的绩效考核工作由办公室同志负责；

(2) 在考核开始前，要对参与考核的人员进行培训，除了考核方法的培训之外，还要注意考核的打分尺度和标准；

(3) 考核人对被考核人的特殊贡献与重大失误进行加分和减分，并要注意加减分标准尺度；

(4) 随着绩效考核制度的不断完善，对每个岗位的考核人和考核指标体系要作适当的调整。

4. 考核奖惩实施办法。公司绩效考核原则上每季度或者每月实施一次，分别在每月末进行。为了保证绩效考核结果的有用性，使之不流于形式，绩效考核的结果将与职工的日常工资薪酬、职位晋升和淘汰、年终奖励等挂钩。具体实施办法如下：

(1) 绩效考核与日常工资薪酬挂钩：①对总经理的考核及其奖惩办法由董事长决定；②对副总经理的考核结果，由董事长与总经理决定奖惩办法；③对各职能部门正副经理的奖惩，是根据两两考核的结果来决定。

(2) 绩效考核与职位晋升：①如果某个员工连续半年内的绩效考核结果均排后10%，将由公司讨论决定是否调离现有岗位；②如果某个员工在绩效考核中连续表现优异，将作为该员工职位晋升的重要参考数据。

(3) 绩效考核与年终奖励。对于员工的年终奖励也将参考每个员工在一年内的四次的考核结果。

注意：各部门可以分别从“工作责任心与主动性/业务组织管理状况/服务意识与质量/与其他部门的协作能力”等指标各方面作比较。

【案例思考】

1. 大盛物流有限公司为什么要实施员工绩效考核？

2. 根据所学知识，对大盛物流有限公司员工绩效考核方法进行分析。

基本训练

一、单项选择题

1. 不仅要对每一个员工进行评价，而且还要把每个员工与群体中的其余每个员工进行比较的方法，称为（　　）。

A. 自我评定考核法　　B. 强制交错排序法
C. 两两比较法　　D. 综合评分法

2. 物流企业的各种物流管理规程、守则、制度等相互间要形成一个内容上紧密关联的完整体系，这个原则是（　　）。

A. 科学性的原则　　B. 系统性的原则
C. 权威性的原则　　D. 文明性的原则

3.（　　）是指按上级主管下达的仓储任务，对仓储中心的人、财、物进行全面负责的管理人员。

A. 仓储经理　　B. 运输中心经理
C. 配送中心经理　　D. 送货部经理

4.（　　）是指对配送中心业务作总体规划，评估、分析、优化、实施配送方案，并对配送中心进行布局与选址的管理人员。

A. 物流规划员　　B. 运输市场分析师
C. 配送信息管理员　　D. 物流市场调研员

5. 支票上印有“转账”字样的为（　　）。

A. 现金支票　　B. 转账支票
C. 普通支票　　D. 划线支票

二、多项选择题

1. 现代物流企业管理制度的内容有（　　）。

A. 人力资源管理方面的制度　　B. 作业工具管理方面的制度
C. 营运物资管理方面的制度　　D. 全面计划管理方面的制度

2. 一般来讲，物流运营的运输服务绩效考核指标有（　　）。

A. 货物运输量指标　　B. 运输效率指标
C. 运输服务质量与运输安全性指标　　D. 运输成本与效益指标

3. 配送中心经理应完成的工作有（　　）。

A. 要对配送中心的规划作整体战略决策
B. 要组织并要求市场调研员进行相关资料与信息的调查与搜集
C. 要对配送中心的规划作相关分析与投资论证
D. 要调配员工并进行资源配置，着手进行配送中心的系统规划。

4. 仓储资金预算师的工作有（　　）。

A. 监督、组织资金费用预算的编制

B. 审阅、核实、组织项目资金的使用

C. 负责员工报销费用的审核、凭证的编制和登账

D. 要对已审核的原始凭证及时填制记账凭证，并记账

5. 现代物流企业本身的物流费又分为（　　）。

A. 材料费和人工费　　　　B. 公益费和维护费

C. 一般经费和特别经费　　D. 委托物流费

三、判断题

1. 如果平均每人负责的配送量高、平均每人负责的配送重量低，可推测虽客户订货量很大，但多属轻负荷之物较多，应考虑增加每次配送的装载量，而减少配送次数及员工数。（　　）

2. 如果每人时处理收发货量低，但收发货时间率也低，表示公司收发货员工平均每天的负担重，可能出现收发货员工过多的现象。（　　）

3. 战略部主管是指对库存量进行分析和计算，确定安全库存量和报警量的管理分析人员。（　　）

4. 运输市场调查员是指确定运输中心预测目标，拟定预测计划，处理情报资料，选择预测方法，估计预测误差，出报告、提建议的管理人员。（　　）

5. 物流成本核算制度是物流企业按物流管理目标对物流耗费进行确认、计量和报告的制度。（　　）

四、填空题

1. 盘点作业绩效评价可以用（　　）、（　　）、（　　）三项指标来考核评价。

2. 配送平均速度 =（　　）÷ 配送总时间。

3. 现代物流企业岗位管理制度，分为（　　）岗位管理制度和管理员工岗位管理制度。

4. 现代物流企业负责仓储业务总体规划管理的人员有（　　）、（　　）、（　　）、（　　）。

5. 物流成本可以按（　　）、（　　）、（　　）、（　　）来进行分类核算。

五、简答题

1. 简述配送时间效率指标。

2. 物流成本核算的范围和意义有哪些？

3. 物流企业员工收受现金的管理制度有哪些？

实训练习

物流企业管理制度的调查

1. 基本要求：让学生深入具有代表性的物流企业，了解物流企业的各种具

体管理制度，搜集物流企业各种具体的管理制度资料，进行分类、分析和总结。

2. 完成期限：一周。

3. 实训资料：自主或在学校组织下去物流企业搜集。

自学引导

王淑荣：《物流企业管理实务》，中国物资出版社2006年版。

物流企业客户服务：物流企业为其他需要物流服务的机构与个人提供的一切物流活动，即以客户（即货主）的委托为基础进行的独立的物流业务活动。

学习导航

第一节　物流企业客户服务

第二节　物流企业服务规范

学习目标

□掌握客户服务的重要性，明确物流企业客户服务的要素与特征

□准确把握物流企业客户服务与增值服务的内涵

□掌握现代物流企业员工服务的规范

第四章

现代物流企业服务规范

案例导读

某物流企业服务规范

为打造公司知名服务品牌，树立良好企业形象，以“用心服务、共创价值”为核心理念指导，不断提高产品服务质量，规范服务行为，提升服务水平，特制定本规范。本公司将坚决贯彻“以客户为中心”的服务方针，超越用户满意度是我们服务的最终目标。

一、工作态度

服从领导安排和工作调配，积极为公司的发展献计献策。

严于职守——遵守本公司一切规章制度，忠于职守，尽职尽责，对外保守本公司业务机密。

正直诚实——对上级领导、同事和客户要以诚相待，不得敷衍塞责或阳奉阴违。

团结协作——分工明确，职责清楚，工作中遇到问题不得互相推诿，应积极协调，互相配合，同心协力解决困难。

创新高效——发扬主动、创新的精神。根据“一切以客户为中心”的原则，优质高效地完成所担负的任务。

二、服务态度

礼貌——这是对客户和同事最基本的态度，任何时刻应使用礼貌用语，“请”字当头，“谢”字不离口。

乐观——以乐观的态度接待客户。

友善——“微笑”迎接客户和与同事相处。

热情——尽可能为客户提供方便，周到热忱。

耐心——对客户的要求应认真、耐心地聆听，并尽量在不违背公司规定的前提下办理。

平等——一视同仁地对待所有客户，不能有贫富亲疏之分，厚此薄彼。与人交谈应用礼貌用语，不得说脏话。对客户提出的询问、疑难、要求、意见要认真倾听，在不违背保密制度的原则下，有问必答，并做到回答准确。对自己无把握回答的，应婉转地表示歉意，联系有关的人员给予解答，或留下文字记录，限时予以答复。

案例思考

1. 此服务规范的目标是什么？
2. 此服务规范对一般物流企业有何借鉴作用？

案例分析

现代物流企业为客户提供的服务应该是全方位的，要想提高服务质量，企业首先应该根据实际情况，制定较为完善的服务规范，并定期培训员工，不断提高员工的基本素质，使服务规范真正落到实处。

本章将从客户服务的基本概念入手，全面介绍现代物流企业员工的职业道德规范、行为语言规范以及一般岗位服务规范。

第一节　物流企业客户服务

在当今激烈的市场竞争环境下，企业成功和职业成就的机会在客户服务领域表现得最为显著。物流企业的市场竞争力不仅来自其新客户或新产品的开发能力，更多地来自于企业对客户的服务，良好的客户服务可以使企业更为市场接受、为企业带来更大利润，同时还可以真正实现客户的满意。作为现代物流企业的员工，为准确把握现代物流企业服务规范，应首先了解物流企业客户服务的基本内涵。

一、物流企业客户服务的要素与特征

（一）物流企业客户服务的要素

事实上，物流企业仅仅了解客户的当前需求是远远不够的，这容易将客户服务与客户的满意度混为一谈。要为客户提供高水平的物流服务，还必须了解客户的运行状态、了解客户的需求动机和行业特点，明确物流企业自己能够向客户提供什么样的服务、了解合作双方当前的物流服务供需的差距、了解要为客户提供满意的服务需要建立怎样的企业间互动协作关系、了解合作双方是否能够取得双赢的结果，还要拥有适当的分析评价工具，等等。因此，我们必须从客户服务的要素入手，从物流活动过程角度，将物流企业客户服务的要素组成分为交易前要素、交易中要素和交易后要素。

1. 交易前要素。**交易前要素是指在将产品从供应方向客户实际运送过程前的各种服务要素**。交易前要素直接影响客户对企业及产品或服务的最初印象，为物流企业稳定持久地开展客户服务奠定了良好的基础，为开展客户服务创造适宜的环境。交易前要素主要涉及以下内容：

交易前要素包括：客户服务条例、客户服务组织结构、物流系统的柔性和增值服务。

（1）客户服务条例。客户服务条例是指以正式的文字说明形式表示的客户服务标准，主要内容是如何为客户提供满意的服务、客户服务标准、每个工作人员的责任和业务范围等，每项服务都有具体的绩效考核。

（2）客户服务组织结构。客户服务组织结构是指总体负责客户服务工作的组织的基本结构。一般来说，没有一个组织结构与客户服务的成功执行完全协调，

但对于每一个企业，根据实际情况，应有一个较完善的组织，总体负责客户服务工作，明确各组织结构的权责范围保障和促进各职能部门之间的沟通与协作。

(3) 物流系统的柔性。物流系统的柔性是指物流系统设计时应着眼于客户服务及运营成本。为了使客户得到满意的服务，在缺货、自然灾害、劳力紧张等突发事件出现时，必须有应急措施来保证物流正常高效运作。

(4) 增值服务。增值服务是指为了巩固与客户的合作伙伴关系，向客户提供管理资讯服务及培训活动等，具体方式包括发放培训资料和手册、举办研讨会或利用通讯工具进行咨询等，目的是为了更好地与客户进行长期合作。

2. 交易中要素。**交易中要素是指在将产品从供应方向客户实际运送过程中的各种服务要素**。这些服务与客户直接相关，对客户满意度有重要影响。交易中要素主要涉及以下内容：

(1) 缺货水平。缺货水平是指缺货对产品可得性的一种衡量，是衡量产品现货供应比率的重要指标。缺货应该按产品和客户来记录，缺货成本一般来说都比较高，应认真考察，详细统计，确定问题出在何处，并提出解决方案。如可以通过为客户安排适当的替代品或在产品补充时的立即运装来保证信誉。

(2) 订货信息。订货信息是指向客户快速准确地提供关于库存状况、订货、配送日期。对于一次难于完成订单需求，需要通过延迟订货或分批配送来完成的，延迟订货发生次数及订发货周期是评价物流系统绩效的重要指标。客户不仅期望快速获取信息，而且还要求这些信息准确无误，对发生的信息失真应特别重视并立即采取改善措施。

(3) 订发货周期。订发货周期是指从客户下订单到收到货物为止所经历的时间。随着企业间竞争的逐渐激烈，控制好订发货周期对于客户服务来说是很重要的。

(4) 特殊运输处理。特殊运输处理是指有些货物不能按常规方法运送或受到特别处理延长了正常的订货周期时间而采用特别运输方式来解决问题的做法。特殊运送成本要高于正常运送，但是失去客户的成本会更高。为了长期保有客户，这一服务也是非常重要的。

(5) 订单便利性。订单便利性是指客户订货的难易程度。客户一般愿意同反应迅速、工作高效的物流伙伴合作。如果在一些细节上不注意，例如票据格式让人费解、让客户等待过久等，客户都会产生反感，这些问题可以通过对客户的现场调查而发现，应尽量减少或杜绝。

3. 交易后要素。客户服务的交易后要素是指售后服务，它起售后支持作用，可以提高客户满意度进而留住客户，是相当重要也是不容轻视的要素，主要内容有：

(1) 安装、维护、改造、维修、提供零件。

(2) 产品跟踪。

(3) 客户抱怨、投诉、索赔和退货。

(二) 物流企业客户服务的特征

现代物流是服务型的复合性产业，其物流管理活动及物流管理技术直接贯穿于社会经济活动的各个领域和环节，物流客户服务既具有从提供社会物流服务角度来看所具有的独立服务产业特点，又具有从产销企业内部经营管理角度来看的非独立产业形态，还具有因物流技术的使用而通过产销企业物流服务外部化的供应链管理一体化所体现的经济利益共享现象。现代物流产业实质上是一种渗透到几乎所有经济领域和企业经营活动的交叉与重合的复合产业形态。因此，从物流企业客户服务的内涵和实质来说，物流企业客户服务主要有以下方面的特征。

1. **专业性**。专业性是指物流企业总体范围界定为专门提供物流服务的企业，其提供的服务具有物流企业的专业特征。

2. **统一性**。统一性是指物流企业的各种客户服务的形态都体现物流企业的个性特征与共性要求，保持个性与共性的统一。

3. **分类性**。分类性是指物流企业客户服务一般以某个方面为主要特征，同时向其他功能延伸。例如，运输型物流企业的客户服务以从事货物运输服务为主，包含其他物流服务活动；仓储型物流企业以从事区域性仓储服务为主，包含其他物流服务活动；而综合服务型物流企业从事多种物流服务活动，并可以根据客户的需求，提供物流一体化服务。

4. **过程性**。过程性是指物流企业需要进入客户的供应链与价值链的过程中进行管理。而在这一方面来看，中国社会信用体系的缺乏与不完善已经严重阻碍了现代物流的发展，成为现代物流企业进入服务企业供应链过程中的关键壁垒之一。社会信用体系的建立应该成为政府支持物流产业与整个经济发展的主要工作目标之一。

5. **信息流的时效性**。信息流的时效性是指物流企业客户服务的特点是业务信息交换频繁，时效性非常强，因此对服务响应速度的要求也非常高。随着市场竞争日益激烈，要求物流公司提供的服务种类越来越丰富，服务的规模和内容也迅速增加，单纯依靠增加人员数量、车辆配置、服务纪律已经不能满足客户服务的要求。因此，提高信息流转效率，从总体上降低物流运作成本，已直接关系到物流企业的竞争力提升。事实证明，物流管理的信息化对于一个物流企业的生存和发展至关重要。

6. **从属性**。从属性是指应客户的需求而提供的物流客户服务，具有明显的从属于客户的特性。具体来说，处于需方的客户企业或个人，对于流通的货物种类、流通的时间、采取的流通方式等都有自己选择和决定，而处于供方的物流企业，则是按客户的需求来提供服务。这就决定了物流企业提供的客户服务受客户的制约。

7. **准时性**。准时性是指对全部运作环节进行组织，使得各个运作环节在最恰当的时间实施运作，这些运作环节不能实施得太早，否则就会使产品和物料出现闲置，也不能实施得太晚，不然就会影响客户服务水平。

综上所述，现代企业的专业分工和协作、全球采购和全球营销的经济一体化对现代物流企业提出了越来越高的要求。信息化、自动化、网络化、智能化、柔性化已成为现代物流企业客户服务的鲜明特征。现代物流企业只有依靠对物流信息的科学运筹和管理，将仓储、运输、配送、装卸搬运、流通加工、信息传递等功能集于一体，才能为客户提供安全、优质、快捷、准确的现代物流服务。

基于对物流企业客户服务特征的认识，现代物流企业员工必须意识到：

第一，拓展服务范围，突出服务特色，向服务多元化发展。物流企业必须成为一个服务提供的多面手，结合企业的实际需要，为其提供有针对性的、个性化的特色服务，解决企业开展国际物流业务所遇到的种种难题。面对中外合资企业、外商独资企业这样的国际化企业对第三方物流的要求，应能提供一个全套、完整的物流解决方案，通过合作、代理、联营等多种手段，为客户提供“一站式”物流服务，使货主企业真正感受到第三方物流服务商带来的方便、快捷、高效。

第二，认真研究所服务行业的特点，慎选服务对象。必须对服务对象有所取舍，在对人力、财力、物力、服务水平进行综合考虑的基础上，选择能发挥自己最大长处的行业介入。这样，既能充分发挥自己在国际货运方面的业务所长，又能为货主企业提供切实需要的个性化服务，从而赢得货主企业的信赖，保证今后业务的顺利开展。

第三，保持合理的人力资源配置结构。目前，物流业缺乏既懂得物流管理又能掌握物流业信息技术、物流技术运用及动态的高素质的复合型人才。在以电子商务为前提的物流技术方兴未艾的今天，高素质的人才是企业竞争力最直接的体现。因此，一方面要加大对从业人员的培养力度，使从业人员深入了解某一具体行业的生产流程、组织结构、人员配备等，了解该行业目前的运输业务状况及未来的发展目标；另一方面还要加快人才引进步伐，吸纳社会上的复合型人才，高起点发展第三方物流业务，为货主企业提供切实有效的物流服务和解决方案。

第四，完善的信息交流系统。要加强自身的信息化建设，推动和改善物流企业内部的交流与沟通，高可靠性及高效率的信息系统是加强与客户的交流和沟通的重要手段。

第五，要有良好的公司信誉。货主企业愿意通过第三方物流企业开展物流业务，其目的无非是要减少运输成本，提高运输效率，提升为客户服务的质量，因此必须要有良好的市场信誉，能获得货主企业的信任。物流业的信誉是通过其服务质量体现出来的，为了保证良好的企业信誉，必须从提高服务质量下工夫，牢固树立“用户第一”的服务思想。

二、物流企业客户服务内容与增值服务

物流企业客户服务是指物流企业为其他需要物流服务的机构与个人提供的一切物流活动，即以客户（货主）的委托为基础进行的独立的物流业务活动。物流企业客户服务应满足客户需求，保障供给，并在服务数量与品质上都要达到使客户满意。通常来说，在数量上应满足适量性、多批次等的需求，在质量上达到安全、准确、迅速、经济等要求。

物流企业通过对运输、储存、配送和信息处理等四项基本功能的实施与管理，来满足客户物流需求。

（一）物流企业客户服务的内容

目前的物流企业大都定位于根据客户要求提供一体化物流解决方案，其服务

内容十分广泛，可以覆盖企业的整个商务后端。归纳起来，主要包括以下几方面：

1. 订单履行。包括以运输为特征的运输模式选择与组织、集货、转运、配送等服务；以仓储为特征的存储、分拣、包装、装配、条形码及其他增值服务。

2. 信息管理。包括订单处理与跟踪查询、库存状态查询与决策、货物在途跟踪、运行绩效监测、管理报告等。

3. 客户交互。包括呼叫中心服务，最终客户的退货处理、安装、调试、维修等销售支持服务等。

4. 相关服务。包括物流系统设计、清关、支付、费用结算，客户销售预测，商品促销等服务。

近年来，物流企业越来越关注物流规划、管理与咨询层面的服务功能，以实现提升客户经济效益、服务水平及企业竞争力的三大使命。客户使用专业物流公司的绩效体现也从着重于实体货物的合理流动转到着重于从物流系统规划、管理以及信息服务方面获取利益。此外，UPS、德国邮政（DPWN）等大型物流企业开始为客户提供代收货款等金融服务，从而实现客户供应链实物流、信息流与资金流的“三流合一”。

为了达到客户服务较高的满意程度，物流企业应注意衡量自身以下几个方面：(1) 规划能力，物流系统规划、解决方案设计、供应链优化。(2) 物流网络，合理分布的区域物流中心与城市配送中心。(3) 运输能力，包裹、零担、整车多种运输模式，铁路、公路、航空等多种运输方式，费率谈判及与承运人的关系，集货运输与货运代理。(4) 仓储能力，进、存、出货作业设施、设备、人员，贴条码、贴标签、包装、装配、退货处理等增值服务。(5) 信息水平，计算机、网络设备与应用，物流软件，呼叫中心，信息服务。(6) 管理水平，管理层，标准业务流程（SOP），质量体系（ISO9002），员工培训，企业文化。(7) 服务水平，绩效评价体系（KPI），客户群，客户评价。(8) 物流业务交接能力，在签订合同后，物流服务供需双方需要认真进行业务交接，关键是确定合适的人员，建立有效的沟通渠道，制定详细的实施方案，能够迅速发现和解决出现的问题。必要时，组织有关人员进行业务培训，以使其达到服务要求。

为保证物流企业客户服务的成功，物流企业不仅要重视建立良好的客户服务关系，还要十分重视在服务全过程管理好合作关系，包括：

第一，建立绩效监测与评估制度：为了保证物流企业客户服务的质量，应与物流合作伙伴共同商定绩效监测与评估制度，使合作关系透明化。通常合作双方应保持运作层每天的交流、管理层每月的绩效评估以及不定期的检查与年度评估。

第二，持续改进的激励机制：要保持长期的合作伙伴关系，必须建立持续改进的激励机制，如采用利益分享（Gain－Sharing）模式。一般来讲，物流服务商与客户的合作要经历一个从战术配合到战略交互的发展过程，包括：(1) 满足客户需求。合作开始时，物流服务商要做到对客户的服务要求具有良好的响应性，使客户感到容易合作，并保持客户服务质量。(2) 超出客户期望值。随着合作的深入，物流服务商要加强与客户的沟通，增强服务的主动性，特别要提高信息系统能力，努力使物流服务超出客户的期望值。(3) 参与和满足客户需求。在熟悉客户物流运作后，物流服务商应主动了解客户新的物流需求，参与发掘客户物流改进机会，实现从战术配合向战略交互的转变。(4) 赢得客户信任。物流服务商努力与客户共同创造价值，最终赢得客户信任，双方建立起长期战略合作伙伴关系。

物流企业客户服务的特点是物流服务供需双方建立长期合作关系。物流企业客户服务成功的关键因素如下：(1) 沟通。物流服务商应与客户建立良好的沟通机制，增强相互理解，及时发现和解决问题。(2) 灵活性。物流服务商应对客户的需求变化具有灵活性。(3) 创新。物流服务商应不断创造新的增值服务项目，改进对客户的服务。(4) 诚信。物流服务商应以与客户实现双赢为目标，努力与客户建立相互信任的关系。(5) 个性化服务。物流服务商应为客户提供量身定制的个性化服务。(6) 生产率。物流服务商应努力提高物流运作效率，降低物流成本，缩短供货周期。(7) 关系管理。物流服务商应从合作关系的建立到维护与发展自始至终保持与客户的良好合作。(8) 响应性。物流服务商应对客户的服务要求表现出良好的响应性。(9) 技术竞争力。物流服务商应采用先进的物流与信息技术，为改进客户服务提供支撑。(10) 价值。物流服务商应主动参与客户物流合理化空间的发掘，不断为客户创造新的价值。

从我国目前的情况看，大多数货主企业不愿意选择物流外包，或者不愿意与物流服务商建立长期的合作关系，一个重要原因就是对现有的物流服务商及其服务不满意，这就需要物流服务商对照上述因素不断改进服务，努力与客户建立成功的合作伙伴关系，用成功案例赢得货主企业的信任。

(二) 物流企业增值性服务

常规服务大多是与完成货物交付有关的服务，主要依靠物流设施、设备、器具等完成，是资产和劳动密集型的服务，具有标准化的特征。

物流企业增值性服务是相对于常规服务性服务而言的，常规服务通常指提供物流的几大基本功能要素，即提供仓储、运输、装卸搬运、包装、配送等服务，它们提供了空间、时间以及品种调剂效用。而增值服务则是根据客户的特殊需要，为客户提供的超出常规的服务，或者是采用超出常规的服务方法所提供的服务。创新、超常规、满足客户个性化需要是增值物流服务的本质特征。

由常规服务延伸而出的增值服务正在成为物流发展的新趋势。增值服务与全球物流一体化、新技术提升物流业、第三方物流带来的新的挑战正构成国际物流发展的主流走向。物流企业依资产、设施、关系来立足和竞争的时代已经成为过去，企业必须树立新的理念，超越常规的物流客户服务，增加为客户提供的增值服务。增值服务主要包括以下几个方面：

1. 增加便利性的服务。**一切能够简化手续、简化操作的服务都是增值性服务**。在提供电子商务的物流服务时，推行一条龙门到门服务、提供完备的操作或作业提示、免培训、免维护、省力化设计或安装、代办业务、一张面孔接待客户、24 小时营业、自动订货、传递信息和转账（利用 EOS、EDI、EFT）、物流全过程追踪等都是对电子商务销售有用的增值性服务。

2. 加快反应速度的服务。快速反应已经成为物流发展的动力之一。传统观点和做法将加快反应速度变成单纯对快速运输的一种要求，但在需求方对速度的要求越来越高的情况下，它也变成了一种约束，因此必须想其他的办法来提高速度，所以第二种办法，也是具有重大推广价值的增值性物流服务方案，应该是优化电子商务系统的配送中心、物流中心网络，重新设计适合电子商务的流通渠道，以此来减少物流环节、简化物流过程，提高物流系统的快速反应性能。

3. 降低成本的服务。电子商务发展的前期，物流成本居高不下，有些企业可能会因为根本承受不了这种高成本退出电子商务领域，或者是选择性地将电子商务的物流服务外包出去，这是很自然的事情。因此，发展电子商务一开始就应该寻找能够降低物流成本的方案。企业可以考虑的方案包括：采用第三方物流服务商、电子商务经营者之间或电子商务经营者与普通商务经营者联合，采取物流共同化计划，同时，如果具有一定的商务规模，如珠穆朗玛和亚马逊这些具有一定的销售量的电子商务企业，可以通过采用比较适用但投资较少的物流技术和设施设备，或推行物流管理技术，如运筹学中的管理技术、单品管理技术、条形码技术和信息技术等，提高物流的效率和效益，降低物流成本。

4. 延伸服务。向上可以延伸到市场调查与预测、采购及订单处理；向下可以延伸到配送、物流咨询、物流方案的选择与规划、库存控制决策建议、货款回收与结算、教育与培训、物流系统设计与规划方案的制作等。关于结算功能，物流的结算不仅是物流费用的结算，在从事代理、配送的情况下，物流服务商还要替货主向收货人结算货款等。关于需求预测功能，物流服务商应该负责根据物流中心商品进货、出货信息来预测未来一段时间内的商品进出库量，进而预测市场对商品的需求，从而指导订货。关于物流系统设计咨询功能，第三方物流服务商要充当电子商务经营者的物流专家，因而必须为电子商务经营者设计物流系统，代替它选择和评价运输商、仓储商及其他物流服务供应商。国内有些专业物流公司正在进行这项尝试。关于物流教育与培训功能，物流系统的运作需要电子商务经营者的支持与理解，通过向电子商务经营者提供物流培训服务，可以培养它与物流中心经营管理者的认同感，可以提高电子商务经营者的物流管理水平，可以将物流中心经营管理者的要求传达给电子商务经营者，也便于确立物流作业标准。

以上这些延伸服务最具有增值性，但也是最难提供的服务，能否提供此类增值服务现在已成为衡量一个物流企业是否真正具有竞争力的标准。

为了说明问题，下面以在美国较有影响的凯利伯物流公司（Caliber Logistics Co. Ltd）为例，说明该公司是如何为客户（包括电子商务客户）提供物流服务的，包括传统物流服务和增值性物流服务。该公司设立了专门为客户服务的公共型物流中心，其提供的服务内容包括：

1. JIT 物流计划。适时管理模式（JIT, Just - in - Time）指的是企业的供应商将符合规定数量的原材料或零部件在所指定的具体时间交付到指定的地点，从而代替库存订货的传统做法，以期实现零库存的管理方法。该公司通过建立先进的信息系统，为供应商提供培训服务及管理经验，优化了运输路线和运输方式，降低了库存成本，减少了收货人员及成本，并且为货主提供了更多更好的信息支持。

2. 合同制仓储服务。该公司推出的此项服务减少了货主建设仓库的投资，同时通过在仓储过程中采用CAD技术、执行劳动标准、实行目标管理和作业监控来提高劳动生产率。

3. 全面运输管理。该公司开发了一套计算机系统专门用于为客户选择最好的承运人，使用该系统客户可以得到如下利益：使运输方式最经济，在选定的运输方式中选择最佳的承运人，可以获得凯利伯运输会员公司的服务，对零星分散的运输作业进行控制，减少回程车辆放空，管理运输可以进行电子运单处理，可以对运输过程进行监控等。

4. 生产支持服务。该公司可以进行如下加工作业：简单的组装、合并与加固、包装与再包装、JIT配送贴标签等。

5. 业务过程重组。该公司使用一套专业化业务重组软件，可以对客户的业务运作过程进行诊断，并提出专业化的业务重组建议。

6. 专业化合同制运输。该公司的此项功能可以为客户提供的服务有：根据预先设定的成本提供可靠的运输服务、灵活的运输管理方案，提供从购车到聘请司机直至优化运输路线的一揽子服务，降低运输成本，提供一体化的、灵活的运输方案。

7. 回程集装箱管理。公司提供的服务包括回程集装箱的跟踪、排队、清洗、储存等，可以降低集装箱的破损率，减少货主的集装箱管理成本，保证货物的安全，对环保也有好处。

我国交通运输系统（公路、水路)、铁路运输系统、航空运输系统、邮政运输系统、外贸运输系统、商业运输系统、物资运输系统等发展得比较成熟，电子商务的发展为他们提供了巨大的商机。比如，我国的邮政运输网络已经深入到了农村，包括偏远的小山村，在城市，邮政局所更是覆盖了各个角落，1999年底，国家邮政总局决定，拥有我国最大的物流配送体系的中国邮政，在邮政网络的经营范围内与中国商品交易市场（电子商务经营者）合作，为其提供商品配送业务，完善该电子商务经营者因特网服务中的物流配送环节。此外，一些地方的邮政运输部门也在积极地提供物流和配送服务。

第二节　物流企业服务规范

为了实现成为具有竞争力、国际知名的物流企业的战略目标，进一步深化企业改革，推进科学管理，规范运作，诚信至上的服务精神，物流企业应建立相应的服务规范。认识员工应该具备的职业素质；培养职业的工作态度和工作理念、掌握职业思维方式、培养职业心理、掌握科学的工作方法、人际关系协调、沟通等相关的理念及技术，学会塑造职业形象及掌握商务礼仪，并使之应用于工作实际中，实现个人和组织绩效的最大化；建立与个人发展及企业发展相结合的职业化员工队伍，成为企业真正的核心竞争力。通过系统地学习和培训，帮助企业员工提高礼仪水准，使得每一位员工在工作中事事合乎礼仪，处处表现自如、得体。

良好的物流员工个人形象展示给人们的是自信、亲切、友好、力量及能力，它不仅反映在对别人的视觉效果中，同时它也是一种外在辅助工具，它让员工对自己的言行有了更高的要求，能立刻唤醒员工内在沉积的优良素质，通过得体的穿着、微笑、目光接触、握手，一举一动，让你浑身都散发着魅力。得体的形象是符合时代需求的文明礼仪，不单是一个人的形象和素质的综合体现，更是物流企业的形象和品牌价值的重要构成和表现形式。

一、物流企业员工基本规范

（一）物流企业员工职业道德规范

1. 品德高尚，热爱祖国，热爱公司，热爱所从事的事业。自觉维护国家、公司和客户的利益，遵守社会公德和职业道德，以发展和壮大公司的事业为己任，以时刻维护公司的声誉为着眼点，做一个好公民、好员工。

2. 认真负责，忠于职守。要以高度的责任心和敬业精神对待自己所从事的工作，做到业务精通，技术娴熟，讲求效率，一丝不苟，严格按制度和操作程序办事，敢于同各种违纪违法行为作斗争。

3. 廉洁奉公，遵纪守法。要加强修养，洁身自重。不以权力和工作之便谋取个人利益，不收受单位和个人馈赠的钱物，不参加影响执行公务的宴请和歌厅、舞厅、夜总会的娱乐活动。当个人利益与公司利益冲突时，个人利益必须服从公司利益。

4. 诚实守信，竭诚服务。禁止内幕交易、违规操作，强化信誉意识和服务意识，不断提高工作质量和服务艺术，为客户提供一流的服务。

（二）物流企业员工基本工作职责规范

1. 遵守物流企业各项规章制度。

2. 遵守本岗位所属部门的各项管理细则。

3. 遵循企业利益第一的原则，自觉维护企业利益。

4. 严格按企业管理模式运作，确保工作流程和工作程序的顺畅高效。

5. 按岗位描述要求按时、按质、按量完成各项工作和任务，并接受监督检查。

6. 按时完成自身岗位所分解的工作指标，按规定时限完成任务。

7. 确保外出活动登记表记载真实，并接受监督检查。

8. 监督检查同事的行为活动和工作，发现问题及时指出并帮助改进，拒不接收者应及时上报。

9. 对规章制度、工作流程中不合理之处及时提出并报直接上级，确保工作与生产的高效。

10. 努力提高自身素质和技术业务水平，积极参加培训、考核。

11. 根据自己岗位变化提出自身培训计划报直接上级，提高自身岗位工作能力。

12. 根据自身岗位实际情况提出合理化建议的义务。

(三) 物流企业员工行为规范

为了完善个人形象，发挥个人魅力，成为企业的宝贵财富，物流企业员工应遵循以下行为规范：

1. 忠于职守，不做有损物流企业的事，时刻维护企业的利益，树立物流企业的良好形象。

2. 按时上下班，不迟到、早退。

3. 工作场所讲普通话，不大声喧哗，不影响他人办公。

4. 为了增进团队协作精神，上下级之间、员工之间在早晨上班，与同事第一次相见时应主动招呼“您早”或“您好”，下班互道“再见”等用语。

5. 待人接物态度谦和，诚恳友善。对来宾和客户委办事项应力求周到机敏处理，不得草率敷衍或任意搁置不办。

6. 为了大家的健康，工作场所请勿吸烟。

7. 中午就餐请勿饮酒，以免影响下午的正常工作。

8. 为了创造舒适的办公环境，应随时保持本岗位所辖范围的清洁卫生。

9. 爱惜使用并妥善保管办公用品、设备；桌面物品摆放整齐有序；下班前必须将所有文稿放置妥当，以防止遗失、泄密。

10. 上班时间请不要看与工作无关的报刊、杂志或书籍。

11. 听音乐、吃东西、喝饮料等，不要影响他人。

12. 为了公司的安全不要将亲友或无关人员带入办公场所。

13. 为了保持公司电话线路的畅通，因私打电话或接听电话请不要超过 3 分钟；另外请不要使用总机拨打电话或长时间接听电话。

14. 公司允许员工因私使用长途电话或长途传真，但须经行政部同意，并根据电信局有关规定缴纳话费。

15. 为了保证办公设备的正常工作，未经行政部允许请不大量打印、复印个人资料。

16. 在下班后离开办公室时，请注意关闭自己的计算机，以减少没有必要的消耗。

17. 注意防火、防盗，发现事故隐患或其他异常情况立即报有关部门处理，消除隐患。

(四) 物流企业员工服务着装仪表规范

1. 统一着装。窗口员工在工作时间必须统一着装，佩带工号牌，服装整洁干净，不得戴帽子、穿拖鞋，穿着西装时必须系领带。

2. 仪表大方。员工应保持仪表端庄，不染彩色头发，头发梳理整齐，指甲常修。男员工发不过耳，胡须刮净；女员工发型要整洁，不披头散发，化妆要适度、大方，不戴过多饰品。挂牌上岗，工号牌统一挂在左胸前。

3. 举止文明。坐、立姿势要端正，坐时不能翘二郎腿或斜靠在椅背上；立时要自然站立，不可双手卡腰，上体摆动。看要自然，听要专注。

4. 言语和蔼。说话亲切，对客户询问应有问必答，音量要适中，使用礼貌语言，不讲粗言污语，更不能使用禁语。

5. 微笑服务。对客户表现出亲切、真诚、友好，做到主动、耐心、热情、周到。愉快解答每一位客户的疑问，不以貌取人，不厚此薄彼。

6. 礼貌待客。为客户服务时，不怠慢客户和流露出厌烦情绪，对客户提出的批评或建议虚心接受，遇有自己无法处理的问题，要及时请示部门主管或领导，做好解释工作，严禁与客户发生顶撞争吵。

7. 工作认真。熟悉本岗位规章制度，能独立完成每笔业务，严格要求自己，对工作有高度责任感。

8. 作风严谨。不迟到早退，不无故脱岗，上午提前十分钟到岗，做好工作准备。不在工作时间内聊天、打牌、下棋、嬉笑、打闹。工作时间做到不串岗、不吸烟、不吃零食、不看杂志小说、不玩电子游戏。

（五）物流企业员工服务语言规范

1. 文明用语。

（1）客户前来办理业务时，应起立相迎并主动说："您好，您需要办理什么业务?"

（2）客户办完业务时，应说"欢迎您再来"或"再见，请走好"。

（3）业务较忙时，应向客户说："请稍等。"客户等待时间较长时应说"对不起，让您久等了。"

（4）客户站错窗口时应说："对不起，请到××窗口办理。"

（5）客户填错表单时应说："对不起，您的××填错了，请您重新填写一份。"

（6）退回客户材料时应说"请收好"或"请您清点一下"。

（7）发生工作失误时，应主动向客户道歉："对不起，请您原谅"或"实在对不起"。

（8）遇见熟人前来要求优先办理业务时，应说："真对不起，现在人很多，请排队等一会儿。"

（9）经办人员遇有急事不得不停下业务去处理时，应对客户讲："对不起，请您稍等一下。"

（10）客户提供的材料不符合业务规定时应说："对不起，您的××材料不符合业务要求，请按要求提供。"

（11）在不能满足客户的要求时应说："实在对不起，您的要求我们暂时还无法满足。"

2. 打电话时的文明用语。

（1）接电话时："您好，这里是……，请讲话"。

（2）来电话找人时："请稍等"。

（3）对方所找的人不在时："××不在，您有事需要转告吗?"

（4）对方打错电话时："您打错了，这里是……"

（5）向外打电话时："您好，请找一下×××，谢谢。"

(六) 物流企业员工服务环境规范

1. 地面整洁，无纸屑、痰迹、烟蒂等。

2. 桌（柜）面整齐，办公用具定位摆正，除用具茶杯外，桌面上无其他杂物，柜面上无灰尘。员工外出或下班时，应将座椅置于紧靠办公桌的位置。

3. 门窗干净，完好无灰尘和污垢。

4. 设备清洁，电脑主机、键盘、电话等设备无灰尘和污垢。

5. 员工在雨天使用的雨伞、雨衣、雨鞋等雨具及毛巾等私人用品，用后应妥善处置，不得随意挂靠或搁置在办公桌、椅、柜、屏风或墙壁上。

6. 业务宣传栏内容要及时更新，向客户介绍业务知识等信息。业务宣传栏应完好无损。

7. 设立客户信箱，公布监督电话，方便客户投诉，接受客户监督。

8. 保证营业时间，不得晚开门，早关门。

9. 做好安全防范工作，下班时应主动关闭门窗，电脑、空调等电器，切断电源。

(七) 物流企业员工接待客户礼仪规范

为了强化职业意识与职业态度，物流企业员工应全面掌握商务活动中的各种礼仪，塑造良好的个人职业形象和企业、机构形象，赢得客户好感，在竞争中脱颖而出。

1. 熟练掌握基本的电话礼仪和基本的社交礼仪，以亲切的表情面对他人。

2. 语言表达艺术。

(1) 不探询他人隐私、小错不纠、不直斥其非；

(2) 不吝啬赞美、不打断他人说话。

3. 接待客户的礼宾次序——迎送礼仪、站姿、坐姿、手势。

(1) 坐姿：要求坐如钟，即腿直、身正、文雅；

(2) 站姿：要求立如松，即端立、身直、肩正、正视；正确的站姿站位给客户宾至如归的感觉。

4. 基础礼节规范——介绍、称呼、握手、交递名片的礼节礼貌。

(1) 握手：要求目视对方，面带笑容，稍事寒暄稍许用力；

(2) 递名片：要求起身站立，走上前去，使用双手或者右手，将名片正面对着对方后递给对方，并说“多多关照”、“常联系”等话语；

(3) 接名片：要求起身站立，面含微笑，目视对方，双手捧接或以右手接过，并把名片认真默读一遍，同时可使用谦词敬语，如“请您多关照”。

二、物流企业员工作业服务规范

(一) 仓管作业服务规范

1. 作业内容。仓库管理作业主要由入库、保管、出库三个阶段组成，按其作业顺序可细分为接运、验收、入库、保管、保养和出库交付等六个环节。

(1) 入库管理。入库管理包括进货检查、入库作业项目，主要内容有：①核对进货商品和进货清单(数量和质量核对)；②贴附保管条形码；③在流动场所放置货物时，装入入库商品及物品的货架号后保管；④在固定场所放置货物时，在贴附条形码的货架中保管。

(2) 在库管理。在库管理主要包括保管、发货准备作业项目，主要内容有：①查在库量是否适当；②核查库存实物与账目是否相符并保存库存记录；③掌握库存物在库时间；④根据客户的要求进行包装作业；⑤按客户的要求贴附价格等有关标签。

(3) 出库管理。出库管理主要包括发货、配送作业项目，其主要内容有：①装箱商品和小件商品划分备货；②将客户订单与备货品进行核对；③按不同配送对象分拣包装；④制作发货数量，派车；⑤装车后进行装载确认。

2. 岗位服务规范

(1) 入库管理员。

物流企业员工岗位包括：入库管理员、保管员、出库管理员、业务员、理货员、养护员和安全管理员。

主要职责：①在货物入库过程中选用搬运工具与调派工作人员，并安排人员的工作时间、地点、班次与工具使用时间等；②制定相应的货物入库管理制度及工作流程；③负责货物的合理及安全存放；④建立货物入库台账，每天进行货物入库记录及统计；⑤严格按手续办理产品入库；⑥对退货及换货产品进行另类统计。

操作流程：①货物入库准备。包括熟悉入库货物、掌握仓库库场情况、妥善安排仓库货位、做好货位准备、准备苫垫材料和作业用具、验收准备、装卸搬运工艺设定、文件单证准备等。②确定货位。根据仓库的结构、功能不同，按一定要求将仓库存货位置进行分块分位，形成货位。③货物入库检验。包括视觉检验、听觉检验、触觉检验、嗅觉检验、测试仪器检验、运行检验等。④货物入库交接和登记。包括办理交接手续、登账、立卡、建档等。见图 4－1。

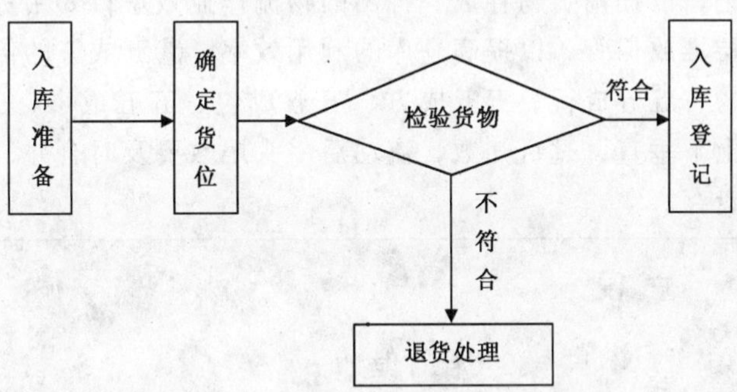

图 4－1　入库管理员岗位操作流程图

(2) 保管员。

主要职责：①负责保管区内物资的保管工作，对保管区内的货物做到账、卡清楚，账卡物相符；②定期清扫保管区，保证保管区内清洁卫生，无虫害、鼠害；③定期检查保管区内的通风、照明、防雨防潮设施的情况，保持库区内通风、干燥、温湿度适宜；④定期检查保管的货物品种、数量、质量状况，定期或不定期地对保管货物进行盘点，及时掌握保管物资的动态；⑤严格执行保管区的安全检查，包括消防器材的配备及其有效性，区内电器线路的使用状况，是否存在老化、破损等安全隐患；⑥严格执行保管区内的劳动纪律，严禁非保管区人员擅自进入保管区。

操作流程：①核对货物的入库凭证，清点入库货物，与送货人员办理交接手续；②对入库货物进行数量、质量和包装验收，发现问题做出事故记录；③安排货物的存放地点，登记保管账、卡和货位编号；④定期盘点，清仓查库，向存货部门反映并催调处理积压、呆滞、残损、变质等异状货物；⑤根据物品的出库凭证付货；⑥对出库货物进行复核，签发出库单。见图 4－2。

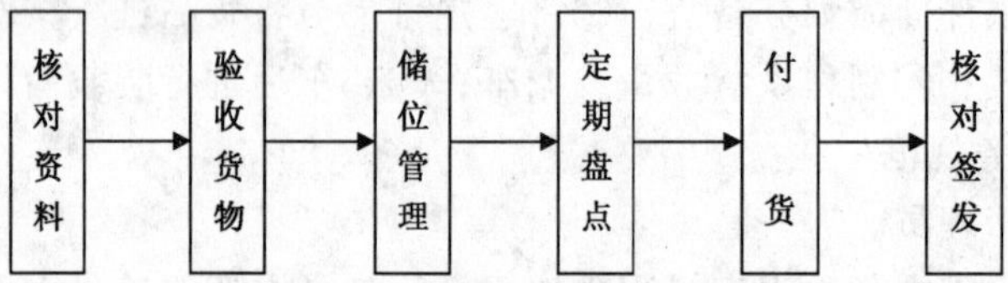

图 4－2　保管员岗位操作流程图

作业规范：①将货物面向通道进行保管库存，使之便于在仓库内移动、存放和取出；②根据货物入库时间决定发货次序，防止货物因保管时期过长而发生变质、损耗现象；③依据进货发货的不同频度来确定货物的存放位置，次数频繁的货物放置在靠近仓库进出口的位置，以便货物的搬运，提高物流效率；④相同或相类似的货物存放在相同或相近的位置，以分拣，提高物流作业效率；⑤根据货物的重量确定存入的位置和保管方法，较重的货物放置在地上或货架的底层，反之则放置在货架上层，便于分拣，提高物流作业效率；⑥根据货物的形状确定存放的位置和保管方法，包装标准化的货物放置在货架上保管，非标准化的货物对应其形状进行保管，以搬运和安全作业；⑦保管货物的品种、数量及保管位置做明确详细的标记，以提高货物存放、拣出的物流作业效率；⑧用货架等保管设备对货物进行分层堆放保管，以提高仓库的利用效率；⑨五或五的倍数在固定区域内堆放，使货物“五五成行、五五成方、五五成包、五五成堆、五五成层”，堆放横竖对齐，上下垂直，过目知数，流动后零头尾数要及时合并，以便货物的数量控制、清点盘存。

小资料

5S 管 理

5S 指的是日文 Seiri（整理）、Seiton（整顿）、Seiso（清扫）、Seiketsu（清洁）、Shitsuke（素养）这五个单词，因其日语的罗马拼音均以“S”开头，所以统称为“5S”。其含义为：

整理，区分必需品和非必需品，工作现场不放置非必需品。

整顿，将寻找必需品的时间减少为零。

清扫，将岗位保持在无垃圾、无灰尘、干净整洁的状态。

清洁，将整理、整顿、清扫制度化、规范化。

素养，通过上述活动，使大家都能自觉遵守规章制度，养成良好的工作习惯。

（3）出库管理员。

主要职责：①负责货物出库过程中选用搬运工具与调派工作人员，并安排工具使用时段，以及人员的工作时间、地点、班次等；②严格按照出库凭证发放货物，做到卡、账、物相符；③严格对货物进行复查，当出库货物与所载内容不符合时应及时处理，视具体情况，对出库货物进行加工包装或整理；④严格监督货物的装载上车，进行现场指挥管理。

操作流程：①核对出库单。货物出库时，必须凭盖有财务专用章和有关人士签章的出库凭证，出库管理员应仔细检查、核对。②照单拣货。仓库接到提货通知时，出库管理员应及时进行备货工作，以保证提货人可以按时完整提取货物。③出库验收。在提货时，仓库应核实提货人办理收费等提货凭证，确定提货人已办理好仓库提货手续。认真核对提货人身份，避免错交，并收回提货凭证。④销账、存档。货物全部出库完毕，出库管理员应及时将货物从仓储保管账上核销，以便仓库内账货相符。将留存的提货凭证、货物单证、记录、文件等归入货物档案，并将已空出的货位标注在货位图上，以便安排货物。见图 4－3。

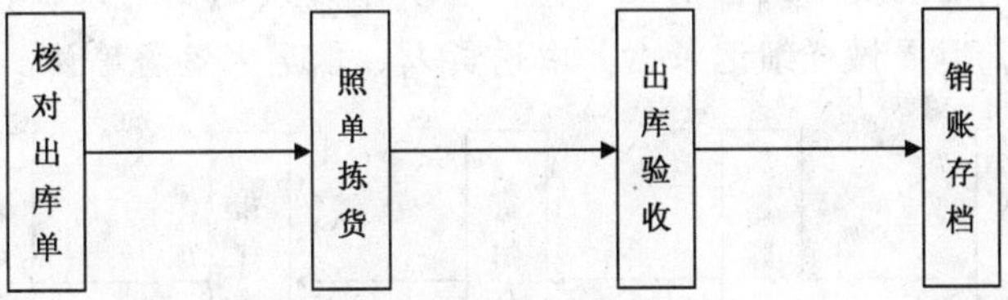

图 4－3　出库管理员岗位操作流程图

（4）业务员。

主要职责：①负责仓库的市场营销和客户管理，协调仓库与外界的业务联系，树立企业形象；②负责市场调查工作，随时掌握库存商品的市场需求动态，提出调整库存的解决方案；③掌握库存物资的进出库动态，制订合理的物资采购计划，严格执行物资采购管理规定；④加强业务外联，积极开拓仓库服务的业务范围，拓展仓储业务市场。

操作流程：①调查市场。调查库存商品的市场情况，包括市场占有率、价格波动等。②掌握库存。掌握现有库存的详细情况，包括货物品种、规格、数量等。③编制采购计划。根据库存货物的市场情况及现有情况，提出调整库存的解决方案，配合有关人员制订合理的采购计划。④积极拓展仓储业务范围，开拓市场，为仓储企业带来更多的效益。见图 4－4。

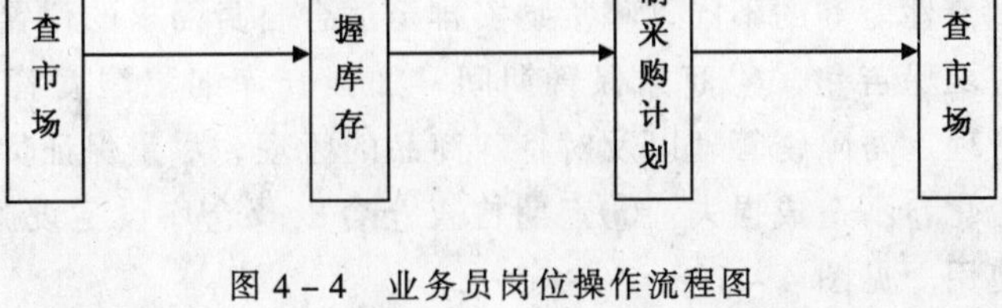

图 4－4　业务员岗位操作流程图

(5) 理货员。

主要职责：①核对货物品种、数量、规格、型号和重量；②按照凭单拣选货物；③对拣出的货物进行复核；④检验货物的包装、标志，对出库待运的货物进行包装、拼装、改装或加固包装，并填写装箱单；⑤在出库货物的外包装上设置收货人的标记；⑥按货物的运输方式、流向和收货地点将出库货物分类整理、分单集中，填写货物启运单，通知运输部门提货发运；⑦对货物进行搬运、整理、堆码；⑧鉴定货运质量，分析货物残损原因，划分运输事故责任；⑨办理货物交接手续。

操作流程：①验货。主要内容有清点货物件数，查验货物重量、尺度，检验货物表面状态。②在理货时发现货物外表状况不良，或怀疑内容损坏等，应将不良货物剔出，单独存放，待理货工作结束后进行质量确定，对不良货物可采取退货、修理、重新包装等措施处理，或者制作残损报告，以便明确划分责任。③仓库原则上采取分货种、分规格、分批次的方式储存货物，以保证仓储质量。④由理货人员进行卸车、搬运、垛码作业指挥，确定存放位置，并要求作业人员按照预定的堆垛方式堆码货物或者上架。⑤在验货中发现的货物残损，不能退回的，仓库只能接收，但要做详细记录，并由送货人、承运人签署确认。见图 4-5。

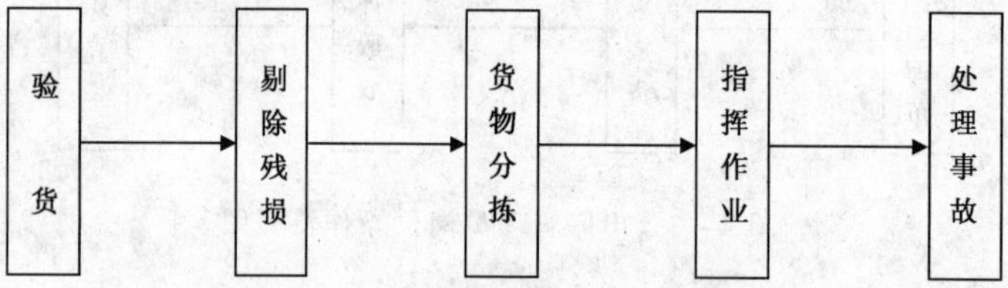

图 4-5 理货员岗位操作流程图

(6) 养护员。

主要职责：①负责库存商品的养护工作；②把好物资入库关，严格物资入库手续，防止不合格品入库；③对入库物资进行合理堆垛苫垫，做到堆垛合理，安全牢固；④掌握库存物资的商品性能，适当安排储存场所；⑤加强仓库的温湿度管理，保持物资储存的合理温湿度；⑥采取适当的措施，防止库存商品的腐蚀和霉变；⑦对库存的特殊商品，根据其特性要求，采取相应的措施，保证商品在库期间数量完整、质量完好；⑧经常检查库容，保持仓库的卫生和清洁，防止鼠害和病虫害；⑨经常检查仓库设施设备的运转情况，保证库区的储存条件经常处于良好的状态。

操作流程：①货物入库时，养护员应严格验货，将不合格的货物与合格货物区分开来，以便入库管理员对不合格货物进行处理。②安排储位。根据货物的自然属性、品质、性能等的不同，将货物安排至适合自身需求的位置。③将入库货物进行合理的堆垛苫垫。④商品保管期间，加强仓库的温湿度管理、防虫害管理、防霉腐管理、防除锈管理以及对特殊商品的管理，尽量保证货物在库期间其质量不发生变化，不造成损失。⑤定期检查仓容以及仓库设备设施的运转情况，保证其正常使用。见图 4-6。

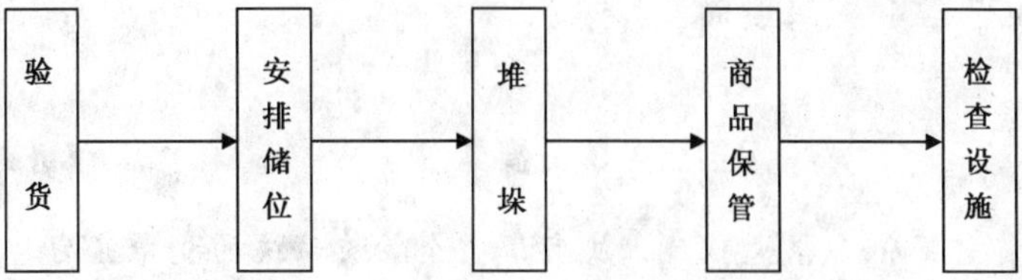

图 4-6　养护员岗位操作流程图

(7) 安全管理员。

主要职责：①负责制定仓库安全管理规定，拟定各岗位安全生产管理制度；②负责购置和配备安全生产所需的各种设施和设备；③制订消防安全计划和防范措施；④定期进行安全生产检查和监督、消防检查；⑤定期进行安全生产、安全知识培训教育，加强安全意识。

操作流程：①明确库房安全管理规章制度体系，对下属进行安全知识教育；②对进出库房人员进行系统的宣传安全教育；③掌握所管库房安全防护设施设备的合理布局，各类安全设施设备的使用、维护；④掌握库房火灾成因，分别采取针对性措施，预防火灾发生，并利用消防技术扑灭火灾；⑤掌握库房内采取的各种防盗措施的工作程序，组织库房内各种防盗措施的综合运用，预防盗窃的发生。见图 4-7。

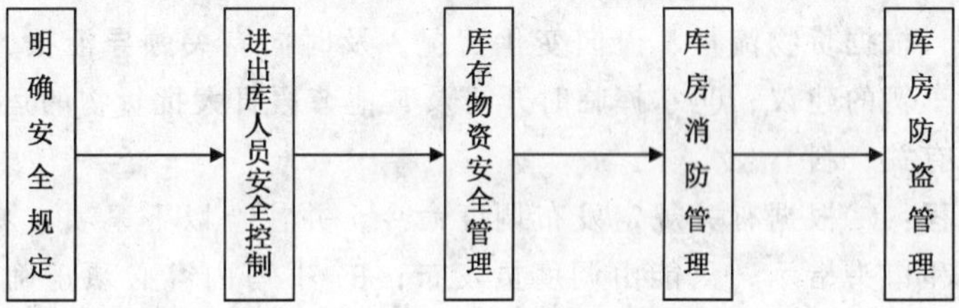

图 4-7　安全管理员岗位操作流程图

(二) 车辆运输服务规范

1. 车辆运输服务基本原则。

(1) 及时。按照产、供、运、销实际需要，能够及时将物品送达指定地点，尽量缩短物品在途时间。

(2) 准确。在运输过程中，能够防止各种事故的发生，准确无误地将物品送交指定的收货人。

(3) 经济。通过合理选择运输方式和运输路线，有效地利用各种运输工具和设备，运用规模经济的原理实施配货方案，节约人力、物力和运力，尽可能地降低运输费用。

(4) 安全。在运输过程中，防止物品霉烂、残损及危险事故的发生，保证物品的完整无损。

小资料

运输服务的五要素

1. 运输成本，运费的高低在很大程度上决定了整个物流系统的竞争能力。
2. 运输环节，每增加一次运输，都会增加起运的运费和总运费。
3. 运输距离，运输距离的长短是运输是否合理的一个最基本的因素。
4. 运输时间，运输时间的缩短对整个流通时间的缩短起决定性作用。
5. 运输工具，工具是否合适决定了时间的长短，也决定了成本的高低。

2. 岗位服务规范。

(1) 汽车计划与调度员。

车辆运输服务岗位包括：汽车计划与调度员、汽车押运员和叉车司机。

主要职责：①分配车辆的使用，以完成载货及载人的任务；②根据行驶里程、使用的必要性及使用的目的来确定车辆；③向司机分配钥匙，组织信用卡、记录单及货物文件；④记录各车辆出发及返回时间及运输终点；⑤与司机进行有关运输的交流，与客户进行有关货物特征的交流；⑥认真贯彻执行运输组织原则，经济合理地使用动能，保证重点，安全、迅速、准确、便利地输送货物；⑦根据运输量变化等情况，认真编制日班计划，经上级批准后下达；⑧督促检查运输计划执行情况，发现问题，及时解决；⑨搞好大批团体的综合货源调查，认真分析研究，根据货物流量、流向变化情况，及时向有关领导汇报，提出加开、停运或增减车辆的建议；⑩掌握临时开行及其他节假日大批货物的运输，并汇总货物运输的有关资料。

操作流程：①根据有关规定发布调度命令，并注意以下事项：A. 指挥汽车运行的命令和口头指示，只能由调度员发布；B. 书写内容必须正确、完整、清晰，发布时要复诵核对；C. 调度员发布行车命令，要一事一令，不得填写其他内容。②调度员发布调度命令时应先登记调度命令到登记簿内然后发布。③调度员调度命令时，如果司机不在时，应发给有关乘务室负责转达。见图 4－8。

图 4－8 汽车计划与调度员岗位操作流程图

(2) 汽车押运员。

主要职责：①随车押运货物；②监督货物的装卸，并给予必要的指导；③在途中对货物进行照料，并采取必要的安全措施；④严守机密，不得向任何人泄露守护目标的位置、结构、设施和押运时间、地点、路线、数量；⑤如发现异常情况及不安全因素，及时向有关领导反映，妥善处理。

操作流程：①掌握有关情况。掌握押运途中的路情和社会治安保卫力量情况。②拟定预案。接到执行押运命令之后，保卫部门应迅速拟定预案。③送请领导签发。填写押运登记表送领导审核、签发。④事前检查。详细检查车辆、警卫设备、通讯器材等是否完好，手续是否齐全。⑤依章行进。严格执行押运守则和途中的规章制度，严禁途中走亲访友，严禁途中无故停留，不准向无关人员泄漏押运事项。⑥沉着应急，妥善排障。若车辆在途中发生故障，被迫停驶时，押运负责人应根据停车位置和当时情况，指挥司机尽快抢修，排除故障。⑦总结汇报。押运任务完成后，要认真总结，吸取经验和教训并将有关情况向领导汇报。见图 4－9。

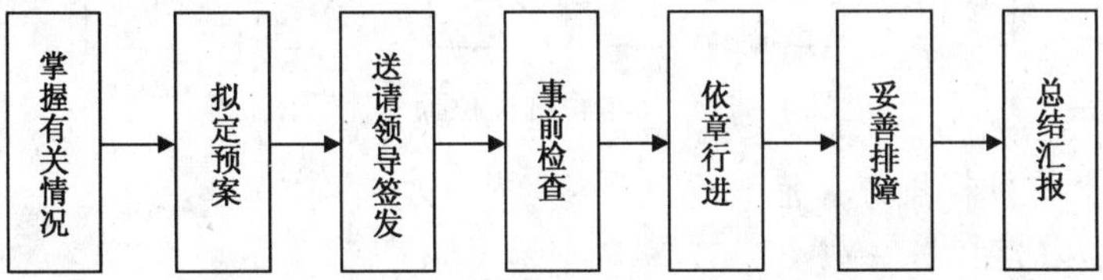

图 4－9　汽车押运员岗位操作流程图

（3）叉车司机。

主要职责：①使用电动或燃油叉车对物资或产品进行装卸、移动及堆放；②在指定区域安全堆放物资；③为工作区供应物资；④保养叉车，保持车辆清洁，安全运行；⑤认真做好叉车的养护维修工作，使其处于完好状态。

操作流程：①接受调度指令。接受调度指令后严格按照要求完成装卸工作。②开车前检查。开车前，叉车司机应先接通总电源再把钥匙插入电锁开关，顺时针旋转，使开关接通，控制电路有电，然后按喇叭按钮，发出开车信号；检查换向开关是否在所要求的行驶位置；检查脚踏制动器和手制动器是否松开。③叉车司机在行驶过程中，应遵循如下事项：A. 叉车应保持适当速度；B. 叉车停车时，应先松开速度控制器（踏板），再踏下制动踏板；C. 一般情况下，应避免油泵电动机与行驶电动机同时工作，以免降低蓄电池的使用寿命；D. 叉车转弯时必须降低行驶速度；E. 叉车在行驶过程中突然控制失灵，应立即断开电源总开关，并踏下制动踏板以免发生事故。④取货。为了保证安全和提高效率，取货应按下述步骤进行：A. 空车到位：叉车开至待取托盘旁边停稳；B. 门架竖直：向前推倾斜手柄，门架前倾复原到垂直位置；C. 升叉对位：向后扳升降手柄，提升货叉使叉尖对准托盘叉孔或货下间隙；D. 缓行进叉：门架微微前倾，叉车缓行向前，使货叉叉入托盘的叉孔或货下间隙；E. 升叉载货：货叉上找至叉车可以离开运行的高度；F. 门架后倾：向后扳倾斜手柄，门架后倾至极限位置；G. 载货后退：缓解制动叉车后退至货物可以下放的位置；H. 降叉运行：向前推升降手柄，下放货叉至运行高度，启动，驶向放货地点。⑤放货。操作步骤如下：A. 载货到位：载货叉车开至放货地点停稳；B. 升叉对高：向后扳升降手柄，货叉起升至放货所必须的高度；C. 缓行上垛：叉车缓慢前进，使货叉位于待放货物处的上方制动；D. 门架竖直：向前扳倾斜手柄，门架前倾，恢复垂直状态；E. 降叉放货：向前推升降手柄，货叉下降，使托盘放在货垛上；F. 后退抽叉：门架微微前倾，缓解制动，叉车后退到可以离开的位置；G. 门架后倾：向后扳倾斜手柄，门架后倾至极限位置；H. 降叉运行：向前推升降手柄，货叉下落到运行高度，叉车离开。⑥完成工作交付指令。叉车司机完成装卸任务后，应及时向调度员交付指令，并检查叉车状况，发现问题及时报告，如无问题，应将叉车驶入车库，关闭电源。见图 4－10。

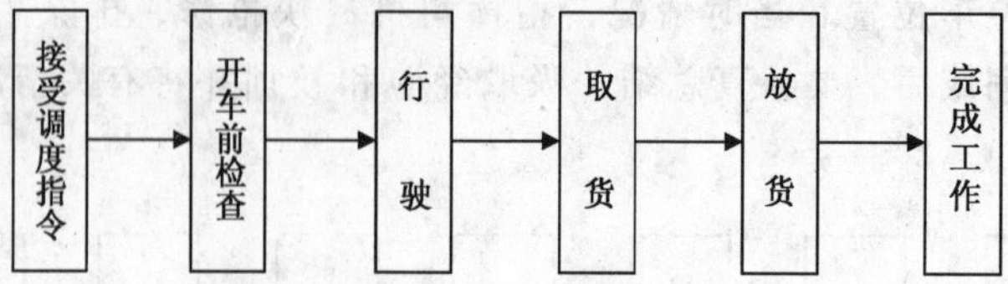

图 4－10　叉车司机岗位操作流程图

（三）报关报检服务规范

1. 服务内容。

（1）报检。报检是指申请人按照法律、法规或规章的规定向检验检疫机构报请检验检疫工作的手续。报检也称报验。目前，我国进出口货物的检验程序主要包括：报检、抽样、检验和领取证书四个环节。

（2）报关。报关是指出口货物收发货人、进出境运输工具负责人、进出境物品的所有人或者他们的代理人向海关办理货物、物品或运输工具进出境手续及相关事务的过程。报关程序主要包括申报、配合查验、缴纳税费和提取或装运货物四个环节。

2. 岗位服务规范。报关报检岗位是从事国际物流业务必须设置的岗位，一般情况下，报检业务主要由报检员完成；而报关业务根据情况不同，主要由申报员、陪验员、税务缴纳员和提货员完成。

报关报检服务岗位包括：报检员、申报员、陪验员和提货员。

（1）报检员。

主要职责：①依法代表所属企业办理报检业务，严格按照规定提供真实的数据和完整、有效的单证，准确清晰地填制报检单；②在规定的时间内缴纳有关费用；③协助所属企业完整保存各种报检单证、票据、函电等资料；④承担其他与报检业务有关的工作。

操作流程：①准备单证。在进行进出口商品报检时，需提供一些必要的有关单证。报验进口商品检验应提供的单证主要有：A. 报检人应该提供外贸合同、国外发票、提单（或运单）、装箱单和进口货物到货通知单等有关单证；B. 申请品质检验的还应提供国外品质证书、使用说明书及有关标准和技术资料，凭样品成交的，必须加附成交样品；C. 申请残损鉴定的还应提供理货残损单或铁路商务记录，或空运事故记录，或海事报告等证明货物残损情况的有关单证；D. 申请重量、数量鉴定的还应提供重量明细单、理货清单等；E. 进口商品经收货用货部门验收的，应提交有关验收报告，或其数量、重量明细单等；F. 实行质量许可证的商品，报验时应提供质量许可证编号。报验出口商品检验应提供的单证主要有：A. 报验人应提供外贸合同（或确认书）、信用证、包装性能鉴定合格单以及与检验条款有关的单证、函电等；凭样品成交的要提供买卖双方确认的样品；B. 申请“预验”的，应提供与申请检验条款相关的必要依据；C. 按照国家法律、行政法规规定实行卫生注册及出口质量许可证的商品，必须提供商检机构批准的注册编号或证书编号；D. 出口危险品货物时，必须提供危险品包装性能鉴定和使用鉴定合格证；E. 申请了解商品质量的委托检验，应提交样品，并说明要求检验的项目；F. 国外委托人委托检验、鉴定，应提供委托申请书或有关函电和资料。②申报。填制“出口检验申请单”，向检验检疫机构办理申请报检手续。③陪同抽样员进行现场抽样。④配合检验。⑤缴纳检验检疫费。⑥领取商品检验检疫证书。见图 4－11。

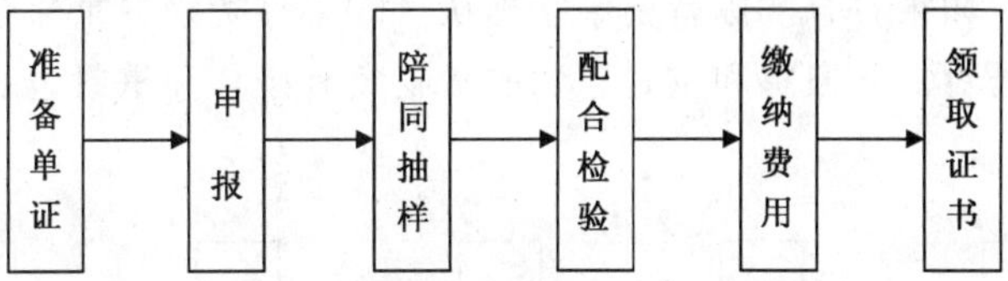

图 4－11 报检员岗位操作流程图

（2）申报员。

主要职责：①熟悉所申报货物的基本情况，提供齐全、正确、有效的单证，准确、清楚填制进出口货物报关单。②自运载进口货物的运输工具申报进境之日起 14 日内，或出口货物运抵海关监管区后装货的 24 小时以前，向海关申报。

操作流程：①检查单证。为了做到如实申报，进出口货物的收发货人及其代理人必须认真检查申报必备的单证，其内容为单证是否齐全、准确、有效、一致等。②确认货物。为了做到如实申报，进出口货物收发货人及其代理人必须认真检查货物，确认货物与申报单证相一致。③输入数据。依据人工填制的报关单内容按照电子输入的格式将申报数据输入海关的计算机网络。④提交单证。进出口货物的收发货人及其代理人在海关接受电子数据报关单申报后，打印纸质报关单并随附其他申报单证提交给现场海关。⑤修改申报内容或撤销申报。海关接受申报后，报关单证及其内容不得修改或者撤销，但如有正当理由的，经海关同意，可以修改或者撤销申报。见图 4－12。

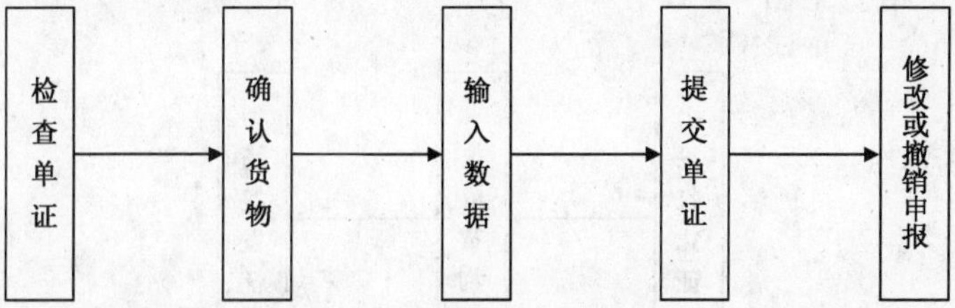

图 4－12 申报员岗位操作流程图

（3）陪验员。

主要职责：①海关查验进出口货物时，应按时到场，负责搬移货物、开拆和重封货物的包装；②向海关人员提供其所需的单证并回答其询问；③对查验结果签字确认。

操作流程：①准备单证、工具和封装材料。了解和熟悉货物的情况；准备有关单证，包括货运单证、贸易合同、原产地证明以及海关查验时需要查阅的其他单证；准备搬移、开拆和重封货物包装的工具和材料等。②搬移货物，开拆包装。海关到达查验现场时，进出口货物的收发货人及其代理人必须到场，并按海关的要求负责搬移有关货物，开拆要查验货物的包装。③提供单证，回答询问。海关查验时，进出口货物的收发货人及其代理人应当在场陪同，并按海关要求提供查验货物所需单证，回答海关提出的问题。④签字确认。对查验记录，陪验员应当认真核对，如果符合实际就要签字确认。⑤搬移货物，重封包装。海关查验完毕后，陪验员对需要搬移和重封包装的货物负有搬移和重封包装的责任。见图 4－13。

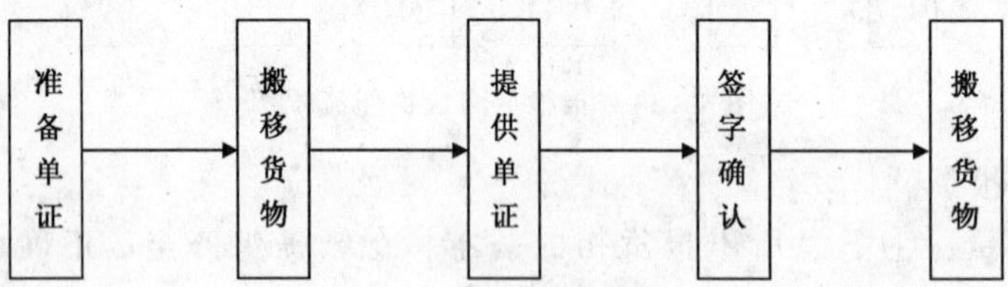

图 4－13 陪验员岗位操作流程图

(4) 提货员。

主要职责：①负责签收签盖“海关放行章”的进口货物提货凭证或者出口货物装货凭证；②到海关监管仓库提取进口货物或办理出口货物的离关手续；③申请签发各种有关的货物进口或出口证明。

操作流程：①签收进口提货凭证或出口凭证。这类凭证加盖有“海关放行章”，一般有提单、运单、提货单等；对于出口货物来说，一般有运单、装货单、场站收据等。②在领取上述凭证后，提货人员便可以凭其到货物进境地或出境地的港区、机场、车站、邮局等地的海关监管仓库提取进口货物，或办理将出口货物装载、运离关境的手续。③申请签发证明。提货人员办理完毕提取进口货物或装运出口货物的手续以后，如需要海关签发有关的货物进口、出口证明的，均可向海关提出申请。见图 4－14。

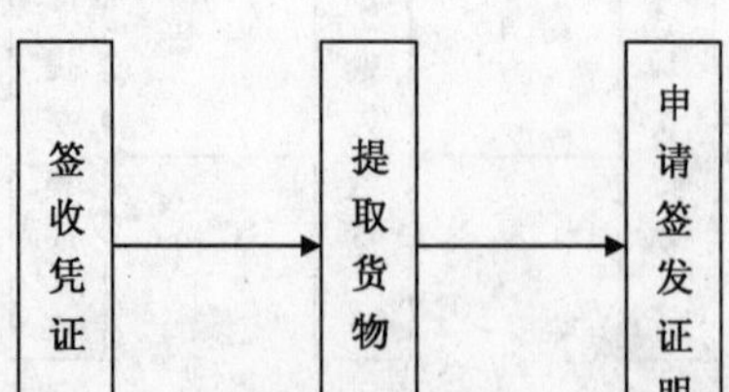

图 4－14 提货员岗位操作流程图

（四）配送作业服务规范

1. 配送作业内容，包括订单处理、储存、加工、分拣备货、包装、配装、送货、送达等项目。

订单处理是配送服务的第一个环节，是调度、组织配送活动的前提和依据。

配送中心根据订单信息，对客户的分布、所订商品的品名、商品特性和订货数量、送货频率和要求等资料进行汇总和分析，以此确定所要配送的货物种类、规格、数量和配送的时间，最后由调度部门发出配送信息。

备货是配送服务的准备工作或基础工作，是决定配送成败的初期工作，如果备货成本过高，将会大大降低配送的效益。备货包括筹集货源、订货或购货、集货及有关的质量检查、结算、交接等内容。

储存在配送作业中有储备和暂存两种。配送储备是按一定时期的配送经营要求形成的对配送的资源保证，其储备数量较大，储备结构也较完善，根据货源及到货情况，可以有计划地确定周转储备及保险储备结构及数量。另一种是暂存，是具体执行配送时，按分拣配货要求，在理货场地所做的少量储存准备，暂存时间一般较短。

配送加工在配送作业中属于增值性服务，不具有普遍性。一般按照客户的要求，将一些原材料进行辅助加工或深加工，如给产品贴标签，将蔬菜、水果洗净、分份并装袋等。

分拣及配货是关系到配送成败的一项重要工作。分拣是将物品按品种、出入库的先后顺序进行分门别类堆放的作业；配货是用各种拣选设备和传输装置，将存放的物品按客户的要求分拣出来配备齐全，送入指定发货地点。

配装是为了充分利用车辆的运输能力，将配送货物进行合理搭配装载的作业，它与一般送货不同，通过配装送货可以大大提高送货水平、降低送货成本。

送货作业包含将货物装车并实际配送。首先由配送路线选用的先后次序来决定商品装车顺序，并在商品配送途中进行跟踪、控制、制定配送途中意外状况及送货后文件的处理办法。

当送货单得到客户的签字确认后或交给第一承运人并签署后，可根据送货单据制作应收账单，并将账单转入会计部门作为收款凭据。商品入库后，则由收货部门制作入库商品统计表以作为供货厂商催款核对之用，并由会计部门制作各项财务报表，供经营政策制定及经营管理参考。

2. 岗位服务规范。

(1) 接单员。

主要职责：①接收订单资料；②在规定的时间内，将客户的订单进行确认和分类，并由此判断与确定所要配送货物的种类、规格、数量及送达时间；③建立用户订单档案；④对订货进行存货查询，并根据查询结果进行库存分配；⑤将处理结果打印输出，如拣货单、出货单等；⑥根据输出单据进行出货物流作业。

配送作业岗位包括：接单员、进货员、仓库管理员、盘点员、拣货员和补货员。

操作流程：①接收订单。通过电话、传真或电子数据传递方式接收用户的订货资料。②确认订单。接收顾客订单后，首先对用户的信用进行确认，看其应收账款是否已经超过信用额度，以确定继续或停止输入该订单。当订单通过信用检查后，还要继续确认订货的种类、数量、配送时间、价格、包装等。③订单分类。将订单按照确认后的交易类型进行分类，以便区别处理。④设计订单档案资料内容。订单分类后，应建立一个完整的用户订单档案，以便本次交易的进行和以后与用户的长期合作。⑤输入订单资料。将客户订单、客户电话、传真等基本资料输入订单处理系统。⑥处理订单数据。利用用户订单的基础资料，在各子系统资料的支持下对订单数据进行处理。⑦库存分配。订单资料输入后，将订货资料进行汇总、分类、调拨库存。⑧订单数据处理输出。将处理结果打印输出，然后再根据这些输出单据进行出货物流作业。见图 4-15。

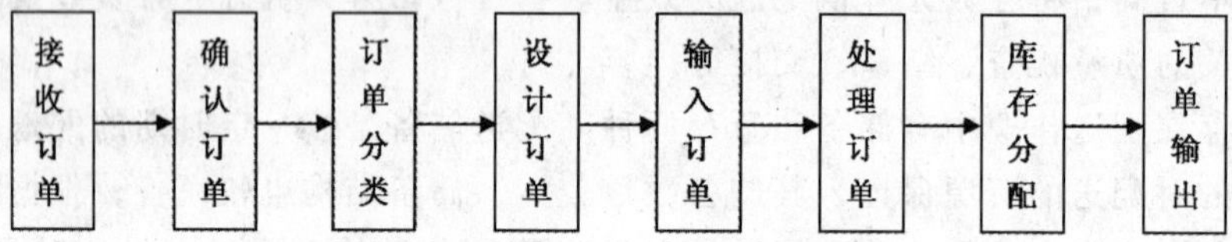

图 4-15 接单员岗位操作流程图

（2）进货员。

主要职责：①组织人员卸货；②检验商品条形码、核对商品件数以及商品包装上的品名、规格等，对于件数不符的商品，查明原因，纠正差错；③签盖回单。

操作流程：①组织卸货。当供应商的送货卡车到达收货站台时，组织卸货人员将货物卸到指定地点，并检验送货员递交的抽样商品、送货凭证、增值发票等。②核对验收。选择合适的验收方法，核对商品条形码，商品的总件数，商品包装上的品名、规格、细数等。③签盖回单。核对无误后签盖回单，并在收货基础联上盖章并签注日期；对于一份送货单分批送货的商品，将每批收货件数记入收货检查联，待整份单据的商品件数收齐后，签盖回单给送货车辆带回；对于使用分运单回单制度的单位，除分批验收签盖回单外，还要在货收齐后签盖总回单。④标明件数。在货物堆齐后，将每一托盘的货物件数标明，并标明此批商品的总件数，以便与保管员核对交接。见图 4-16。

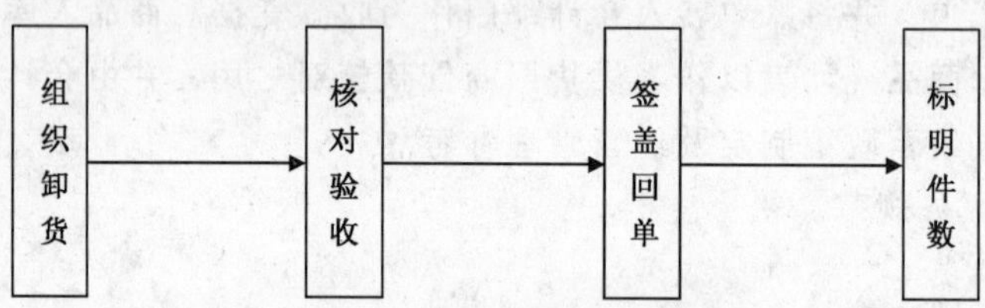

图 4-16 进货员岗位操作流程图

（3）仓库管理员。

主要职责：①熟悉物料品种、规格、型号、产地及性能，对物料查明标记，分类排列；②按规定做好出库验收、记账、发放手续，及时搞好清仓工作，做到账账相符、账物相符；③随时掌握库存动态，保持材料及时供应，充分发挥周转效率；④搞好安全管理工作，检查防火、防窃、防爆设施，及时纠正不安全因素。

操作流程：①接单。接收总部的接货通知单。②落实货位。接单后，按照通知单上的货物种类、体积大小等安排货位。③验货点收。指挥装卸工卸货，并检验将入库货物外包装的完好性、品名、规格、数量是否与入库凭证相符。④库内堆码。在货物运入仓库时，指挥装卸工进行堆码作业。⑤复核签收。对货物进行复核，在随货同行的入库单上签字，对于有问题的货物在入库单上注明。⑥残损处理。在收货过程中发现货物有残损问题应认真调查，分清责任。如果是卸货员不慎而导致包装破损的货物应重新进行包装；如果是厂商不慎而引起的货物残损，应将其退还厂商。⑦财务处理。建立台账、货卡，并保存入库单。⑧保管。货物入库后，负责货物在库保养和库区卫生工作，按规定每天如实记录温湿度状况，参加每天的货物巡查工作，及时上报并参与处理各类仓储事故和各类突发事件。⑨接单。接收总部的送货通知单。⑩备车检查。联系运输员，备车并对车进行检查，看其是否清洁，有无防雨措施。⑪单货核对。核对送货通知单所列的内容是否与货物一致，如发现问题，则应及时纠正。⑫发货装车。指挥装卸工装车并清点数目，在装车时应注意不同品种、不同批次分开堆放。⑬复核余数。对货垛剩下的货物进行清点，核对余数与账目是否相符。⑭销账签证。在货车上销账，注明货物去向，在库存台账上销账，复核无误后，开出门证；要求司机在出库单上签收，并记下司机的身份证号码、车辆牌号；如果货物是分批出库，应在台账、提货单上逐批做记录。见图 4－17。

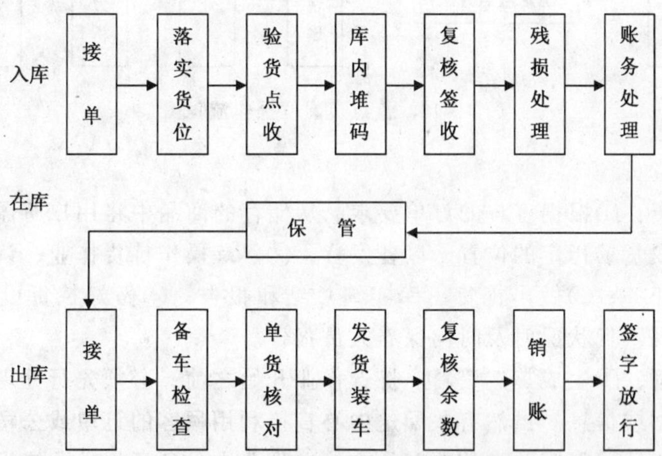

图 4－17　仓库管理员岗位操作流程图

(4) 盘点员。

主要职责：①通过点数计数查明商品在库的实际数量，核对库存账面资料与实际库存数量是否一致；②检查在库商品质量有无变化，有无超过有效期和保质期，有无长期积压等现象，必要时还必须对商品进行技术检验；③检查保管条件是否与各种商品的保管要求相符合；④检查各种安全措施和消防设备、器材是否符合安全要求，建筑物和设备是否处于安全状态。

操作流程：①点前准备。首先要确定盘点的程序方法，配合财务会计做好准备，然后设计印制盘点用表单，结清库存资料。②决定盘点时间。决定盘点时间时，既要防止过久盘点对企业造成的损失，又要考虑配送仓库或配送中心资源有限的情况，最好能根据货品的性质制定不同的盘点时间。盘点日期一般会选择在财务决算前夕和营业淡季进行。③确定盘点方法。为了得到尽可能正确的库存资料，可以采取“账面盘点”与“现货盘点”并行的方法，以查清误差出现的实际原因。账面盘点又称为“永续盘点”，就是把每天出入库货品的数量及单价记录在电脑或账簿的“存货账卡”上并连续地计算汇总出账面上的库存结余数量及库存金额；现货盘点又称为“实地盘点”或“实盘”，也就是实际去库内清点数量，再依商品单价计算出实际库存金额的方法。④清理盘点现场。这项工作具体包括：对厂商在盘点前送来的货物必须明确其数目；储存区在关闭前应通知各有关部门；整理储存场地，预先鉴定呆料废品、不良品；整理、结清账卡、单据、资料，进行自行预盘，以便提早发现问题并加以预防。⑤盘点作业。在盘点过程中应加强指导与监督。⑥盘点结果差异分析。盘点结束后，应对盘点结果进行分析。⑦盘盈、盘亏的处理。货品除了盘点时产生盈亏外，有些货品在价格上会产生增减，所以在经主管审核后，用更正表进行更正。见图 4－18。

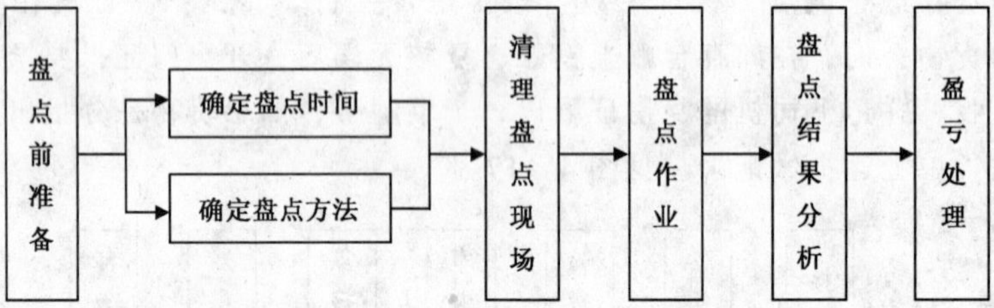

图 4－18　盘点员岗位操作流程图

（5）拣货员。

主要职责：①根据客户的订单要求，从储存的商品中将用户所需的商品分拣出来，放到发货场指定的位置，以备发货；②熟练操作拣货作业，认真完成每日的拣货作业任务；③做出拣货出库实绩总结和报告；④做好拣货设备的定期检查，设备出现不良状况时及时向保养人员报告。

操作流程：①生成拣选资料。拣选作业开始之前，必须先行处理完成批示拣选作业的单据或信息。虽然有些配送中心直接利用顾客的订单或公司的交货单作为人工拣选指示，但因此类传票容易在拣选作业中受到污损导致错误发生，同时无法标示产品的货位，所以必须将原始的传票转换成拣选单或电子信号，以便进行更有效率的拣选作业。②行走或搬运。通过以下两种方式来使要拣取的货品出现在面前。A. 人至物方式。通过步行或搭乘拣选车辆到达货品储存位置的方式，该方式的特点是货品采取一般的静态储存方式，如托盘货架、轻型货架等，主要移动的一方为拣取者。B. 物至人方式。与上述方式相反，主要移动的一方为被拣取物，也就是货品，拣取者在固定位置内作业，无需去寻找货品的储存位置。该方式的主要特点是货品采用动态方式储存，如负载自动仓储系统、旋转自动仓储系统等。C. 无人拣取方式。拣取的动作由自动的机械负责，电子信息输入后自动完成拣选作业，无需人工介入，这是目前在拣选设备研究上致力的方向。③拣取。当货品出现在面前时，接下来的动作便是抓取与确认。确认的目的是为了确定抓取的物品、数量是否与指示拣选的信息相同。实际作业中都是读取品名与拣选单作对比。比较先进的方法是利用无线传输终端机读取条码由计算机进行对比，或采用货品重量检测方式。准确的确认动作可以大幅度降低拣选的错误率，同时也比出库验货作业发现错误并处理来得更直接而有效。④分类与集中。由于拣取方式的不同，拣取出来的货品可能还需按订单类别进行分类与集中，拣选作业至此告一段落。分类完成的每一批订单的类别和货品经过检验、包装等作业然后出货。见图 4－19。

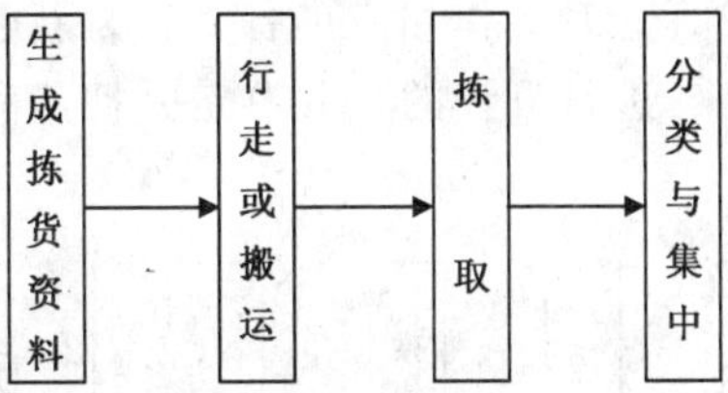

图 4－19 拣选员岗位操作流程

（6）补货员。

主要职责：根据以往的经验或者相关的统计技术方法，或者计算机系统的帮助确定最优库存水平和最优订购量，并根据所确定的最优库存水平和最优订购量，在库存低于最优库存水平时发出存货再订购指令，以确保存货中的每一种产品都在目标服务水平下达到最优库存水平。

操作流程：①确定现有存货水平；②确定订购点；③确定订货数量；④发出采购订单和进行补货作业。见图 4－20。

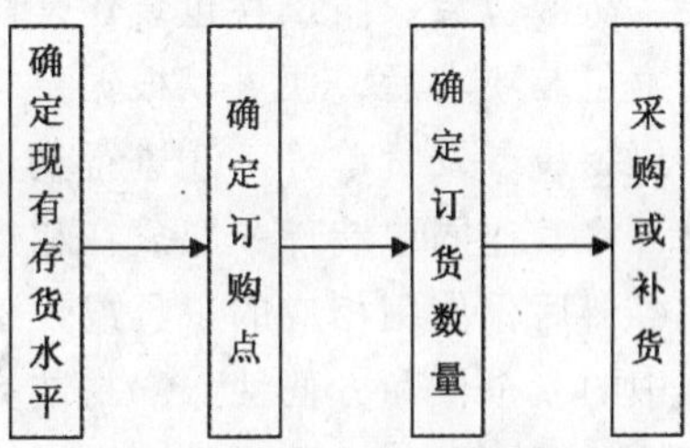

图 4－20 补货员岗位操作流程图

（五）包装服务规范

包装是指为在流通过程中保护产品，方便储运，促进销售，按一定技术方法而采用的容器、材料及辅助物等的总称。包装作业的内容主要有拼装、分装、加固换装等。具体操作有包装材料的选择、包装设备的选择、包装技术的选择与应用。

包装服务岗位包括：包装设计师、现场包装人员和包装检验员。

1. 包装设计师。

主要职责：负责进行商品包装设计与实施，选择最适合该商品的包装材料与包装方式，并注意包装的实用与美观。

操作流程：①包装设计进行前，设计者需认真了解产品的特性、生产、市场、消费者情况、法令规章等各种要素，掌握的资料越全面，对设计越有帮助。②核实产品，弄清楚它对包装品的功能需求与裹包程序，了解它的品质与形态特征以及流通方向，确定设计的整体构思。③用铅笔等勾画设计稿，力求多种手法与表现形式，并提供一定数量方案以备比较、筛选。④搜集设计可能需要的图片、底纹、装饰图案和字体等，并将其输入到计算机备用。⑤将搜集到的素材进一步处理，然后按照草图方案，利用三维设计软件工具将设计效果显示出来。⑥设计稿经过自我评定、修改之后提交经委托方，并在企业组织相关人员进行论证听取各方面的意见，以便加以修正。⑦通过可行性研究论证，进行最后的修改之后，包装设计基本完成，这时要作相应准备工作，新包装上市后可以通过一定的方式听取消费者的意见，进行设计的自我鉴定并搜集和积累今后改进设计的经验。见图 4－21。

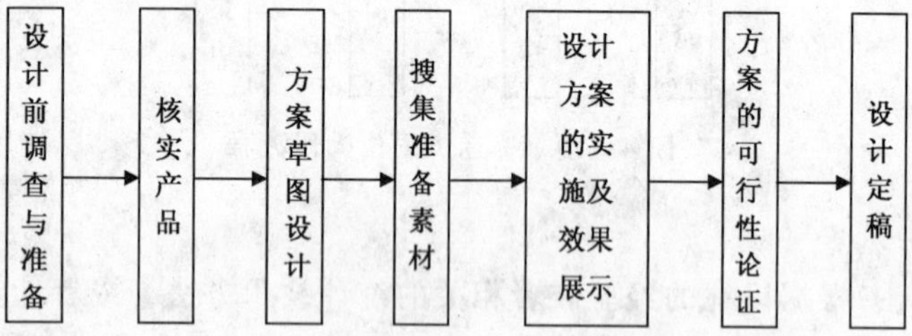

图 4－21　包装设计师岗位操作流程图

2. 现场包装人员。

主要职责：①根据要求对选定的物品进行包装；②填写清单，贴标签。

操作流程：①现场包装人员在接受上级下达的包装任务时，应明确包装要求，是要求进行防腐包装、防湿包装、防虫害包装还是防震包装，或是同时进行多项功能的包装。②在明确包装要求后，便可以根据要求到相关部门领取包装材料，如打包机、包装纸、包装袋、发货单等。③进行具体的包装作业。④包装完毕后，认真填写包装清单，将其连同包装件一起放在相应的包装容器中。⑤把包装件及包装清单放入包装容器后，使用相应的工具或设备将包装容器封起来，以确保货物在以后流通过程中的安全性和方便性。⑥封装完毕后，还需在外包装容器上贴上具有文字或图像说明的标签以便相关工作人员辨认识别货物。见图 4－22。

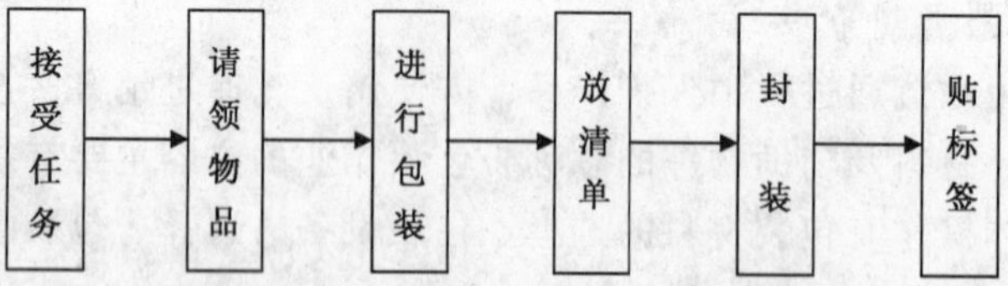

图 4－22　现场包装人员岗位操作流程图

3. 包装检验员。

主要职责：根据订货合同、订货标准以及相关规定，对配送商品的外包装和内包装以及包装标志等进行检验。

操作流程：①对配送货物的包装检验，可以采用一般抽样或当场检验。在进行具体检验前，应根据货物的品种、性质以及有关规定等因素做出适当的选择。②核对货物的外包装上的商品包装标志是否与订货合同及配送要求相符合。③检验配送货物的外包装是否完好无损，包装材料、包装方式和衬垫物等是否符合配送要求。④对于外包装破损的货物，应配合相关部门做好验残工作，查明货损责任方以及货损的程度。⑤检验货物的内外包装是否牢固、安全、完整，是否适于长途运输，是否符合商品质量、数量的要求。见图 4－23。

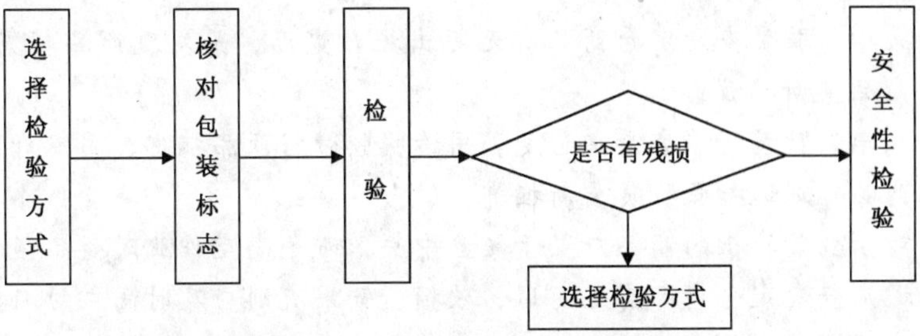

图 4－23　包装检验员岗位操作流程图

本章小结

物流企业生存与发展的核心在于服务，客户是否满意直接体现了物流企业的服务质量。本章介绍了物流客户服务的特征、内容，物流企业员工的服务规范，并根据不同的工作岗位着重介绍了物流企业员工常见岗位服务规范。

专业术语

物流企业客户服务是指物流企业为其他需要物流服务的机构与个人提供的一切物流活动，即以客户（即货主）的委托为基础进行的独立的物流业务活动。

适时管理模式是指企业的供应商将符合规定数量的原材料或零部件在所指定的具体时间交付到指定的地点，从而代替库存订货的传统做法，以期实现零库存的管理方法。

报检是指申请人按照法律、法规或规章的规定向检验检疫机构报请检验检疫工作的手续。报检也称报验。

报关是指出口货物收发货人、进出境运输工具负责人、进出境物品的所有人或者他们的代理人向海关办理货物、物品或运输工具进出境手续及相关事务的过程。

包装是指为在流通过程中保护产品，方便储运，促进销售，按一定技术方法而采用的容器、材料及辅助物等的总称。

案例阅读

以下是国内某物流配送公司的员工作业规范，选择其中定仓作业，仅供参考。

定仓作业规范：

1. 定仓作业规范、安全、合理、准确。

2. 商品定仓过程中做到仓位看准、条码扫准、商品放准、数量点准、品种对准。

3. 定仓前的要求：

(1) 叉车驾驶员查看定仓商品有无超出托盘宽度，如发现商品超宽、超高，应及时将商品重新码放；

(2) 叉车驾驶员还应查看定仓是否用透明胶带将商品捆绑、固定好，如没按要求捆绑商品，则通知收货员重新捆绑；

(3) 对于数量较少的商品应置于托盘中央，避免高空作业时商品倾斜摔落；

(4) 还应查看定仓商品有无变形、破损，如果有则应及时向主管汇报。

4. 定仓员使用手持终端扫描托盘码，核对商品品名、托盘实际商品数量是否与手持终端上显示一致，如不一致应及时将错误信息通知部门主管和收货复核员查明原因及时处理。

5. 核对无误后，定仓员按商品的类别及所在的分拣区域就近定仓，并用手持终端扫描仓位码，叉车驾驶员将商品定入仓位。

6. 收货量较大时，由库管部主管及时补充人员，并安排定仓工具进行定仓。

7. 叉车作业时，必须注意安全，人不能靠近横穿。

8. 叉车在库区作业时不能高速，行驶速度应低于 5 公里/小时，转弯应低于 2 公里/小时。

【案例思考】

1. 此作业规范是否完善？

2. 根据此规范试编写其他作业规范。

基本训练

一、单项选择题

1. 物流企业客户服务交易前的要素不包括（　　）。

A. 客户服务条例　　B. 客户服务组织结构

C. 产品跟踪　　D. 增值服务

2. 物流企业员工服务着装仪表规范一般不包括（　　）。

A. 突出个性　　B. 仪表大方

C. 举止文明　　D. 礼貌待客

3. 仓库管理作业规范中错误的一项是（　　）。

A. 将货物背向通道进行保管库存

B. 根据货物入库时间决定发货次序

C. 相同或相类似的货物存放在相同或相近的位置

D. 依据进货发货的不同频度来确定货物的存放位置

4. 物流配送中接单员的主要职责不包括（　　）。

A. 接收订单资料　　B. 建立用户订单档案

C. 将处理结果打印输出　　D. 组织人员卸货

5. 养护员的主要职责不包括（　　）。

A. 负责库存商品的养护工作

B. 把好物资入库关，严格物资入库手续，防止不合格品入库

C. 采取适当的措施，防止库存商品的腐蚀和霉变

D. 负责制定仓库安全管理规定，拟订各岗位安全生产管理制度

二、多项选择题

1. 物流企业客户服务的内容包括（　　）。

A. 订单履行　　B. 信息管理

C. 客户交互　　D. 相关服务

2. 物流企业员工职业道德规范一般包括（　　）。

A. 品德高尚，热爱祖国，热爱公司，热爱所从事的事业

B. 认真负责，忠于职守

C. 廉洁奉公，遵纪守法

D. 诚实守信，竭诚服务

3. 汽车押运员的主要职责包括（　　）。

A. 随车押运货物

B. 监督货物的装卸，并给予必要的指导

C. 在途中对货物进行照料，并采取必要的安全措施

D. 严守机密

4. 叉车司机的主要职责包括（　　）。

A. 在指定区域安全堆放物资

B. 为工作区供应物资

C. 保养叉车，保持车辆清洁，安全运行

D. 认真做好叉车的养护维修工作，使其处于完好状态

5. 拣货员的主要职责包括（　　）。

A. 根据客户的订单要求，从储存的商品中将用户所需的商品分拣出来，放到发货场指定的位置，以备发货

B. 熟练操作拣货作业，认真完成每日的拣货作业任务

C. 做出拣货出库实绩总结和报告

D. 做好拣货设备的定期检查，设备出现不良状况时及时向保养人员报告

三、判断题

1. 物流企业员工只要了解了客户的需求就能做好客户服务。（　　）

2. 叉车司机在行驶过程中，应使叉车保持适当速度。（　　）

3. 报关程序主要包括申报、配合查验、缴纳税费和提取或装运货物四个环节。 ( )

4. 物流配送进货员的主要职责仅仅是组织人员卸货。 ( )

5. 仓库管理员应熟悉物料品种、规格、型号、产地及性能，对物料查明标记，分类排列。 ( )

四、填空题

1. 仓库管理作业主要由（ ）、（ ）、（ ）三个阶段组成。

2. 5S 管理包括（ ）、（ ）、（ ）、（ ）、（ ）。

3. 车辆运输服务基本原则一般包括（ ）、（ ）、（ ）、（ ）。

4. 包装设计师的主要职责是负责进行商品（ ），选择最适合该商品的（ ）与（ ），并注意包装的（ ）。

5. 包装检验员的主要职责是根据（ ）、（ ）以及相关规定，对配送商品的（ ）和（ ）以及（ ）等进行检验。

五、简答题

1. 物流企业客户服务成功的关键因素有哪些？

2. 简述拣货员的基本操作步骤。

实训练习

物流企业服务规范调查

1. 基本要求：根据具体情况选择有一定代表性的物流企业，了解其员工管理制度，搜集其各种岗位服务标准和规范，并将各种服务规范进行分类、分析和总结。

2. 完成期限：一周

3. 实训资料：自主或在学校组织下去物流企业搜集。包括物流企业员工管理制度、物流企业各种岗位服务规范。

自学引导

程淑丽：《物流管理职位工作手册》，人民邮电出版社 2005 年版。

现代物流法律法规：物流法律法规是指调整与物流活动有关的社会关系的法律规范的总称。

学习导航

第一节　我国物流法律法规体系概述

第二节　常用物流法律法规

学习目标

- □掌握常用的物流方面的法律法规
- □了解国际公约和国际惯例
- □正确理解和运用物流方面的法律，增强同学们的法律意识

第五章

现代物流法律法规常识

案例导读

物流纠纷难以妥善解决

河南物流产业和法律实务首届高峰论坛第一次就河南公路、铁路、航空、外运等大型物流企业存在的法律问题进行了全面探讨。

河南物流协会会长谭容铸认为，河南省物流业目前存在以下三个突出问题：

其一，由于物流行业门槛较低，近年来大大小小的物流公司、货运部、托运部遍地开花。2001年以来，全省各种类型的物流企业近万家，仅郑州就数千家，河南物流业出现小、弱、散、乱、杂的局面，多数物流企业存在低水平重复建设和效益低下的问题。

其二，工商、公安、交通、铁路等部门在管理上各自为政，在一定程度上造成了市场分割，政出多门的情况令物流企业无所适从，政府部门在规范物流行业过程中缺乏必要的引导，使得相关政策法规形同一纸空文。

其三，部分物流企业见利忘义。郑州市频频发生物流公司蒸发事件，这些事件多因代收货款引起，使近千商户损失货款上千万元，物流行业面临空前的诚信危机。

金博大律师事务所律师王铮直言，物流业是以托运货物为主的行业，但相关法规对货物丢失的赔偿应如何进行缺乏明确依据。王铮说，前不久，郑州一家公司委托某知名物流公司运送25件货物到南阳，并交了运费150元，但物流公司却将一台价值2900元的打印机在运送过程中丢失。物流公司只愿意赔偿750元的损失，原因是托运单背面的“货物运输协议”第7条规定明确标明“若未缴纳保价费用，货物发生毁损、灭失的，承运人按运费的5倍向托运人承担赔偿责任”。但货主认为，货物既然是物流公司弄丢，理当赔偿2900元的全部损失。

河南省律师协会副会长、金博大律师事务所主任陆咏歌说，因缺乏具体规定，物流企业代收货款引起的纠纷不断，然而法律界至今连这些案件属于民事纠纷还是刑事纠纷都难以界定。诸如此类的物流法规缺失，造成了司法操作中的众多难题。

与经济发达国家相比，我国物流业的大规模兴起比较晚，目前尚处于传统流通方式向现代物流过渡的阶段，各类物流企业的传统业务背景、经营规模以及服务质量差别很大，类型各异，明显存在着“散、小、弱、差”等突出问题。

国家必须着手制定物流行业的相关标准，内容涉及面必须非常广，包括接货、停靠、收费方式、运送控制等等。只有建立了行业规范标准，才能使整个行业进行有序规范的运作，一批信誉不良的物流企业将由此被市场淘汰。

案例思考

1. 从这一案例可以看出我国物流方面的法律法规现状如何？

2. 我们应该如何面对这一现状?

案例分析

现代物流法律法规是现代物流业必不可少的环境要素，只有建立科学完善的物流法律法规体系，物流业才能健康有序的快速发展，否则，只能陷入混乱的状态，最终影响物流业的发展壮大。

同学们作为将来物流业的从业人员，必须掌握国家的法律法规，才能依法办事，成为一名合格、守法的物流工作者。

第一节 我国物流法律法规体系概述

现代物流从广义上讲，是指通过有效地安排商品的仓储、管理和转移，使商品在需要的时间到达需要的地点的经营活动。近几年来，随着物流行业发展，我国物流活动频繁、物流参与者增多，在物流经营活动中发生了大量的物流方面的权益纠纷，说明物流领域亟需法律规范；只有完善的法律环境，才能保证物流行业的良性发展。一方面，物流的各个环节与问题都直接影响着相关法律法规的制定和实施；另一方面，法律环境的每一个细节与措施也都左右着物流经济的发展进程。作为从事物流行业的工作人员，必须掌握物流方面重要的法律法规，才能使自己的工作有法可依、有章可循。

物流法律法规是指调整与物流活动有关的社会关系的法律规范的总称。

一、我国的物流法律法规

(一) 我国的物流法律法规现状

1. 我国的现实情况急需大量的物流法律法规。作为一个飞速发展的现代产业，物流业在国民经济建设中的作用正变得越来越重要。任何商业行为都需要国家的法律来规范和调整，物流业也是这样。对物流企业和物流从业人员来说，物流法律法规的基本作用是促进、保障物流活动的正常进行及维护有关当事人的合法权益；对政府管理来说，通过物流法规，规范各种物流行为，建立起健康发展的现代物流业。

市场经济是法制经济，现代物流业的持续发展必须以良好的法律制度环境为依托和动力。特别是在物流业进行结构性的升级换代的过程中，物流法律制度环境尤为重要。只有健全物流法律制度，同时配合市场机制的正常发挥，现代物流业才能健康、持续地发展。

2. 物流业发达国家的做法。在物流业相对发达的国家，政府普遍对物流产业发展的政策指引、合理规划和法规建设给予高度重视。1990 年，日本颁布了《物流法》，它的颁布对日本物流业的发展起到了极大的推动和保障作用。美国、德国、英国、荷兰、比利时等国家也非常重视物流法律制度的建设，都通过适时制定符合各自国情的物流产业政策和法律制度，对物流产业进行合理规划、积极引导、严格规范，使物流业得以健康、快速地发展。

目前，我国尚未制定关于整个物流行业的专门法律或者法规，只有大量的有关物流业某个方面的专业法规。

3. 物流法律法规的复杂性。现代物流因其本身所具有的综合性、开放性、国际性等特点，包含了运输、仓储、装卸、包装、配送、流通加工、信息等七大环节，涉及公路、铁路、航空、海运等众多从事物流的企业。这些企业的设立以及在从事物流服务活动的时候，应遵循什么样的规则，怎么样预防纠纷、消除纠纷，出现纠纷如何处理等问题，都需要大量的法律进行调整。目前适用的法律、法规及相关规定主要在综合性的法律中，如《中华人民共和国民法通则》、《中华人民共和国合同法》等，这些基本规范对各种物流行为关系也具有普遍的指导意义。同时还有大量的政府和部门规章，如《外商投资国际货运代理企业审批管理方法》、《道路货物运输企业经营资质管理办法（试行）》等，而这些规定属于部门规章，他们对物流节点的某一方面进行调整。就物流行为各个环节的具体立法而言，运输和包装环节的立法相对来说较为完善，层次也较丰富，规定也较为详尽一些，而其他环节的立法比较欠缺。

（二）我国物流法律法规体系建设

现代物流法律没有建立健全必然会导致不公平的市场竞争，阻碍物流业的健康发展。为了完善物流法律体系，我们要从以下几个方面建设我国的物流法律法规体系：

1. 理顺物流法律法规体系的框架结构。虽然物流法律法规体系涵盖与物流相关的各种法律法规文件，具有综合性，但是构建我国物流法律法规体系并不是要新立一部完整的“物流法”，而是要建立一个框架体系，理顺物流方面不同法律法规之间的层次结构与逻辑脉络，确立现代市场经济下物流运行的基本原则，避免重复和矛盾的现象。因此，我国物流法律法规体系的构建目标应定位于：通过修订现有法律，同时适当补充新的法律，疏通各个法律规范之间的关系，形成一个层次分明、结构严谨的物流法律法规框架，使得物流行为规范化和物流运作效率化。这比新立一部虽针对性强，但大而全、空洞化的“物流法”更有益。

2. 建立适应市场经济体制的物流法律法规体系。在对现有物流法律法规的调整中，要注意建立健全适应社会主义市场经济体制和现代物流产业发展的物流法律法规体系，以保证我国物流业在不断完善的法律环境中健康发展。从日本的经验和我国实际来看，我国物流立法主要应从四个方面展开：一是物流主体法，明确哪些企业可以从事物流业，他们有哪些权利义务和他们如何进入与退出本行业；二是物流行为法，明确物流主体从事物流活动时应遵守的法律规范；三是宏观调控法，明确国家对物流行业如何控制与有效监管；四是社会保障法，明确国家、物流企业如何保护企业职工的合法权益，如何保护消费者的权益。通过完善物流法律法规体系，为物流活动确立行为准则。

3. 切合物流行业发展的特点，提高物流法律法规体系的集约性、系统性，增强其综合调控能力。随着现代物流的发展，物流已从传统的运输、仓储等主要功能环节向物流系统化、综合化方向集成和发展，追求物流的综合治理和物流系统的整体经济效益。我们必须建立高度系统化的物流法律法规体系，促进我国物流以最佳的结构、最好的配合充分发挥整个系统的功能和效率。为此，政府相关部门之间应该协调机制，组成物流法律法规建设方面的委员会，专门负责研究、清理和制定系统的物流法律法规体系，编纂成册，使物流企业有法可依。

4. 加强地方物流立法。我国由于经济发展不平衡，各地区市场状况、企业素质和融资能力不同，物流发展的规模和水平存在较大差异。近期在建立全国性的物流法律法规体系的同时，各地区应根据自身基础和条件，制定出一些符合本地区的物流法规。这样，既能为逐步建立全国性的宏观物流法律法规提供依据，也有利于各地区的物流企业根据地区特点加快发展。

小资料

1990 年，日本颁布了《物流法》，对日本物流业的发展起到了极大的推动和保障作用，在实践中取代了国内运输法的地位。1998 年 4 月，日本颁布了一个至 2001 年的《物流业发展对策大纲》，大纲颁布后，政府调整了与物流业相关联的预算计划。仅就物流环节之一的水运而言，日本就有《海上运输法》、《船舶法》、《船舶安全法》、《船员法》等法律，对其活动做出规范。为避免无序竞争，保护中小商业企业，日本原通商产业省出台了《大规模零售店铺法》和《零售商业调整特别措施法》。

二、我国的物流法律法规分类与构成

物流法律法规很多也比较杂乱，我们为了更好地理顺它们之间的关系，可以进行以下两种分类：

（一）按颁布组织分类

我国现行的有关物流的法律法规，因为颁布的组织不同而有不同的效力，当然，所有的法律都要以宪法为依据。按效力由高到低可分为以下几类：

1. 法律，由全国人大及其常委会制定。在国家制定的现行法律之中，直接为物流或与物流有关的法律有《中华人民共和国铁路法》、《中华人民共和国公路法》、《中华人民共和国港口法》、《中华人民共和国民用航空法》、《中华人民共和国海关法》、《中华人民共和国保险法》、《中华人民共和国海商法》等。

2. 行政法规，由国务院制定。涉及物流的行政法规，有公路、水路、铁路、航空货物运输合同实施细则，海港管理暂行条例，公路管理条例，航道管理条例等，如《铁路运输安全保护条例》、《中华人民共和国道路交通安全法实施条例》、《中华人民共和国内河交通安全管理条例》、《中华人民共和国国际海运条例》，还有关于发展联合运输若干问题的暂行规定、关于进一步发展国内集装箱运输的通知等。

3. 部门规章，由国务院各部门制定。这一部分数量较大，在实践中使用也很广泛。涉及物流的部颁规章包括关于商品包装的暂行规定、商业运输管理办法、铁路货物运输规程、国际铁路货物联运协定，关于加强我国现代物流发展的若干意见、关于促进运输企业发展综合物流服务的若干意见等。如铁道部颁布的《铁路和水路货物联运规则》和《铁路货物运输合同实施细则》，交通部颁布的

《公路货物运输规则》和《道路货物运输服务业管理办法》，海关总署颁布的《海关对进出境快件监管办法》和《海关进出口货物征税管理办法》等。

4. 地方性法规，由地方人代表大会及其常务委员会制定。它们是根据本行政区域的具体情况和实际需要，在不与宪法、法律、行政法规相抵触的前提下，通过和批准的在全省或者特定范围内发生法律效力的规范性文件，如《上海港口条例》、《天津市招标投标条例》。

5. 地方性规章。省、自治区、直辖市的人民政府和较大的市的人民政府为执行法律、行政法规、地方性法规的规定需要而制定的属于本行政区域的具体行政管理事项的规范性文件，如浙江省颁布的《浙江省公路建设安全管理暂行规定》、福建省颁发的《航道养护费征收和使用规定》等。

另外，国际公约、国际惯例和国际标准也是重要的规范物流活动的法律。国际公约由国际组织制定，对我国有约束力的是我国已加入的公约；成文的国际惯例由某些国际组织或商业团体制定，由当事人自由引用；国际标准由国际组织制定，推荐他人使用。

小资料

《中华人民共和国立法法》

第七十八条　宪法具有最高的法律效力，一切法律、行政法规、地方性法规、自治条例和单行条例、规章都不得同宪法相抵触。

第七十九条　法律的效力高于行政法规、地方性法规、规章。行政法规的效力高于地方性法规、规章。

第八十条　地方性法规的效力高于本级和下级地方政府规章。省、自治区的人民政府制定的规章的效力高于本行政区域内的较大的市的人民政府制定的规章。

（二）按适用的物流节点分类

现代物流网络中的物流节点对优化整个物流网络起着重要作用，物流行为就是根据实际需要，将运输、储存、装卸、搬运、包装、流通加工、配送、信息处理等基本功能进行有机结合。就各个节点的具体立法而言，运输和包装节点的法律法规较多，层次也较丰富，而其他节点的立法比较欠缺。下面按照物流节点对物流法律法规进行分类：

1. 仓储法律制度。仓储是现代物流的核心环节。在仓储活动中，首要任务是建立物流仓库及相关设施或设备。在物流实践中，物流仓库及相关设施可以通过自建或租赁取得，如果租赁取得，其实质是一种租赁合同行为。我国《合同法》第十三章专门对租赁合同行为作了规定。对于仓储和保管，我国《合同法》也有专章规定。此外，还有海关总署的《中华人民共和国海关对保税仓库及所存货物的管理规定》、商业部的《国家粮油仓库仓储设施管理试行办法》等大量的部门规章。

2. 包装法律制度。对流通加工中的包装环节，我国颁布的单行法规或行政规章主要有：《危险和化学品包装物、容器定点生产管理办法》、《药品包装、标签规范细则（暂行）》、《药品包装管理办法》、《公路、水路危险货物包装基本要求和性能试验》、《林木种子包装和标签管理办法》、《铁路运输出口危险货物包装容器检验管理办法（试行）》等。

3. 运输法律制度。运输是物流业最基本的业务和最重要的环节，对此我国已颁布了不少法律、法规。我国《合同法》、《公路法》、《铁路法》、《航空法》、《海商法》等基本法律都对运输合同、各种运输责任及赔偿等做出了规定。同时，我国也颁布了不少单行法规或行政规章，如《汽车货物运输规则》、《铁路货物运输管理规则》、《国内水路货物运输规则》、《国际海运条例》、《民用航空货物国内运输规则》、《民用航空货物国际运输规则》、《水路危险货物运输规则》，对各种运输行为加以调整。

4. 口岸监督与管理法律制度。这部分法规与公约内容庞杂。由于口岸管理涉及到国家重大利益，因此是物流法律框架中重要的部分。与物流相关的口岸管理方面的法律有《海关法》、《国境卫生检疫法》、《食品卫生法》、《进出境动植物检疫法》、《进出口商品检验法》等。法规主要有《海关法行政处罚实施细则》、《进出口关税条例》、《国境卫生检疫法实施细则》、《商品检验法实施条例》等。

5. 信息法律制度。现代物流的发展与信息技术息息相关。我国针对信息技术的立法目前还严重不足，主要有《中华人民共和国计算机信息网络国际联网管理暂行规定》、《计算机信息网络国际联网安全保护管理办法》、《中华人民共和国计算机信息系统安全保护条例》等。信息立法的特点主要是对知识产权的保护，还可能涉及到商业秘密保护以及电子商务等。电子商务立法是当前最复杂的一个问题，主要是要解决电子信息数据传递的法律效力问题。

第二节　常用物流法律法规

一、物流专业法规

（一）包装与仓储

1. 仓储法规。仓储是物流过程中的一个重要节点。仓储法规即为仓储方面的法律规范。商业部于1988年颁布并实施的《商业仓库管理办法》是比较重要的仓储方面的专业法规。本办法适用于商业部门、供销社所属的各种仓库。商业仓库是储存商品的重要场所。仓库要在保证安全的前提下，做到储存多、进出快、保管好、费用省、损耗少，努力提高服务质量，提高管理水平，提高经济效益。商业仓库的管理主要要求做到以下几点：

(1) 设施管理。要加强财产管理。仓库建筑物、装卸搬运、拆码垛、商品养护、消防安全等设施要定期校验、检修、保养，专人管理，仓库建筑和机器设备要保持 完好状态，防止屋顶漏水，排水不畅，门窗破损，装卸搬运工具和商品碰

仓储

是指利用仓库及相关设施设备进行物品的进库、存贮、出库的作业，是对有形货物提供存放场所、货物存取以及对存放物品的保管、控制、包装、分拣、整理的过程。

撞库门、电梯门、柱子、墙壁、排管和制冷系统管道等工艺设备，易受碰撞之处，要加保护装置。

(2) 商品进库、出库。商品入库要把好验收关，对商品的数量、质量、包装进行感官验收；商品质量的技术性检验由存货单位负责。商品出库要把好复核关。对于出库商品，必须按凭证所列项目逐项复核，做到数量准确、质量完好、包装牢固、标志清楚，并向提货人或运输人员办清交接。仓库要根据所存商品的不同类型的特性，相应制订商品装卸、搬运、堆码操作规程。

(3) 商品储存。商品储存要实行分区分类管理。严禁将危险品和一般商品，有毒品和食品，性质互相抵触、互相串味的商品，以及养护、灭火方法不同的商品混合存放。贵重商品、剧毒商品、易燃易爆商品要专库（柜）储存，指定专人保管。仓库要根据商品特性和包装状况，确定相应的码垛方法，不得超地坪负荷堆货，也不得倒置或压坏商品。

(4) 商品养护。仓库要努力改善仓储条件，相应配置检测仪器和通风、密封、去湿、降温、保温、灭鼠、熏蒸等装置，合理、正确地采用各种有效的防虫蛀、锈蚀、霉变、冻损、爆燃、挥发、溶化、污染等商品养护方法，保障商品安全。

(5) 仓库安全。仓库要把安全工作放在首位，认真贯彻“预防为主、防消结合”的消防工作方针，严格执行公安部和商业部等有关安全生产的规定，切实做好防火、防盗、防破坏、防工伤事故、防自然灾害工作，确保人身、商品、设备安全。

除此而外，还有诸如海关总署的《中华人民共和国海关对保税仓库及所存货物的管理规定》、商业部的《国家粮油仓库仓储设施管理试行办法》、公安部的《仓库防火安全管理规则》、国家医药管理局的《医药仓库管理规则》等由国务院各部委颁布的大量的部门规章。

包装

是指在流通过程中保护产品、方便储运、促进销售，按一定技术方法而采用的容器、材料及辅助物等的总体名称；也指为了达到上述目的而采用容器、材料和辅助物的过程中施加一定技术方法等的操作活动。

2. 包装法规。包装方面的法律法规也是大量且繁杂，因为包装的内容不同，所以各部门分别制定了法规。如烟草局制定有关于烟草包装的法规，农业部制定有关于种子包装的法规，国家医药管理总局制定有医药包装的法规，交通部制定有关于危险物品包装的法规等，但最常见的包装是由铁路运送的一般货物，所以我们重点学习铁道部于 1989 年颁布的《行李、包裹铁路运输包装标准（试行）》。其主要内容有：

(1) 贵重品、精密产品、易碎品、流质品、小五金、机械零件、仪器、金属制品、重质物品以及散落容易丢失的物品等使用木箱包装。

(2) 家用电器、日用百货、录相带、录音带、针织品、服装、药品、烟、酒、饮料、塑料制品、各种零散物品使用纸箱包装。

(3) 瓜果、蔬菜、秧苗、花木、鱼介（泛指鱼类和有介甲的水生动物）类、肉类、蛋类、禽类、小家畜、小动物以及零散小件等，使用筐、笼、篓、箱、桶、袋包装。筐、笼、篓质量必须牢固结实。

(4) 种子、颗粒状等物品使用袋或桶包装；布匹、毛线类、纺织类、棉胎类、行李卷类以及不怕挤压等物品使用包（包括麻包、布包、化纤布包、纸包）

或袋（包括麻袋、布袋、化纤纺织袋）包装。

（5）自行车、家具、道具、测量用具、运动器具、树苗以及适合包裹运输的铁、木件等用绳索捆绑包装。

（6）榨菜、腐乳、酱菜等物品用坛、罐包装。

（7）流质类、乳类、粉状、颗粒状等物品用桶（铁桶、塑料桶、木桶）包装，桶的质量要求坚固，不渗漏。

（8）本包装标准未做规定的物品包装，由车站根据托运物品的实际情况确定，但必须保证安全，符合运输要求。

小资料

联合国发布的《里约宣言》的主要内容是宣布关于环境与发展问题的27条原则。其中绿色包装是符合可持续发展原则的包装工业发展的新方向。《里约宣言》的发表在全世界范围内掀起了新一轮绿色浪潮。绿色包装是包装业为此所做出的努力，它使包装业走上了一条节约资源、保护环境的新道路。因此，《里约宣言》对绿色包装的出现和发展起了重要作用，绿色包装的许多思路都来源于《里约宣言》。

（二）集装箱、铁路、公路、水路、港口、船舶、海运

物流运输方面涉及到集装箱、铁路、公路、水路、港口、船舶、海运等方面，这里我们介绍这几方面的专业法规。

1. 集装箱法规。集装箱运输以其高效、便捷、安全的特点成为交通运输现代化的重要形式。近年来，我国集装箱运输基础设施显著改善，市场化进程明显加快，对外开放逐步扩大，我国港口集装箱吞吐量年均增长幅度达30%，集装箱化率和“门到门”运输比重明显提高。我国的集装箱运输虽然有了长足发展，但还不能完全满足经济发展的需要，与国外发达国家水平相比，还存在较大差距。

国际海事组织海上安全委员会第五十九届会议于1991年5月17日通过了《1972年国际安全集装箱公约》1991年修正案，我国是该公约的缔约国。根据《国际集装箱安全公约（CSC）》的定义，“集装箱”是指以下一种运输设备：一是具有耐久性，因而其相应的强度足能适合于重复使用。二是经专门设计，便于以一种或多种运输方式运输货物，而无需中途重装。三是为了系固和（或）便于装卸，设有角配件。四是四个外底角所围闭的面积应为下列二者之一：其一，至少为14平方米（150平方英尺），或其二，如装有顶角配件，则至少为7平方米（75平方英尺）。

在集装箱方面的专业法律法规有国务院《中华人民共和国海上国际集装箱运输管理规定》，交通部《中华人民共和国海上国际集装箱运输管理规定实施细则》等，另外铁道部《铁路集装箱修理规则》也是重要的部门规章。

（1）国务院《中华人民共和国海上国际集装箱运输管理规定》是一部重要的行政法规，1990年颁布实施，1998年进行了修订。其主要内容有：

第一，海上国际集装箱运输企业的设立和班轮航线的审批。设立经营海上国

集装箱运输

是由美国首先发展起来的。货物运输集装箱化是世界航运史上近几十年来最突出的演变，而且这种演变已经成为世界航运事业发展的大趋势。

“集装箱”一词既不包括车辆，也不包括包装；但是，集装箱在底盘车上运输时，则连同底盘车包括在内。

际集装箱运输的航运企业应当经省、自治区、直辖市交通主管部门审核，报国务院交通主管部门审批。经营海上国际集装箱班轮运输由国务院交通主管部门批准。外国企业不得经营中华人民共和国港口之间的海上集装箱班轮运输。

第二，货运管理。用于海上国际集装箱运输的集装箱应当符合国际集装箱标准化组织规定的技术标准和有关国际集装箱公约的规定。

第三，交接和责任。承运人与托运人或者收货人应当根据提单确定的交接方式，在码头堆场、货运站或者双方商定的其他地点办理集装箱、集装箱货物交接。

第四，罚则。违反本规定，同时违反国家有关价格管理的法律、法规的，由价格主管部门依照有关法律、法规的规定给予处罚。

(2) 交通部、铁道部于 1997 年颁布实施了《国际集装箱多式联运管理规则》。**国际集装箱多式联运是指按照国际集装箱多式联运合同，以至少两种不同的运输方式，由多式联运经营人将国际集装箱从一国境内接管的地点运至另一国境内指定交付的地点。**其主要内容有：

第一，多式联运的管理。铁路系统以外的企业申请经营多式联运业务，应上报至省、自治区、直辖市交通主管部门，30 日内提出意见后转报交通部。铁路系统的企业申请经营多式联运业务，由企业所在地的铁路局向铁道部直接申报。

第二，多式联运单据。多式联运单据应当载明货物名称、种类、件数、重量、尺寸、外表状况、包装形式等事项。

第三，托运人责任。托运人将货物交给多式联运经营人，其所提供货物的名称、种类、包装、件数、重量、尺寸、标志等应准确无误，如系特殊货物，还应说明其性质和注意事项。

第四，多式联运经营人的责任。多式联运经营人签发多式联运单据后，即表明多式联运经营人已收到货物，对货物承担多式联运责任，并按多式联运单据载明的交接方式办理交接手续。

第五，书面通知、诉讼。多式联运经营人向收货人交付货物时，收货人未将货物灭失或者损坏的情况书面通知多式联运经营人的，此项交付视为多式联运经营人已经按照多式联运单据的记载交付以及货物状况良好的初步证据。

第六，罚则。擅自经营多式联运业务，一经查获，处以非法收入两倍、最高不超过 3 万元的罚款。

2. 铁路运输的专业法规。**铁路运输主要承担中长距离、大批量的货物运输，在干线运输中起着主要运力作用。**铁路运输是物流运输的重要方式之一，我国 7 万多公里营业铁路遍及全国，还有相当数量的车辆、车站、通讯和货物装卸、储存设备。经过多年发展，铁路运输已有一套行之有效的管理模式和作业办法，铁路方面的物流专业法规也是比较全面和详尽的。铁道部制定了《中华人民共和国铁道部铁路货物运价规则》、《铁路货物运输合同实施细则》、《铁路货物保价运输管理办法》、《铁路货物运输管理规则》、《铁路货物运输规程》、《铁路货物集装化用具准运证管理办法》、《铁路货物运输实行保险与负责运输相结合的补偿制度的规定（试行）》等大量的专业法规。

其中，铁道部2000年新颁布的《铁路货物运输管理规则》是其中非常重要的法规，它的主要内容有：

（1）铁路货物运输管理规则。包括第一步，受理货物运单，货物进齐验收后，车站应予签证，及时办理承运。第二步，装车和卸车，装运货物要合理使用货车，车种要适合货种。第三步，到达和交付，车站对到达的货物应及时发出催领通知，并在货票内记明通知方法和时间。

（2）货物交接、检查和换装整理。货运交接时应注意检查列车中货物装载、加固状态等内容。发现异状时，应及时处理。国境站对外交接时，仍按现行国际联运办法的规定办理。

（3）货场管理。货场应实行生产和经营的统一管理、统一费率、统一收费、统一清算，对外一体化经营，对内一体化考核，发挥货场整体经营的基本功能，积极开展货运营销，不断增强铁路在市场中的竞争能力。为顺利执行日常货运作业计划，车站（车务段）应根据实际情况编制《车站货运管理细则》。

（4）货运监察。铁道部和铁路局、分局均应建立货运监察制度，配备监察人员，严格执行《铁路货物运输服务质量监督监察办法》，做好监察工作。规定了货运监察人员的基本职责和货运监察人员的任职资格。

小资料

国家工商行政管理局关于铁路运输部门限定用户接受其指定的经营者提供的铁路运输延伸服务是否构成限制竞争行为及行为主体认定问题的答复：铁路运输部门滥用其优势地位，在办理货物运输业务时，违背自愿原则，限定用户接受其指定的经营者提供的铁路运输延伸服务，违反了《反不正当竞争法》第六条和国家工商行政管理局《关于禁止公用企业限制竞争行为的若干规定》第四条第（二）项的规定，构成限制竞争行为，应当依据《反不正当竞争法》第二十三条的规定予以处罚。

3. 公路运输的专业法规。**公路运输主要承担近距离、小批量货物运输，承担铁路及水运难以到达地区的长途、大批量货运，以及铁路、水运优势难以发挥的短途运输。**公路运输是物流业运输的最主要的方式，也是最常见的，但这方面的法律法规并不是很完善，交通部颁布的《汽车货物运输规则》是其中非常重要的法规。在中华人民共和国境内从事营业性汽车货物运输及相关的货物搬运装卸、汽车货物运输服务等活动应遵守本规则。拖拉机及其他机动车、非机动车辆从事货物运输的，可参照该规则执行。其主要内容如下：

（1）运输基本条件。承运人、托运人、货运代办人在签订和履行汽车货物运输合同时，应遵守国家法律和有关的运输法规、行政规章，包括运输类别、货物种类、货物保险与货物保价运输等方面的规定。

（2）运输合同的订立、履行、变更和解除，包括合同的订立、货物托运、货物受理、合同的变更和解除等方面的规定。汽车货物运输合同采用书面形式、口头形式和其他形式。书面形式合同种类分为定期运输合同、一次性运输合同、道路货物运单(以下简称运单)。汽车货物运输合同由承运人和托运人本着平等、自愿、公平、诚实、信用的原则签订。托运人应按要求填写运单，承运人应当根据受理货物的情况，合理安排运输车辆。

(3) 搬运装卸与交接。承运人或托运人承担货物搬运装卸后，委托站场经营人、搬运装卸经营者进行货物搬运装卸作业的，应签订货物搬运装卸合同。承、托双方应履行交接手续，包装货物采取件交件收；集装箱重箱及其他施封的货物凭封志交接；散装货物原则上要磅交磅收，或采用承托双方协商的交接方式交接。交接后双方应在有关单证上签字。

(4) 运输责任的划分。承运人未按约定的期限将货物运达，应负违约责任；因承运人责任将货物错送或错交，应将货物无偿运到指定的地点，交给指定的收货人。托运人未按合同规定的时间和要求，备好货物和提供装卸条件，以及货物运达后无人收货或拒绝收货，而造成承运人车辆放空、延滞及其他损失，托运人应负赔偿责任。

(5) 运输费用。汽车货物运输价格按不同运输条件分别计价，其计算按《汽车运价规则》办理。

(6) 货运事故和违约处理。货物运输途中，发生交通肇事造成货物损坏或灭失，承运人应先行向托运人赔偿，再由其向肇事的责任方追偿。承运人、托运人、收货人及有关方在履行运输合同或处理货运事故时发生纠纷、争议，应及时协商解决，或向县级以上人民政府交通主管部门申请调解；当事人不愿和解、调解或者和解、调解不成的，可依仲裁协议向仲裁机构申请仲裁；当事人没有订立仲裁协议或仲裁协议无效的，可以向人民法院起诉。

小资料

《中华人民共和国公路法》

第六条　公路按其在公路路网中的地位分为国道、省道、县道和乡道，并按技术等级分为高速公路、一级公路、二级公路、三级公路和四级公路。具体划分标准由国务院交通主管部门规定。

第九条　禁止任何单位和个人在公路上非法设卡、收费、罚款和拦截车辆。

第七十四条　违反法律或者国务院有关规定，擅自在公路上设卡、收费的，由交通主管部门责令停止违法行为，没收违法所得，可以处违法所得三倍以下的罚款，没有违法所得的，可以处二万元以下的罚款；对负有直接责任的主管人员和其他直接责任人员，依法给予行政处分。

水路运输

是指单位和个人在中华人民共和国沿海、江河、湖泊及其他通航水域内从事水路运输和水路运输服务业务。

4. 水路运输专业法规。水路运输与铁路运输相似，主要承担中远距离、大批量的货物运输，在干线中起主要运力作用。在内河及沿海，水运也常作为小型运输工具，承担补充及衔接大批量干线运输任务。水路运输分为营业性运输和非营业性运输。1997 年国务院新修改的《中华人民共和国水路运输管理条例》是一部重要的行政法规，其主要内容如下：

(1) 设立水路运输企业必须具备的条件。

(2) 营业性水路货物运输的承运方和托运方必须按照《中华人民共和国经济合同法》和《水路货物运输合同实施细则》的规定，签订运输合同。

(3) 水路运输企业和其他从事营业性运输的单位、个人必须按照国家规定缴纳税金、规费（港务费、船舶停泊费、航道养护费）和运输管理费；从事非营业性运输的单位和个人必须按照国家规定缴纳规费。

(4) 违反本条例的法定行为之一的，由县级以上人民政府交通主管部门按照规定给予处罚。

5. 港口运输专业法规。

(1)《中华人民共和国港口法》是由全国人大常委会制定的法律，2004 年开始实行，其主要内容有：

第一，港口规划与建设的法律规定。

第二，港口经营。从事港口经营，应当向港口行政管理部门书面申请取得港口经营许可，并依法办理工商登记。港口经营人应当在其经营场所公布经营服务的收费项目和收费标准；未公布的，不得实施。港口经营性收费依法实行政府指导价或者政府定价的，港口经营人应当按照规定执行。

第三，港口安全与监督管理。港口经营人必须依照《中华人民共和国安全生产法》等有关法律、法规和国务院交通主管部门有关港口安全作业规则的规定，确保安全生产。

第四，法律责任。对违法行为按相关条例进行处罚。

(2) 交通部的《港口货物作业规则》也是一部重要的部门规章。在中华人民共和国境内，为水路运输货物提供的装卸、驳运、储存、装拆集装箱等港口作业适用本规则。其主要内容有：

第一，作业合同的订立。指令性水路运输货物的港口作业，有关当事人应当依照有关法律、行政法规规定的权利和义务订立作业合同。当事人可以根据需要订立单次作业合同和长期作业合同。

第二，作业合同委托人的权利和义务。作业委托人应当及时办理港口、海关、检验、检疫、公安和其他货物运输和作业所需的各种手续，并将已办理各项手续的单证送交港口经营人。作业委托人不履行合同义务或者履行合同义务不符合约定的，应当承担继续履行、采取补救措施或者赔偿损失等违约责任。

第三，港口经营人的权利和义务。港口经营人应当按照作业合同的约定，根据作业货物的性质和状态，配备适合的机械、设备、工具、库场，应当按照作业合同的约定接收货物、妥善地保管和照料作业货物，并在合理期间内完成货物作业。港口经营人对港口作业合同履行过程中货物的损坏、灭失或者迟延交付承担损害赔偿责任，但港口经营人证明货物的损坏、灭失或者迟延交付是由于法定原因造成的除外。

第四，港、航货物交接的特别规定。

港口

是指具有船舶进出、停泊、靠泊、旅客上下、货物装卸、驳运、储存等功能，具有相应的码头设施，由一定范围的水域和陆域组成的区域。

小资料

2005年，交通部李盛霖部长指出，今后5年是我国港口和城市发展的重要战略机遇期，我国将重点规划建设五大港口群：长江三角洲港口群、珠江三角洲港口群、渤海湾港口群、东南沿海港口群和西南沿海港口群。统计显示，2005年，中国港口（不含台湾和港澳地区）吞吐量完成48.5亿吨，集装箱完成7564万标准箱，已连续三年位居世界第一；我国外贸进出口90%以上的货物是通过港口实现的。预计到2010年，我国港口吞吐量将达到75亿吨，其中集装箱吞吐量将达到1.5亿标准箱。

6. 船舶专业法规。一般来说，15～20吨以下的商品用汽车运输；15～20吨以上的商品用铁路运输；数百吨以上的原料之类的商品，应选择船舶运输，因为船舶运输具有运输批量越大、运输成本越低的特点，是降低成本的良策。船舶运输经营范围按船舶航行区域分为沿海船舶运输和内河船舶运输。货船运输分为普通货船、散装液体危险品船运输（液化气船、散装化学品船、油船运输）。交通部2001年颁布的《国内船舶运输经营资质管理规定》是规范船舶运输市场，维护船舶运输经营者、旅客、货主的合法权益的重要部门规章，其主要内容如下：

(1) 经营资质条件。除内河普通货船运输外，经营船舶运输应取得企业法人资格。同时还规定了从事船舶运输的有关从业人员应符合的条件和船舶运输企业拥有的相应总运力应当分别满足的最低要求。

(2) 经营资质审批。规定了申请经营船舶运输时应当提交的申报材料，申请经营船舶运输应按照《中华人民共和国水路运输管理条例实施细则》、《省际水路运输企业审批管理办法》规定的审批权限，向交通主管部门提交本规定规定的申报材料。

(3) 经营资质监督检查。交通主管部门依法对船舶运输经营资质进行监督检查，并依照国家有关规定实施行政处罚。

小资料

滚　装　船

货物装卸不是从甲板上的货舱口垂直的吊进吊出，而是通过船舶首、尾或两舷的开口以及搭到码头上的跳板，用拖车或叉式装卸车把集装箱或货物连同带轮子的底盘从船舱运至码头的一种船舶。滚装船的主要优点是：不需要起货设备，货物在港口不需要转载就可以直接拖运至收货地点，缩短货物周转的时间，减少货损。

7. 海运专业法规。中国作为一个发展中的沿海大国，岛屿岸线长达14000多公里，现有沿海港口60个，内河港口109个。我国航运业发展迅速，到2001年，已经拥有航运企业6000多家，营运船舶21.1万艘，总运力5449.5万载重吨，其中国际运力2386万载重吨，沿海运力918万载重吨，内河运力2146万载重吨。航运在支援国家重点建设、国家重点物资以及外贸物资运输、抢险救灾等方面起着极其重要作用。

第七届全国人民代表大会常务委员会于1992年11月7日审议通过、1993年7月1日施行的《中华人民共和国海商法》是我国第一部规定海商制度的法律。该法从我国的实际情况出发，结合国际条约和国际惯例的内容，系统规定了船舶、船员、海上货物运输合同、海上旅客运输合同、船舶租用合同、海上拖航合同、船舶碰撞、海难救助、共同海损、海事赔偿责任限制、海上保险合同、时效以及涉外关系的法律适用等海商法律制度，从而为规制海上商事行为、解决海事纠纷、保护当事人的合法权益提供了重要的依据。

鉴于海事案件审理的特殊性，第九届全国人民代表大会常务委员会第十三次会议于1999年12月25日审议通过了《中华人民共和国海事诉讼特别程序法》。该法规定了海事诉讼的特别程序，使得我国的海事审判有了专门的程序法，填补了我国海事立法的空白，为强化海上运输法制环境提供了法律保障。

此外，我国还缔结或参加了有关船舶营运和海事审判的国际条约，并依约遵守。而在我国法律和我国缔结或参加的国际条约没有规定的情况下，适用有关的国际惯例。可以说，我国的海商法已经形成了一个包括我国缔结或参加的国际条约、我国国内立法和司法解释、国际航运惯例三大组成部分的相对独立的体系，在我国的商事法律制度中占有极其重要的地位。

加入WTO之后，中国允许外商企业进入我国市场，并给予相应的国民待遇。为了建立全国统一、公平竞争、规范有序国际航运市场，并使市场管理走向规范化和法制化的轨道，加快与国际航运市场接轨，国务院通过了《中华人民共和国国际海运条例》。作为与我国海商法配套的行政法规，该条例具体规定了国际船舶运输公司的管理制度、无船承运业务的管理制度、国际班轮运输管理制度、国际海运辅助业管理制度、运价备案制度、外商投资管理制度、中国内地与香港、澳门、台湾航运的管理制度以及调查与处理制度等。该条例于2001年12月11日颁布，自2002年1月1日起实施。这是我国航运法制建设的新的里程碑，从而为规范国际海上运输活动、履行我国加入世界贸易组织的承诺、维护国际海运市场秩序、保护国际运输各方当事人的合法权益提供了重要保证。

我国先后批准加入了一系列重要的国际条约，如1910年《船舶碰撞公约》、1972年《国际海上避碰规则》、1974年《海上旅客及其行李运输雅典公约》、1974年《国际海上人命安全公约》、1969年《国际油污损害民事责任公约》、1989年《国际救助公约》等。这些国际公约也为统一国际海运方面的法律创造了条件。

其中，《中华人民共和国海商法》无论从效力级别还是从重要性上都占有重要的地位，其主要内容有：

1. 海上货物运输法律制度。包括承运人的责任，即承运人应当妥善地、谨慎地装载、搬移、积载、运输、保管、照料和卸载所运货物，和承运人的免责事项。托运人的责任，即托运人托运货物，应当妥善包装，并向承运人保证，货物装船时所提供的货物的品名、标志、包数或者件数、重量或者体积的正确性；由于包装不良或者上述资料不正确，对承运人造成损失的，托运人应当负赔偿责任。运输单证，即提单的法律规定。货物交付的有关法律规定。

2. 海上旅客运输制度。

3. 海上赔偿责任制度（包括船舶碰撞、海难救助、共同海损等）。船舶发生碰撞时，碰撞的船舶应该负担的赔偿责任。在海难救助作业过程中，救助方对被救助方负有的义务和被救助方对救助方负有的义务。共同海损应当由受益方按照各自的分摊价值的比例分摊。还有海事赔偿责任限制的规定。

4. 海上保险制度。

小资料

《中华人民共和国国际海运条例》

第五条　经营国际船舶运输业务，应当具备下列条件：

（一）有与经营国际海上运输业务相适应的船舶，其中必须有中国籍船舶；

（二）投入运营的船舶符合国家规定的海上交通安全技术标准；

（三）有提单、客票或者多式联运单证；

（四）有具备国务院交通主管部门规定的从业资格的高级业务管理人员。

（三）代理、一关三检、保险、信息

物流代理

物流渠道中的专业化物流中间人，以签订合同的方式，在一定期间内，为其他公司提供的所有或某些方面的物流业务服务。

1. 代理专业法规。物流代理（Third Party Logistics，TPL，即第三方提供物流服务）。第三方物流的发展程度反映和体现着一个国家物流业发展的整体水平。从广义的角度以及物流运行的角度看，物流代理包括一切物流活动；**狭义的物流代理专指本身没有固定资产，但仍承接物流业务，借助外界力量，负责代替发货人完成整个物流过程的一种物流管理方式。**物流代理企业可以按照物流业务代理的范围，分成综合性物流代理企业和功能性物流代理企业。功能性物流代理企业，包括运输代理企业（即货代公司）、仓储代理企业（仓代公司）和流通加工代理企业等。

与其他国家的代理法律制度相比，我国在涉外商务代理方面的法律很不完善。在我国现有的法律中，涉外商务代理可以援引的，一是《民法通则》第四章“民事法律行为与代理”的规定；二是《合同法》分则第二十一章“委托合同”的规定。但这两处都不是针对商务代理的专门规定，《民法通则》中规定的“代理”包括了委托代理、法定代理与指定代理，法律规定笼统，在解决商务代理纠纷中可操作性不强。《合同法》中“委托合同”一章虽然专门针对委托代理双方的法律关系，但对于商事委托合同的特性则没有考虑其中。在专业法规方面，有《中华人民共和国国际货物运输代理业管理规定》、《中华人民共和国国际货物运输代理业管理规定实施细则（试行）》、《国际船舶代理管理规定》等有关国际货运代理的部门规章。其主要内容是：

(1) 从事国际货物运输代理业务的企业应具备的条件。国际货物运输代理是介于货主与承运人之间的中间人，是接受货主或承运人委托，在授权范围内办理国际货物运输业务的企业。国际货物运输代理企业除拥有为代理业务所必须的仓库及小型车队外，一般不经营运输工具，也不经营进出口商品。一切从事国际货物运输代理业务的企业必须报请审批机关批准，必须按照批准的经营范围和经营地域从事经营活动。

(2) 审批从事国际货物运输代理业务的企业程序。国际货物运输代理行业管理实行认可证制度，批准成立的国际货物运输代理企业应当凭国务院对外贸易经济合作主管部门颁发的批准证书，依照有关法律、行政法规的规定，办理企业登记、税务登记手续。国际货物运输代理企业终止营业，应当依照《中华人民共和国国际货物运输代理业管理规定》第九条规定的设立申请批准程序，报告所在地的地方对外贸易主管部门或者国务院对外贸易经济合作主管部门，并缴销批准证书。

(3) 国际货物运输代理企业可以接受委托，代为办理部分或者全部业务，包括订舱、仓储；货物的监装、监卸，集装箱拼装拆箱；国际多式联运；国际快递，私人信函除外；报关、报检、报验、保险等服务。

(4) 国际货物运输代理企业不得有下列行为：以不正当竞争手段从事经营活动；出借、出租或者转让批准证书和有关国际货物运输代理业务单证。

(5) 商务部对国际货运代理企业实行年审、换证制度。商务部负责国务院部门在京直属企业的年审及全国国际货运代理企业的换证工作。地方商务主管部门负责本行政区域内国际货运代理企业（含国务院部门直属企业及异地企业设立的子公司、分支机构）的年审工作。

2. 一关三检专业法规。在向海关申报前，首先要申请商品检验、动植物检验和卫生检验，即俗称“一关三检”。一关三检申报（三检已改称为检验检疫）的常规流程为：

(1) 出口报关：报关单证的制作→电脑预录入→向海关发送所申报报关单数据→向海关申报接单→放行或查检后再放行（其中包括办理根据需要的检验检疫出口通关单）。

(2) 进口报关：报关单证的制作→电脑预录入→向海关发送所申报的报关单数据→向海关申报（接单→查检→征税→放行），其中也包括提供所需的进口货物检验检疫通关单。

(3) 检验检疫申报：单证制作→向检验检疫局发送数据→办理并取得检验检疫进出口通关单（其中包括根据检验检疫局需要所进行的查检）。

第一，海关专业法规。其中最重要的是《中华人民共和国海关法》，中华人民共和国海关是国家的进出关境（以下简称进出境）监督管理机关。海关依照本法和其他有关法律、法规，监管进出境的运输工具、货物、行李物品、邮递物品和其他物品（以下简称进出境运输工具、货物、物品），征收关税和其他税、费，查缉走私，并编制海关统计和办理其他海关业务。该法的主要内容包括海关可以行使的六项权力、对进出境运输工具管理的要求、对进出口货物的海关查验、对个人携带进出境的行李物品的海关监管、对进出口的货物、进出境的物品征收关税的规定以及违反法律应承担的法律责任等。

第二，检验检疫专业法规。2001年，国家质量技术监督局、中华人民共和国国家出入境检验检疫局合并，组建中华人民共和国国家质量监督检验检疫总局，正部级，为国务院直属机构。《中华人民共和国进出口商品检验法》是一部重要的法律，于2002年4月最新修订，其主要内容有：

其一，进出口检验的商品。由国家商检部门制定、调整必须实施检验的进出口商品目录（以下简称目录）并公布实施，由商检机构实施检验。列入目录的进出口商品，按照国家技术规范的强制性要求进行检验；尚未制定国家技术规范的强制性要求的，应当依法及时制定，未制定之前，可以参照国家商检部门指定的国外有关标准进行检验。

其二，进口商品的检验。必须经商检机构检验的进口商品的收货人或者其代理人，应当向报关地的商检机构报检。海关凭商检机构签发的货物通关证明验放。

其三，出口商品的检验。必须经商检机构检验的出口商品的发货人或者其代理人，应当在商检机构规定的地点和期限内向商检机构报检。商检机构应当在国家商检部门统一规定的期限内检验完毕，并出具检验证单。

其四，监督管理。商检机构对本法规定必须经商检机构检验的进出口商品以外的进出口商品，根据国家规定实施抽查检验。国家商检部门根据国家统一的认证制度，对有关的进出口商品实施认证管理。

其五，法律责任。对违法行为按相关条例进行处罚。

3. 保险专业法规。有人形象地将保险比作“鞋”，认为光着脚也能走路，却走不远；但穿上鞋就可以走得更远、更稳健。作为一种有效的风险防范机制，保险既分散了社会风险，集中了社会资源，又体现出现代社会互助的精神。现代物流业的发展迫切要求保险提供全方面的支持，希望有一种更为细化的、适合物流运作模式的险种尽快出现，把经营过程中涉及的风险转移给保险公司，从而将经营过程中的风险降到最低，以解后顾之忧。

为使现行保险体系逐渐与现代物流业接轨，我国一些保险公司对现代物流保险进行了有益的尝试，如将保险责任起讫期间延长为“门到门”条款，把货物运输保险和短暂仓储保险打包后低价出售。但是由于我国目前物流业还不够发达，货主与承运人之间签订的协议没有统一的标准，而且很多企业为了保守商业秘密、留住客户，并不愿意把协议原文拿到保险公司备案，给保险公司的风险评估带来了很大的困难。另外，有时由货主直接向保险公司投保的货物却由于承运人在装卸或者运输过程中的原因造成损毁，我国在这方面的物流法规制度还不健全，责任认定有时候会比较困难，保险公司向承运人追偿时比较麻烦。

目前，我国物流业广泛应用的保险险种主要是财产保险和货物运输保险。这两种险种都是针对物流过程中的单个环节，因其不完善，给物流企业带来的损失和困扰显而易见。另外，根据货物运输是否具有国际因素，可以将其分为国内货物运输保险和国际货物运输保险。在国际运输过程中，进出口货物需要通过海洋运输、陆上运输、航空运输和邮包运输，因此，国际货物运输保险也相应地分为海运货物保险、陆运货物保险、空运货物保险和邮包运输保险。

如上所述，我国物流保险方面的法规还很不健全，最重要的是《中华人民共和国保险法》，它规定了保险公司设立的条件、保险公司的业务范围、投保人、被保险人或者受益人的法律责任、保险合同的条款等内容。由中国人民保险公司颁布的《国内水路、铁路货物运输保险条款》属于物流保险方面的专业法规，它的主要内容有：

（1）本保险分为基本险和综合险两种。保险货物遭受损失时，保险人按承保险别的责任范围负赔偿责任。共有五种基本险和四种综合险。保险的责任起讫期是自签发保险凭证和保险货物运离起运地发货人的最后一个仓库或储存处所时起，至该保险凭证上注明的目的地的收货人在当地的第一个仓库或储存处所收到货物时终止。

（2）保险人的除外责任。由于下列原因造成保险货物的损失，保险人不负赔偿责任：战争或军事行动、核事件或核爆炸、保险货物本身的缺陷或自然损耗，以及由于包装不善、被保险人的故意行为或过失等。

（3）保险金额。保险金额按货价或货价加运杂费计算。

（4）被保险人的义务。被保险人有缴保费、保证货物安全及发生保险事故时尽量减少损失的义务。

（5）货物检验及赔偿处理。保险人在接到法定索赔单证后，应当根据保险责任范围，迅速核定应否赔偿。赔偿金额一经保险人与被保险人达成协议后，应在10天内赔付。

（6）被保险人与保险人发生争议时，应当实事求是、协商解决，双方不能达成协议时，可以提交仲裁机关或法院处理。

小资料

据资料记载，1384年在佛罗伦萨诞生了世界上第一份具有现代意义的保险单。到16世纪下半叶，英国女王特许在伦敦皇家交易所内建立保险商会，专门办理保险单的登记事宜，由此逐渐形成了海上货物运输保险制度。1666年，伦敦皇家面包店引燃了长达5天5夜的一场大火，大火几乎吞噬掉这座古老的城市。1667年，英国便成立了世界上第一家火灾保险公司，近代的火灾保险制度诞生。海上运输保险和火灾保险是第三方物流保险在运输和仓储环节的最初起源。

国际货物运输保险除根据2000年《国际贸易术语解释通则》这一国际惯例外，中国人民保险公司1981年颁布的《海洋货物运输保险条款》也是重要的部门规章。其基本险分为平安险、水渍险和一切险。平安险是海上货物运输中责任范围最小的险别，只对货物的全部损失和特定情形下的单独海损承担赔偿责任。水渍险的保险责任范围是：平安险的全部责任，包括被保险货物在运输过程中由于恶劣气候、雷电、海啸、地震、洪水等自然灾害造成的部分损失。一切险是基本险中责任范围最大的险别，其责任范围为：水渍险的各项责任，包括被保险货物在运输中由于外来原因所致的全部或部分损失。保险责任的起讫期有两项，仓至仓条款和运输合同终止条款。

航空货物运输保险和陆运货物保险历史较短，不像海运货物保险那样发达，自成一体。尤其是陆运货物保险，由于受到运输条件的限制，国际上还没有陆运货物保险条款。

4. 信息专业法规。信息社会带来了一系列的社会问题，需要正确的信息政策与法律进行规范和调控。在信息的使用过程中，可以是有偿的使用，也可以是无偿的。有些形式的信息是不能或不应以营利为目的的，比如对重大事实的新闻报道就不能以营利为目的。知识产权保护问题，尤其是通过传统的专利和版权难以保护的数据库、程序以及卫星直播、跨国数据流通问题等，都需要信息法律法规来保护和协调。

国务院于2000年颁布的《互联网信息服务管理办法》是信息业的重要行政法规，其主要内容如下：

（1）从事经营性互联网信息服务应当具备的条件。**互联网信息服务是指通过互联网向上网用户提供信息的服务活动**。国家对经营性互联网信息服务实行许可制度；对非经营性互联网信息服务实行备案制度。未取得许可或者未履行备案手续的，不得从事互联网信息服务。应当向省、自治区、直辖市电信管理机构或者国务院信息产业主管部门申请办理互联网信息服务增值电信业务经营许可证或备案手续。

（2）互联网信息服务提供者的权利和义务。应当向上网用户提供良好的服务，并保证所提供的信息内容合法。互联网信息服务提供者不得制作、复制、发布、传播的九项信息。

（3）监督管理。国务院信息产业主管部门和省、自治区、直辖市电信管理机构依法对互联网信息服务实施监督管理。新闻、出版、教育、卫生、药品监督管理、工商行政管理和公安、国家安全等有关主管部门在各自职责范围内，依法对互联网信息内容实施监督管理。

（4）法律责任。对违法行为按相关条例进行处罚。

另外《海上国际集装箱运输电子数据交换管理办法》、《中华人民共和国海上集装箱运输管理规定》等也是物流信息方面的法律法规。

小资料

电子合同是指在网络条件下当事人之间为了实现一定目的，通过电子邮件和电子数据交换所明确相互权利义务关系的协议。所谓电子邮件（Email），是以网络协议为基础，从终端机输入信件、便条、文件、图片或声音等通过邮件服务器传送到另一端终端机上的信息。而电子数据交换（EDI）则是通过计算机联网，按照商定的标准采用电子手段传送和处理具有一定结构的商业数据。

（四）危险品、消防

1. 危险品专业法规。危险货物按其特性和运输条件分为九类：**爆炸品；压缩气体和液化气体；易燃液体；易燃固体、自燃物品和遇湿易燃物品；氧化剂和有机过氧化物；毒害品和感染性物品；放射性物品；腐蚀品；杂类**。和其他行业运输不同，汽油、柴油、天然气等危险品对运输过程中的平稳、快速、安全环保等多方面都有严格的要求。鉴于这些危险品本身的特性以及在化学属性上的差异，对其运输组织的危险性也贯穿于生产、流通的全过程，加上运输作业操作中各种非确定因素的影响等，对于危险品运输装备的要求非常高。

据联合国欧洲经济委员会对欧洲危险货物公路运输的统计，2000 年危险品运输总吨位上升到 20268000 吨，占全部货运总吨位为 4.9%。运输领域中的易燃、易爆、毒害、氧化等各种危险品已达几千种，危险品总量已达各种方式运输总量的 25%以上。至 2002 年，我国已有危险品营运船舶 3000 多艘，占水运总运力的 10%左右；从事危险品运输的公路车辆超过 8 万辆。由于危险品运输利润率较高，导致从业企业鱼龙混杂。

目前我国有 60%的危险品运输企业没有从业资格，80%的危险品运输企业在违规操作，市场混乱，亟待整顿，我国缺乏统一的能够保障安全的装备技术标准，同时，研发、生产、维护保养技术水平不高，准入与淘汰机制不配套，包装落后，危险品物流安全面临挑战。而危险货物运输和移动式压力容器法规与标准的全球化是大事所趋，我国民航总局于 1996 年已采纳了联合国危险品识别号码，颁布了《中国民用航空危险品品名表》，国务院颁布的《危险化学品安全管理条例》、《特种设备安全监察条例》、《危险货物包装标志》、《常用化学危险物品储存通则》等都是有关危险品的重要法律法规。

其中，交通部颁布的《道路危险货物运输管理规定》和铁道部颁布的《铁路危险货物运输管理规则》是危险品物流的重要部门规章。以《铁路危险货物运输管理规则》为例进行说明，它的主要内容有：

(1) 对办理危险货物的车站、从事危险货物运输的货运、装卸人员的要求。

(2) 对危险货物包装和标志的要求。根据其内装物的危险程度划分为三种包装类别，每件货物的包装应牢固、清晰地标明规定的危险货物包装标志和包装储运图示标志。

(3) 对托运和承运危险货物的要求。

(4) 危险货物按普通货物条件运输的条件。

2. 消防专业法规。在物流的几个重要节点中，诸如仓储、运输、加工等环节中，消防安全都十分重要。在消防安全方面，我国有大量的法律法规，如《中华人民共和国消防法》、铁道部颁布的《铁路消防管理办法》、商业部颁布的《商业仓库消防安全管理办法》、国家烟草专卖局和公安部颁布的《烟草行业消防安全管理规定》等各行业关于消防的部门规章，同时地方政府也制定了大量有关消防的地方性法规和规章。但是，还有许多企业对消防重视不够，如 2005 年，全国共发生火灾 235941 起，死亡 2496 人，受伤 2506 人，直接财产损失 13.6 亿元，其中就有不少就发生在仓库或运输企业。

《中华人民共和国消防法》是我国关于消防方面的最高效力的法律，它的主要内容如下：

(1) 消防工作的方针。消防工作贯彻预防为主、防消结合的方针，坚持专门机关与群众相结合的原则，实行防火安全责任制。消防工作由国务院领导，由地方各级人民政府负责。

(2) 火灾预防。生产、储存和装卸易燃易爆危险物品的工厂、仓库和专用车站、码头，必须设置在城市的边缘或者相对独立的安全地带。易燃易爆气体和液体的充装站、供应站、调压站，应当设置在合理的位置，符合防火防爆要求。对建筑工程的设计、建筑构件和建筑材料、公众聚集的场所、群众性活动、企事业单位、居民住宅区、生产、储存、运输、销售或者使用、销毁易燃易爆危险物品的单位、个人等预防火灾的要求，以及禁止非法携带易燃易爆危险物品进入公共场所或者乘坐公共交通工具等禁止性规定。

(3) 消防组织。城市人民政府应当按照国家规定的消防站建设标准建立公安消防队、专职消防队，承担火灾扑救工作。镇人民政府可以根据当地经济发展和消防工作的需要，建立专职消防队、义务消防队，承担火灾扑救工作。公安消防队除保证完成本法规定的火灾扑救工作外，还应当参加其他灾害或者事故的抢险救援工作。

(4) 灭火救援。任何人发现火灾时都应当立即报警。任何单位、个人都应当无偿为报警提供便利，不得阻拦报警。严禁谎报火警。消防车、消防艇前往执行火灾扑救任务或者执行其他灾害、事故的抢险救援任务时，不受行驶速度、行驶路线、行驶方向和指挥信号的限制，其他车辆、船舶以及行人必须让行，不得穿插、超越。交通管理指挥人员应当保证消防车、消防艇迅速通行。公安消防队扑救火灾，不得向发生火灾的单位、个人收取任何费用。

(5) 法律责任。对违法行为按相关条例进行处罚。

小资料

《中华人民共和国刑法》

第一百三十九条　违反消防管理法规，经消防监督机构通知采取改正措施而拒绝执行，造成严重后果的，对直接责任人员，处三年以下有期徒刑或者拘役；后果特别严重的，处三年以上七年以下有期徒刑。

二、物流综合法规

(一) 涉外综合法规

在全球经济越来越紧密的今天，物流业的每一个节点都有可能发生在国外，而国外投资也以各种各样的方式进入我国，因此涉外的物流法规也是物流法规的重要部分。与物流业有关的涉外综合法律法规不是很多，因为许多涉外法规都由各部门制定了某一方面的部门规章，如仓储方面有海关总署颁布的《中华人民共和国海关对保税仓库及所存货物的管理规定》，代理方面有对外贸易经济合作部颁布的《外商投资国际货物运输代理企业管理办法》，运输方面有铁道部、对外贸易经济合作部颁布的《外商投资铁路货物运输业审批与管理暂行办法》，一关三检方面有国家商检局颁布的《中华人民共和国商品检验法实施条例》等。

与涉外物流有关的综合法规，从物流企业组织方面看，关于物流法律制度的内容主要包括《公司法》、《中外合资经营企业法》、《劳动法》、《外商投资国际货运代理企业审批管理方法》等；从物流流程方面来看，关于物流法律制度的内容主要有《中华人民共和国对外贸易法》、《合同法》、《劳动法》、《税法》、《保险法》等法律。

从涉外物流经营活动中争议解决程序方面看，物流法律制度的内容主要包括两个方面：一是诉讼，民事经济诉讼（适用《民事诉讼法》）、海事海商诉讼（适用《海事特别程序法》），行政诉讼（适用《行政诉讼法》）。二是仲裁，适用合同纠纷和其他财产权益纠纷；遵循《仲裁法》、仲裁机构的《仲裁规则》、《承认和执行国外仲裁裁决的公约》。涉外商事仲裁有中国国际贸易仲裁委员会（北京、深圳、上海）和其他国外仲裁组织，如国际商会仲裁院（巴黎）、瑞典斯德哥尔摩商事仲裁院，伦敦仲裁院等。

下面以《中华人民共和国对外贸易法》和《民事诉讼法》为例，重点说明其中有关涉外物流方面的法律规定。

1.《中华人民共和国对外贸易法》。《中华人民共和国对外贸易法》于1994年制定，2004年4月修订，2004年7月开始施行。修订后的主要内容有：

(1) 中国对外贸易的基本法律制度与原则。**对外贸易是指货物进出口、技术进出口和国际服务贸易**。中国根据平等互利的原则，为促进和发展同其他国家和地区的贸易关系，缔结或者参加关税同盟协定、自由贸易区协定等区域经济贸易协定，参加区域经济组织。中国在对外贸易方面根据所缔结或者参加的国际条约、协定，给予其他缔约方、参加方最惠国待遇、国民待遇等待遇，或者根据互惠、对等原则给予对方最惠国待遇、国民待遇等待遇。

(2) 对外贸易经营者。对外贸易经营者是指依法办理工商登记或者其他执业手续，依照本法和其他有关法律、行政法规的规定从事对外贸易经营活动的法人、其他组织或者个人。从事货物进出口或者技术进出口的对外贸易经营者，应当向国务院对外贸易主管部门或者其委托的机构办理备案登记；但是，法律、行政法规和国务院对外贸易主管部门规定不需要备案登记的除外。

(3) 货物进出口与技术进出口管理制度。国家准许货物与技术的自由进出口。但是，法律、行政法规另有规定的除外。国家可以基于维护国家安全、社会公共利益或者公共道德等十一项原因限制或者禁止有关货物、技术的进口或者出口，国家对限制进口或者出口的货物，实行配额、许可证等方式管理；对限制进口或者出口的技术，实行许可证管理。

(4) 国际服务贸易管理制度。中国在国际服务贸易方面根据所缔结或者参加的国际条约、协定中所作的承诺，给予其他缔约方、参加方市场准入和国民待遇。国家基于维护国家安全等原因，可以限制或者禁止有关的国际服务贸易。

(5) 与对外贸易有关的知识产权保护。国家依照有关知识产权的法律、行政法规，保护与对外贸易有关的知识产权。进口货物侵犯知识产权，并危害对外贸易秩序的，国务院对外贸易主管部门可以采取在一定期限内禁止侵权人生产、销售有关进口货物等措施。

(6) 关于对外贸易秩序的制度。在对外贸易经营活动中，不得违反有关反垄断的法律、行政法规的规定而实施垄断行为。在对外贸易经营活动中实施垄断行为、危害市场公平竞争的，依照有关反垄断的法律、行政法规的规定处理。有不正当竞争行为并危害对外贸易秩序的，国务院对外贸易主管部门可以采取必要的措施消除危害。

(7) 对外贸易调查的制度。国务院对外贸易主管部门可以自行或者会同国务院其他有关部门，依照法律、行政法规的规定对货物进出口、技术进出口等七项事项进行调查。调查可以采取书面问卷、召开听证会、实地调查、委托调查等方式进行。

(8) 对外贸易救济。国家根据对外贸易调查结果，可以采取适当的对外贸易救济措施，包括反倾销措施、与该第三国政府进行磋商、反补贴措施、保障措施、救济措施、补救措施、进行对外贸易的双边或者多边磋商、预警应急机制、反规避措施。

(9) 对外贸易促进的制度。国家根据对外贸易发展的需要，建立和完善为对外贸易服务的金融机构，建立对外贸易公共信息服务体系，通过进出口信贷、出口信用保险、出口退税及其他促进对外贸易的方式，发展对外贸易。

(10) 法律责任。对违法行为按相关条例进行处罚。

小资料

什么是涉外仲裁

中国国际经济贸易仲裁委员会是中国的涉外仲裁机构，其受理的仲裁大都为涉外仲裁，其他仲裁委员会，如北京、上海等仲裁委员会属于地方仲裁机构，也可以称为国内仲裁机构，它们受理的仲裁多为国内仲裁。随着我国仲裁事业的发展，中国国际经济贸易仲裁委员会也受理部分国内争议，而地方仲裁机构也可能受理涉外争议，所以涉外仲裁与国内仲裁划分不能以受理机构来划分。根据最高人民法院的意见，法院在认定是涉外仲裁还是国内仲裁时，看所仲裁的民事法律关系的性质，如属于涉外民事法律关系，则为涉外仲裁，反之则为国内仲裁。

2.《中华人民共和国民事诉讼法》。**涉外民事诉讼，是指具有涉外因素的民事诉讼；涉外民事诉讼程序，是指人民法院受理、审判及执行具有涉外因素的民事案件所适用的程序。**涉外民事诉讼程序有下面的特殊规定：

(1) 涉外民事诉讼中送达的特殊规定，包括根据受送达人所在国与我国缔结或者共同参加的国际条约规定的等七种特殊的送达方式。

(2) 域外调查取证的特殊规定。我国涉外民事诉讼域外调查取证主要通过三种途径进行：依照我国缔结或者所参加的国际条约所规定的途径进行；没有条约关系的，通过外交途径进行；对居住在国外的我国公民进行调查取证，可以通过使领馆进行。

(3) 涉外民事诉讼证据的特殊规定。如在域外形成的证据要经过公证、证据必须附中文译本、举证责任的分配应当适用法院地法、外国法院判决认定的事实不能直接作为我国法院认定事实的依据等规定。

(4) 涉外民事诉讼中期间的特殊规定。我国《民事诉讼法》对涉外民事诉讼期间被告提出答辩的期间做出了特别规定。

(5) 涉外民事诉讼中财产保全的特殊规定。

(二) 国际公约

1. 国际公约的种类。物流是一项跨行业、跨部门、跨地区甚至跨越国界的系统工程，涉及的环节非常广泛，规范物流的国际公约和国际惯例也包括多个方面，可分为下面几类：

(1) 水路运输方式的国际公约和国际惯例有《统一提单的若干法律规定的国际公约》——海牙规则；《修改的统一提单的若干法律规定的国际公约议定书》，即海牙——维斯比规则；《联合国海上货物运输公约》——汉堡规则及《联合国多式联运公约》等。

(2) 陆路运输方式下适用的国际公约有：公路方面的《国际公路货物运输合同公约》、《国际公路车辆运输公约》；铁路运输方面的国际公约有《国际铁路货物联运协议》、《铁路货物运输国际公约》。

(3) 国际航空货物运输适用的国际公约有《统一国际航空运输某些规则的公约》——华沙公约，海牙议定书，《瓜达拉哈拉公约》。

(4) 多式联运方式下适用的国际公约有《联合国国际货物多式联运公约》，国际商会制定的《联运单证统一规则》。

(5) 与货物销售有关的国际公约和惯例有《联合国国际货物销售合同公约》、《国际贸易术语解释通则》。

(6) 与商品检验有关的国际公约及惯例有《国际海运危险货物运输规则》、《联合国国际货物销售合同公约》、《国际贸易术语解释通则》、《跟单信用证统一惯例》等。

(7) 与货物保险有关的国际法规有《联合国国际货物销售合同公约》和《国际贸易术语解释通则》下有关贸易合同、运输合同、仓储合同中与保险有关的条款。

(8) 与货物包装有关的国际公约和惯例中都有包装条款，国际海运危险品对货物包装要求适用《国际海运危险货物规则》。与仓储保管和配送有关的国际公约有《保税货物的仓储适用关于简化和协调海关业务制度的国际公约》，即京都公约。

(9) 与装卸和搬运有关的国际公约和国际惯例有《联合国国际贸易运输港站经营人赔偿责任公约》、《联合国国际货物多式联运公约》等。

(10) 与口岸法规相关的国际公约有《关于设立海关合作理事会的公约》；《1972年集装箱关务公约》；《在国际公路车辆运输手册担保下进行国际货物运输的报关公约》，即国际公路车辆运输规定等。

2. 国际公约的适用问题。《中华人民共和国立法法》规定了在上位法和下位法互相冲突时的法律适用的原则，即下位法服从上位法的原则，亦即当不同等级的主体制定的法律发生冲突时，等级高的主体制定的法的效力高于等级低的主体制定的法。法官在适用法律上应该优先适用上位法，我们普通公民在遵守法律上也应该首先遵守上位法，在上位法没有规定的情况下，采取次之的下位法，那么国际公约在我国的法律的效力等级上是哪一个位次呢？作为物流工作者，在遵守法律方面应该如何对待国际公约和国际惯例呢？

国际条约是国家（或其他国际主体）之间相互约定的书面协议。

国际条约是国家（或其他国际主体）之间相互约定的书面协议。由于这种约定从本质上说是国家间的契约，公约成员国自应信守，是一种国际间的承诺，在成员国国内理应得到履行。一国一旦加入一个国际公约，该公约就构成一国法律体系的组成部分。

如上所述，在物流业方面我国参加了一些国际公约，成为公约的成员国，另外还与其他国家缔结了大量的双边条约和协定，对于这些国际条约的适用，我国民事方面的最基本法律《中华人民共和国民法通则》第一百四十条规定："中华人民共和国缔结或者参加的国际条约同中华人民共和国的民事法律有不同规定的，适用国际条约的规定，但中华人民共和国声明保留的条款除外。中华人民共和国法律和中华人民共和国缔结或者参加的国际条约没有规定的，可以适用国际惯例。"该条确立了国际条约优先适用原则，国际条约优越于不包括宪法在内的本国国内法，我国与外国所缔结的条约在生效时，就当然被纳入国内法，对我国法院及其他机关予以适用，而无需另将以立法行为予以转变才能为我国国内法所接受并予以执行，除非条约的规定要求这样做。

国际惯例又称为国际习惯，是在国际交往中逐渐形成的具有法律效力的规范。

在物流领域，国际上存在较多的国际惯例，都是非强制性的，只有经过当事人的选择，才对当事人产生法律效力，例如《国际贸易术语解释通则》是由国际商会这样一个民间组织编写的国际惯例，其中规定了十三种国际贸易术语，如CIF、FOB等都是中国企业常用的，其中详细规定了买卖双方的权利和义务，在当事人选用的情况下，具有法律效力。

需要注意的是，根据我国法律的规定，即使合同当事人没有选择某个任意性国际惯例，但这个惯例也可能对当事人产生约束力。例如，根据我国民法通则的规定，对于我国法律和我国缔结或参加的国际条约没有规定的，可以适用国际惯例，这一规定本身就隐含了这样一种意思。即对于一个涉外合同，当事人依照意思自治原则选择适用我国法律，或因该合同与我国有最密切联系而应该适用我国国内法，但我国法律又没有相应的规定时，即使当事人没有选择任意性国际惯例，法院仍然有权按照有关的国际惯例来解释合同。

3. 简介《联合国国际货物销售合同公约》。《联合国国际货物销售合同公约》由联合国国际贸易法委员会于 1980 年 4 月通过，于 1988 年 1 月 1 日生效。目前，该公约的缔约国已经接近 60 个国家，更为重要的是，世界上最主要的贸易大国，如美国、德国、法国、意大利、荷兰、加拿大、澳大利亚等国均是该公约的成员国。可以说，该公约是当今世界影响最大、运用最广泛的有关国际货物贸易的统一实体法。我国是公约的原始缔约国，公约自 1988 年 1 月 1 日开始对我国生效，迄今已经 18 年有余。我们简单了解一下它的内容。

（1）我国的保留。我国在批准参加该公约时提出了两项保留：一是根据公约第 95 条的规定，我国在核准书中声明不受公约第 1 条（1）款 b 的约束，即不同意扩大公约的适用范围，因此，对于我国公司来说，公约仅适用在缔约国的当事人间签字的合同；二是根据公约第 96 条的规定，我国对公约的第 11 条第 29 款及有关的规定提出了保留，即不可以口头方式或其他非书面方式成立合同。因此，我国公司对外签订、修改协议、终止合同时都应采用书面方式。

(2) 公约的适用方式。我国政府既已加入公约，也就承担了执行公约的义务，因此，根据公约第一条 (1) 款的规定，自 1988 年 1 月 1 日起，我国各公司与美国、意大利、法国等成员国家（匈牙利除外）的公司达成的货物买卖合同如不另作法律选择，则合同规定事项将自动适用公约的有关规定，发生纠纷或诉讼亦须依据公约处理。故我国公司对一般的货物买卖合同应考虑适用公约，但公司也可以与外商达成与公约条文不一致的合同条款，或在合同中明确排除适用公约，转而选择某一国的国内法为合同适用法律。

(3) 公约的适用范围。根据公约规定，公约适用于营业地在不同国家的当事人之间订立的货物销售合同，并且须同时具备以下两个条件之一：一是双方当事人的营业地都在缔约国境内；二是一方或者双方当事人的营业地不在缔约国境内，但根据法院地国国际私法规则导致某一缔约国法律的适用。对于第二个条件，我国在交存批准书时根据公约规定作了保留，所以我们只需要在第一个条件下适用公约。公约不适用经由拍卖的销售等根据公约第 2、3 条规定的几类国际货物销售，凡不在公约第 2、3 条排除的范围内的货物，均属公约适用的范围。

(4) 公约对合同订立的程序以及买卖双方的权利义务作了规定。这些规定与我国现行的《合同法》的许多方面十分近似。

小资料

《国际贸易术语解释通则》(INCOTERMS) 是国际商会为统一各种贸易术语的不同解释于 1936 年制定的，随后，为适应国际贸易实践发展的需要，国际商会先后于 1953 年、1967 年、1976 年、1980 年和 1990 年进行过多次修订和补充。

1999 年，国际商会广泛征求世界各国从事国际贸易的各方面人士和有关专家的意见，通过调查、研究和讨论，对实行 60 多年的《国际贸易术语解释通则》进行了全面的回顾与总结。为使贸易术语更进一步适应世界上无关税区的发展、交易中使用电子信息的增多以及运输方式的变化，国际商会再次对《国际贸易术语解释通则》进行修订，并于 1999 年 7 月公布《2000 年国际贸易术语解通则》(《2000 年通则》)，于 2000 年 1 月 1 日起生效。

(三) 物流标准

1. 我国物流标准的现状。我国由于经济体制与经济发展的特殊性，物流标准化被看做是阻碍物流发展的一个“瓶颈”，受到业内各界的广泛关注；建立统一的物流标委会也已形成共识。物流企业应该用物流标准来整合物流服务过程中的各种“不标准”。实际上，集装箱运输技术的最大的魅力就在于它通过简单的包装把“不标准”的变成标准的运输单元，从而提高货物运输的效率和安全性，托盘的功能也是如此。物流标准在物流业中是必不可少的。2004 年 8 月，国家发展和改革委员会同商务部等九个部门联合印发了经国务院批准的《关于促进我国现代物流业发展的意见》，将物流标准化列为国家扶持和发展现代物流业的基础性工作，明确提出要建立和完善物流技术标准化体系，加快制定和推进物流基础设施、技术装备、管理流程、信息网络的技术标准，尽快形成协调统一的现代物流技术标准化体系。

我国标准分为四级：(1) 国家标准；(2) 行业标准；(3) 地方标准；(4) 企业标准。

根据《中华人民共和国标准化法》规定，我国标准分为四级：国家标准、行业标准、地方标准、企业标准。国家标准由国务院标准化行政主管部门负责组织制定和审批；行业标准由国务院有关行政主管部门负责制订和审批，并报国务院标准化行政主管部门备案；地方标准由省级政府标准化行政主管部门负责制订和审批，并报国务院标准化行政主管部门和国务院有关行政主管部门备案；企业标准由企业制订，由企业法人代表或法人代表授权的主管领导批准、发布，由企业法人代表授权的部门统一管理，企业产品标准应向当地标准化行政主管部门和有关行政主管部门备案。

根据对与物流相关的标准化工作情况的统计，截至2003年底，已发布国家标准、行业标准522项，其中，国家标准331项，行业标准191项。国家标准中，涉及物流设备40项，物流技术方法36项，物流管理153项，物流信息101项；行业标准中，涉及物流设备49项，物流技术方法27项，物流管理112项，物流信息3项。在已发布的国家标准中，强制性标准105项，占31.7%，推荐性标准226项，占68.3%，行业标准中，强制性标准65项，占34%，推荐性标准126项，占66%。

由中国物流与采购联合会牵头制定的《物流术语》国家标准于2001年4月公布，8月开始实施。有关物流信息技术的国家标准《储运单元条码》与《商品条码》在1997年、1998年相继公布，2000年公布了国家标准《物流单元的编码与符号标记》，2002年公布了国家标准《大宗商品电子交易规范》、《数码仓库应用系统规范》，对于提高物流的科技含量与发展水平，促进我国商品批发市场现代化和电子交易市场规范化，具有积极的促进作用。

打破部门、行业界限，成立由有关行业协会、专业标委会、研究机构、企业等各方面组成的、统一的物流标准化技术组织，建立物流标准化交流、协调机制，是我国推进物流标准化的实际需要和努力方向。近几年，我国发布了商品编码、物流术语方面的国家标准，建立了全国物流标准化技术委员会和全国物流信息管理标准化技术委员会，表明物流标准化开始起步。

2. 我国物流标准所存在的主要问题。现存的标准中，绝大部分是在长期发展过程中，由运输、仓储、信息、邮政、商贸、机械等物流相关行业按照传统流通方式制定的本行业的技术装备和作业环节标准，没有充分考虑行业衔接与整合运作的需要，存在技术标准形式多样、版本不一、标龄老化、水平较低等多方面的差异和缺陷。尤其突出的问题是：涉及多行业的通用性、基础性标准薄弱，物流服务标准缺乏，急需填补有关物流服务、物流统计、物流企业、人员素质等方面的基础性标准。部门之间缺少交流合作机制、实施的市场基础比较薄弱等问题，也直接影响到物流标准化工作的开展。

3.《中华人民共和国国家标准物流术语》简介。国家标准《物流术语》自

2001年公布以来，在规范我国物流业发展、推进我国物流产业进步等方面发挥了重要作用。物流术语的编号强化了与国际接轨的特点，特别是强化了中国文化与国外现代理念的接轨。譬如，"物流"一词的定义，既保留了汉语物流的概念，同时又引入了国际上对物流的定义。此外，选取了大量国际上近期发展出来的新术语，如快速反应、零库存技术、供应链管理、制造资源计划、供应商管理库存等。这些概念对于组织生产和组织物流提出了全新的理念和模式，对我国的生产、流通和物流企业均大有裨益。其主要内容如下：

(1) 范围。适用于物流及相关领域的信息处理和信息交换，亦适用于相关的法规、文件。

(2) 引用标准。标准所包含的条文，通过在本标准中引用而构成本标准的条文。本标准出版时，所示版本均为有效。

(3) 基本概念术语。如："3·2 物流 Logistics 物品从供应地向接收地的实体流动过程。根据实际需要，将运输、储存、装卸、搬运、包装、流通加工、配送、信息处理等基本功能实施有机结合"等33个概念。

(4) 物流作业术语。如："4·8 门到门 Door - to - door 承运人在托运人的工厂或仓库整箱接货，负责运抵收货人的工厂或仓库整箱交货"等43个。

(5) 物流技术装备与设施术语。如："5·7 出口监管仓库 Export supervised warehouse 经海关批准，在海关监管下，存放已按规定领取了出口货物许可证或批件，已对外买断结汇并向海关办完全部出口海关手续的货物的专用仓库"等42个。

(6) 物流管理术语。如："6·9ABC 分类管理 ABC classification 将库存物品按品种和占用资金的多少分为特别重要的库存（A类）、一般重要的库存（B类）和不重要的库存（C类）三个等级，然后针对不同等级分别进行管理与控制"等27个。

小资料

为了解决各种运输方式的衔接问题并提高效率，在发达国家已经广泛采用卡车挂车上火车的"猪背"运输（Piggy - back）；挂车上飞机的"鸟背"运输（Birdie - back）；挂车上轮船的"鱼背"运输（Fishy - back）；卡车上轮船的滚装运输（Ro - Ro）；还有火车上轮船的"摆渡"运输（Trainship）等技术措施。这些运输管理技术的应用实际上就是用一个新的货运管理标准来整合不同的设备技术标准。

（四）合同法

1.《合同法》在物流法律法规中的重要地位。合同即契约，按照我国《合同法》的规定，**合同是平等主体的自然人、法人、其他组织之间设立、变更、终止民事权益义务关系的协议**。合同的形式多种多样，当事人可以用书面、口头以及其他形式订立合同。

作为对物流需求方和服务方权利义务的约定，物流合同在整个物流活动中本该起到法律约束的作用，然而不规范、不完善的物流合同不但形同虚设，还会给交易双方造成纠纷。无数事例证明，签署一份规范的物流合同，在保护双方利益的同时，也将对维护物流市场秩序起到积极作用。据报载，在一起快递货运业务中，福建一家汽配公司上万元的货物被烧毁，由于在合同书上没有签订保价协议，仅仅获得了90元的赔偿。类似这种赢了官司赔了钱的事例在物流交易中并不鲜见。这是由于在签署物流合同时交易一方或双方缺乏法律意识，对规范的合同条款不了解、不明确，在真正需要保护时，合同却成了一纸空文。合同既是业务开展最终确定的结果，也是业务实施过程中对照执行的依据，更是解决业务纠纷主要的依据。

我国关于物流的法律体系是以《合同法》等法律为统领，以海运、铁路、航空、公路等法律和相关国际条约为主干，以一系列与物流相关的行政法规和部门规章、地方规章为补充的复杂的体系。《合同法》在整个物流法律法规中的地位显而易见，它可以说是一切经济活动的基础，因此，我们必须了解《合同法》在物流业中的具体应用。较熟练的掌握和运用《合同法》，也是对物流从业者的基本要求。

物流包括运输、储存、包装、装卸搬运、配送、流通加工、信息传递等服务行为，需要签订大量的合同才能顺利进行。《合同法》共确认了15种有名合同：买卖合同；供用电、水、气、热力合同；赠与合同；借款合同；租赁合同；融资租赁合同；承揽合同；建设工程合同；运输合同；技术合同；保管合同；仓储合同；委托合同；行纪合同；居间合同。现代物流在发展的模式上呈现出依托其他各种经营业态发展的特色，其中主要有运输、仓储、分销、邮购以及货运代理等，涉及《合同法》总则及分则中的第十七章、第二十章中的买卖合同；供用电、水、气、热力合同；仓储合同和运输合同；租赁合同；承揽合同；委托合同等多种有名合同和无名合同。例如，货运代理公司在货代合同中同时约定为货主提供装卸搬运和运输服务，那么这份合同的性质一部分属于委托代理合同，另一部分则属于提供装卸搬运和运输劳务的合同。装卸搬运不包括在《合同法》分则中的15种合同中，属于无名合同，按照该法总则的规定处理，港口仓储和中转运输应当按照分则处理。

2.《合同法》总则的主要内容：

(1) 合同的订立。合同的内容由当事人约定，一般包括当事人的名称或姓名和住所；标的；数量；质量；价款或报酬；履行期限、地点和方式；违约责任；解决争议的方法。合同订立的方式包括要约和承诺两个阶段，要约是希望和他人订立合同的意思表示，承诺是受要约人同意要约的意思表示。

(2) 合同的效力。订立合同的当事人应当具有相应的民事权利能力和民事行为能力，依法成立的合同自成立时生效。《合同法》也规定了合同无效的法定条件，并且规定了表见代理、相对人的催告权和撤销权、被代理人的追认权和当事人的撤销权等。

(3) 合同的履行。当事人应当按照约定全面履行自己的义务。当事人拥有同时履行抗辩权、先履行抗辩权和不安抗辩权，以及债权人的代位权、债权人的撤销权等权利。

(4) 合同的变更和转让。当事人协商一致可以变更合同。债权人可以将合同的权利全部或部分转让给第三人，但应当通知债务人。债务人将合同的义务全部或部分转让给第三人，应当经债权人的同意。

（5）合同的权利义务终止。当有法定情况存在，合同的权利义务终止。

3.《合同法》分则部分的主要内容。我国《合同法》中对买卖合同等15种主要的有名合同的当事人的权利义务及合同的主要内容都作了规定。与物流业有关的有：

与物流业有关的合同包括：买卖合同、承揽合同、运输合同、仓储合同和委托合同。

（1）**买卖合同是指一方当事人向另一方转移标的物所有权，另一方当事人支付价款的合同**。在这一合同关系中，按照约定转移标的物所有权的一方为出卖人，接受所有权并支付价款的一方为买受人。

（2）**承揽合同是承揽人按照定作人的要求完成工作，交付工作成果，定作人给付报酬的合同**。承揽合同包括加工合同、定作合同、修理合同、复制合同、测试合同、检验合同等。其中物流业的流通加工是产品从生产领域向消费领域流动过程中，为了促进销售、维护产品质量和提高物流效率，对产品进行加工使物品发生形态的变化，如对出售家具、家用电器等商品在消费者住所进行拼装或安装即是典型例子。流通加工法律关系通常依附于代理、运输、销售等法律关系中。

（3）**运输合同是承运人将旅客或者货物从起运地点运输到约定地点，旅客、托运人或者收货人支付票款或者运输费用的合同**。运输合同包括客运合同、货运合同、多式联运合同。

（4）**仓储合同是保管人储存存货人交付的仓储物，存货人支付仓储费的合同**。仓储合同是一种特殊的保管合同，它具有保管合同的基本特征，同时仓储合同又具有自己的特殊特征。

（5）**委托合同是委托人和受委托人约定，由受托人处理委托人事务的合同**。委托他人办理事务的一方为委托人，接受委托的一方为受托人。在委托合同中，委托人可以特别委托受托人处理一项或几项事务，也可以概括委托受托人处理一切事务。委托合同比运输、仓储等劳务类合同更具有包容性，是劳务类合同的基础合同。业务外包活动中形成的间接代理关系，其基础仍然是由委托合同关系确立的。另外，物流条款夹杂于分销、租赁等合同内，只是在具体的合同中掩盖了物流服务的法律性质，但并不能从根本上改变物流服务的委托合同性质。而且，现代物流的法律性质在很大的程度上可以概括地认为是民商法上广义的委托合同关系。

附录　运输合同样本

【题　　目】货物运输合同

【颁布单位】

托运方：＿＿＿＿＿＿＿＿＿＿＿＿＿＿＿＿

地址：＿＿＿＿＿＿邮码：＿＿＿＿＿＿电话：＿＿＿＿＿＿

法定代表人：＿＿＿＿＿＿职务：＿＿＿＿＿＿

承运方：＿＿＿＿＿＿＿＿＿＿＿＿＿＿＿＿

地址：______邮码：______电话：______

法定代表人：______职务：______

根据国家有关运输规定，经过双方充分协商，特订立本合同，以便双方共同遵守。

第一条　货物名称、规格、数量、价款

____

货物编号	品名	规格	单位	单价	数量	金额（元）

第二条　包装要求

托运方必须按照国家主管机关规定的标准包装；没有统一规定包装标准的，应根据保证货物运输安全的原则进行包装，否则承运方有权拒绝承运。

第三条　货物起运地点

　　　　货物到达地点

第四条　货物承运日期

　　　　货物运到期限

第五条　运输质量及安全要求

第六条　货物装卸责任和方法

第七条　收货人领取货物及验收办法

第八条　运输费用、结算方式

第九条　各方的权利义务

一、托运方的权利义务

1. 托运方的权利：要求承运方按照合同规定的时间、地点、把货物运输到目的地。货物托运后，托运方需要变更到货地点或收货人，或者取消托运时，有权向承运方提出变更合同的内容或解除合同的要求。但必须在货物未运到目的地之前通知承运方，并应按有关规定付给承运方所需费用。

2. 托运方的义务：按约定向承运方交付运杂费。否则，承运方有权停止运输，并要求对方支付违约金。托运方对托运的货物，应按照规定的标准进行包装，遵守有关危险品运输的规定，按照合同中规定的时间和数量交付托运货物。

二、承运方的权利义务

1. 承运方的权利：向托运方、收货方收取运杂费用。如果收货方不交或不按时交纳规定的各种运杂费用，承运方对其货物有扣压权。查不到收货人或收货人拒绝提取货物，承运方应及时与托运方联系，在规定期限内负责保管并有权收取保管费用，对于超过规定期限仍无法交付的货物，承运方有权按有关规定予以处理。

2. 承运方的义务：在合同规定的期限内，将货物运到指定的地点，按时向收货人发出货物到达的通知。对托运的货物要负责安全，保证货物无短缺，无损坏，无人为的变质，如有上述问题，应承担赔偿义务。在货物到达以后，按规定的期限，负责保管。

三、收货人的权利义务

1. 收货人的权利：在货物运到指定地点后有以凭证领取货物的权利。必要时，收货人有权向到站，或中途货物所在站提出变更到站或变更收货人的要求，签订变更协议。

2. 收货人的义务：在接到提货通知后，按时提取货物，缴清应付费用。超过规定提货时，应向承运人交付保管费。

第十条　违约责任

一、托运方责任：

1. 未按合同规定的时间和要求提供托运的货物，托运方应按其价值的______%偿付给承运方违约金。

2. 由于在普通货物中夹带、匿报危险货物，错报笨重货物重量等招致吊具断裂、货物摔损、吊机倾翻、爆炸、腐蚀等事故，托运方应承担赔偿责任。

3. 由于货物包装缺陷产生破损，致使其他货物或运输工具、机械设备被污染腐蚀、损坏，造成人身伤亡的，托运方应承担赔偿责任。

4. 在托运方专用线或在港、站公用线、专用线自装的货物，在到站卸货时，发现货物损坏、缺少，在车辆施封完好或无异状的情况下，托运方应赔偿收货人的损失。

5. 罐车发运货物，因未随车附带规格质量证明或化验报告，造成收货方无法卸货时，托运方应偿付承运方卸车等存费及违约金。

二、承运方责任：

1. 不按合同规定的时间和要求配车、发运的，承运方应偿付甲方违约金______元。

2. 承运方如将货物错运到货地点或接货人，应无偿运至合同规定的到货地点或接货人。如果货物逾期达到、承运方应偿付逾期交货的违约金。

3. 运输过程中货物灭失、短少、变质、污染、损坏，承运方应按货物的实际损失（包括包装费、运杂费）赔偿托运方。

4. 联运的货物发生灭失、短少、变质、污染、损坏，应由承运方承担赔偿责任的，由终点阶段的承运方向负有责任的其他承运方追偿。

5. 在符合法律和合同规定条件下的运输，由于下列原因造成货物灭失、短少、变质、污染、损坏的，承运方不承担违约责任：

（1）不可抗力；

（2）货物本身的自然属性；

（3）货物的合理损耗；

（4）托运方或收货方本身的过错。

本合同正本一式二份，合同双方各执一份；合同副本一式　份，送……等单位各留一份。

托运方：________________
代表人：________________

____年____月____日

承运方：________________
代表人：________________

____年____月____日

本章小结

物流法律法规是指调整与物流活动有关的社会关系的法律规范的总称。只有完善的法律环境才能保证物流行业的良性发展，只有健全物流法律制度，同时配合市场机制的正常发挥，现代物流业才能得以健康、持续地发展。对物流企业和物流从业人员来说，物流法律法规有着非常重要的作用，我们必须了解、掌握常用的物流法律法规。本章介绍了我国物流法规的现状，按照物流的节点，着重介绍了物流业常用的专业法规和综合法规。通过本章的学习，同学们能够对物流法律法规有一个比较全面地认识和了解。

专业术语

仓储是指利用仓库及相关设施设备进行物品的进库、存贮、出库的作业，是对有形货物提供存放场所、货物存取以及对存放物品的保管、控制、包装、分拣、整理的过程。

水路运输是指单位和个人在中华人民共和国沿海、江河、湖泊及其他通航水域内从事水路运输和水路运输服务业务。

港口是指具有船舶进出、停泊、靠泊，旅客上下，货物装卸、驳运、储存等功能，具有相应的码头设施，由一定范围的水域和陆域组成的区域。

物流代理（Third Party Logistics，TPL，即第三方提供物流服务）的定义为："物流渠道中的专业化物流中间人，以签订合同的方式，在一定期间内，为其他公司提供的所有或某些方面的物流业务服务。"

国际货物运输代理是介于货主与承运人之间的中间人，是接受货主或承运人委托，在授权范围内办理国际货物运输业务的企业。

"一关三检"是在向海关申报前，首先要申请商品检验、动植物检验和卫生检验，即俗称"一关三检"。

平安险是海上货物运输中责任范围最小的险别，只对货物的全部损失和特定情形下的单独海损承担赔偿责任。

互联网信息服务是指通过互联网向上网用户提供信息的服务活动。

对外贸易经营者是指依法办理工商登记或者其他执业手续，依照本法和其他有关法律、行政法规的规定从事对外贸易经营活动的法人、其他组织或者个人。

合同是平等主体的自然人、法人、其他组织之间设立、变更、终止民事权益义务关系的协议。

案例阅读

1995年，上海市静安区人民法院审理了这样一则涉外物流案件：原告上海振华港口机械有限公司为参加也门共和国港务局岸边集装箱起重件招标投标，于1993年7月21日上午委托被告美国联合运送公司办理标书快递，要求被告在7月25日前将标书投递到指定地，被告表示可如期送达。因被告经办人员疏忽，致使托运的标书在沪滞留两天，于第三日才离沪，迟至7月27日下午到达指定地，超过7月26日的投标截止日期，致使原告公司丧失投标机会，蒙受了较大的经济损失及可能得到的利润。请求法院判令被告退还所收运费人民币1430元，赔偿经济损失10360美元，并承担诉讼费用。

被告美国联合运送公司答辩称：双方未明确约定托运标书到达日期。投送此件费时6天零5个小时，未超过国际快件中国至也门的四至七天的合理运输时间，故被告公司无延误送达标书之事实。标书在上海滞留两个整天，系原告未按规定注明快件的类别、性质，由此造成被告公司无法报关，责任在原告。即使被告公司存在延误送达的事实，应予赔偿，亦应按《华沙公约》或其修改议定书规定的承运人最高责任限额赔偿。原告的诉讼请求无法律依据，请求法院依法驳回。

上海市静安区人民法院经审理认为：被告美国联合运送公司作为承运人，理应迅速、及时、安全地将原告上海港机公司所需投递的标书送达指定地点。1993年7月21日上午，被告接受标书后，未按行业惯例将标书于当日送往机场海关报关，直至7月23日晚才将原告的标书报关出境，致使标书在上海滞留二天半。被告的行为违背了快件运输迅速及时的宗旨，属延误行为，被告应承担相应的民事责任。原告虽未按被告运单规定的要求填写运单，但作为承运人的被告，亦未认真审核，责任在被告。被告的无延误送达之事实以及致使快件延期出境主要原因在于原告运单填写不适当的理由，不能成立。原告诉请被告退还运费及赔偿直接经济损失，缺乏法律依据。被告运单明确规定《华沙公约》和它的修改议定书完全适用其运单，故应视为原、被告双方当事人均接受《华沙公约》和它的修改议定书的约束，被告应按《华沙公约》和它的修改议定书规定的承运人最高责任限额赔偿原告经济损失。据此，依照《中华人民共和国民法通则》第一百四十二条、《修订1929年10月12日在华沙签订的统一国际航空运输某些规则的公约的议定书》第十一条之规定，该院于1995年9月18日判决如下：

1. 被告美国联合运送公司在本判决生效后十日内一次赔偿原告上海港机公司经济损失2000法郎，折成人民币为12695.47元。

2. 原告上海港机公司其余诉讼请求，不予支持。宣判后，原、被告双方当事人均未上诉，被告也履行了判决。

【案例思考】

1. 本案涉及到哪些物流法律法规?

2. 本案是怎样运用国际公约的? 我国法律规定的国际公约的适用原则是怎样的?

基本训练

一、单项选择题

1. (　　) 颁布了《物流法》, 对物流业的发展起到了极大的推动和保障作用。

A. 美国　　B. 日本

C. 英国　　D. 德国

2. 我国物流法律体系中效力最高的是 (　　)。

A. 国际公约　　B. 法律

C. 行政法规　　D. 部门规章

3. 榨菜、腐乳、酱菜等物品可以用 (　　) 包装。

A. 袋　　B. 筐

C. 坛　　D. 箱

4. (　　) 是物流业运输的最主要的方式, 也是最常见的方式。

A. 铁路运输　　B. 水路运输

C. 公路运输　　D. 航空运输

5. 一关三检中的三检已改称为 (　　)。

A. 查检货物　　B. 检验检疫通关

C. 海关查验　　D. 检验检疫

二、多项选择题

1. 对物流企业和物流从业人员来说, 物流法规的基本作用是 (　　)。

A. 规范各种物流行为　　B. 维护有关当事人的合法权益

C. 促进、保障物流活动的正常进行　　D. 惩治不法行为

2. 以下哪些是按颁布组织对物流的法律法规分类, (　　)。

A. 地方性法规　　B. 信息法律制度

C. 运输法律制度　　D. 国际标准

3. 铁路货物运输管理规则卸车时, 必须保证 (　　) 的统一。

A. 运单　　B. 货物

C. 车种　　D. 货票

4. 国际货物运输代理企业不得有下列行为 (　　)。

A. 出借、出租或者转让批准证书和有关国际货物运输代理业务单证

B. 在对外贸易活动中代理中方公司

C. 本身没有固定资产但仍承接物流业务

D. 以不正当竞争手段从事经营活动

5. 物流行为涉及到《合同法》中的合同有（　　）。

A. 买卖合同　　B. 承揽合同

C. 运输合同　　D. 委托合同

三、判断题

1. 我们应该致力于建设一部新的物流法。（　　）

2. 国际公约、国际惯例和国际标准是最重要的规范物流活动的法律。（　　）

3. “集装箱”一词既不包括车辆，也不包括包装；但是，集装箱在底盘车上运输时，则连同底盘车包括在内。（　　）

4. 公安消防队扑救火灾，可以向发生火灾的单位、个人收取一定的费用。（　　）

5. 根据我国法律的规定，即使合同当事人没有选择某个任意性国际惯例，但这个惯例也可能对当事人产生约束力。（　　）

四、填空题

1. 我国物流立法改革从（　　）、（　　）、（　　）、（　　）四个方面展开。

2.《中华人民共和国对外贸易法》中规定从事（　　）或者（　　）的对外贸易经营者，应当向国务院对外贸易主管部门或者其委托的机构办理（　　）；但是，法律、行政法规和国务院对外贸易主管部门规定（　　）的除外。

3. 国际货物运输保险基本险分为平安险、水渍险和一切险（　　）、（　　）、（　　）、（　　）。

4. 根据《中华人民共和国标准化法》规定，我国标准分为四级：（　　），（　　），（　　），（　　）。

5.《中华人民共和国民法通则》第 140 条规定：“中华人民共和国缔结或者参加的国际条约同中华人民共和国的民事法律有不同规定的，适用（　　）的规定，但中华人民共和国声明（　　）的条款除外。中华人民共和国法律和中华人民共和国缔结或者参加的国际条约没有规定的，可以适用（　　）。”

五、简答题

1.《商业仓库管理办法》有哪些主要内容？

2. 我国在批准参加《联合国国际货物销售合同公约》时提出了哪两项保留？

实训练习

订立货物运输合同

1. 基本要求：选择有一个有一定代表性的物流企业，了解其平时订立合同的方法，注意他订立合同时需要参考哪些法律法规，收集整理常用法律法规，并进行分类和总结，与课文中所学到的知识进行对比，增加印象。

2. 完成期限：一周

3. 实训资料：自主或在学校组织下去物流企业收集。可参考本章的内容，及参考书：吴清一主编的《物流常用法律法规》。

自学引导

1. 赵阳主编：《物流法律法规》，机械工业出版社 2006 年版。

2. 吴清一主编：《物流常用法律法规》，中国物资出版社 2005 年版。

参考文献

1. 柳和玲：《物流企业管理实务》，高等教育出版社2006年版。
2. 薛威、孙鸿：《物流企业管理》，机械工业出版社2004年版。
3. 万志坚：《物流企业管理》，广东经济出版社2005年版。
4. 王明智：《物流管理案例与实训》，机械工业出版社2003年版。
5. 李严锋、张丽娟：《现代物流管理》，东北财大出版社2004年版。
6. 王淑荣：《物流企业管理实务》，中国物资出版社2006年版。
7. 鲍新中、程过全、王转：《物流运营管理体系规划》，中国物资出版社2004年版。
8. 贾连才：《第三方物流企业财务管理案例》，人民交通出版社2006年版。
9. 胡阳：《现代物流管理制度范本大全》，蓝天出版社2005年版。
10. 王霄涵：《物流仓储业务管理模板与岗位操作流程》，中国经济出版社2005年版。
11. 张建伟：《物流运输业务管理模板与岗位操作流程》，中国经济出版社2005年版。
12. 吕军伟：《物流配送业务管理模板与岗位操作流程》，中国经济出版社2005年版。
13. 程淑丽：《物流管理职位工作手册》，人民邮电出版社2005年版。
14. 李雅芬、郑磊：《物流客户服务管理模板与岗位操作流程》，中国经济出版社2005年版。
15. 郑彬：《物流客户服务》，高等教育出版社2005年版。
16. 赵阳：《物流法律法规》，机械工业出版社2006年版。
17. 胡美芬、郑丙贵：《物流法规教程》，电子工业出版社2006年版。
18. 吴清一主编：《物流常用法律法规》，中国物资出版社2005年版。
19. 李志文主编：《物流实务操作与法律》，东北财经大学出版社2003年版。
20. 于定勇、郭红亮：《现代物流法律制度》，暨南大学出版社2003年版。
21. 王自勤：《现代物流管理》，电子工业出版社2002年版。
22. 郑彬：《仓储作业实务》，高等教育出版社2005年版。
23. 胡美芬主编：《物流相关法规与国际公约》，四川人民出版社2002年版。